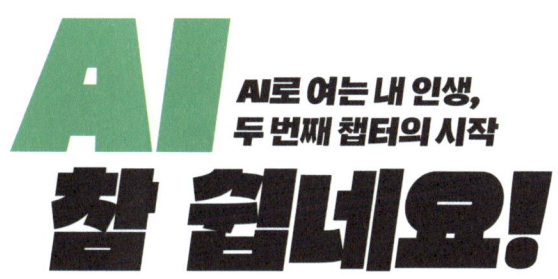

AI로 여는 내 인생,
두 번째 챕터의 시작

참 쉽네요!

윤상필 지음

작가의 말

나는 AI전문가가 아니다!

저는 AI전문가가 아닙니다. 저는 지금까지 20년간 기업경영컨설턴트라는 경영 전문가로 살아왔습니다. 책 역시도 기업경영 관련 책을 출간해서 베스트셀러 작가가 된 적은 있지만 이런 IT관련 된 글을 쓰거나 AI 관련분야 전문가라고 이야기한 적도 없습니다. 그럼에도 불구하고 이렇게 비 전문가인 제가 AI관련 책을 쓴 이유는 제가 존경하는 인생의 멘토님과의 대화 중에 나온 아이디어 때문이었습니다.

지금까지 출간된 대부분의 AI 관련 책들은 AI의 역사, AI의 구조, AI의 종류와 같은 이론적인 이야기 또는 각종 AI프로그램의 자세한 사용방법을 설명하는 매뉴얼 같은 책들이 대부분이었습니다. 이러한 책들은 IT 전문가나 이 분야에 관심이 있는 특정 독자들에게는 좋은 정보가 될 수 있겠지만 아직까지 'ChatGPT' 하나조차도 잘 모르는 일반인들에게는 수 없이 쏟아져 나오는 각종 AI툴들이 어렵게 느껴질 수밖에 없었습니다. 하지만 AI가 정말 그런 것일까요?

 사실 AI는 IT 전문가나 젊은 세대만을 위한 것은 아니라고 생각합니다. 오히려 AI를 사용하면 삶이 윤택해지고 편해질 사람들이 우리 주변에 아주 많이 있습니다. 하루하루를 열심히 살아가는 자영업자분들, 조직 내에서 사람들과 어울려 최선의 결과를 내고자 하는 직장인들, 날이면 날마다 갖가지 의사결정에 쫓기는 CEO들이 AI가 필요한 그런 사람들입니다. 그러나 아직까지 많은 이런 분들이 AI에 대한 막연한 거부감과 어색함 때문에 잘 사용하지 않는 모습을 많이 보고 있습니다. 저 역시 2년 전까지만 해도 AI프로그램을 한 번도 써 본 적이 없었습니다. 그냥 과거에 살아왔던 예전의 방식으로 현재를 살고 있는 평범한 사람이었습니다.

AI를 몰랐던 내가, 이제는 변화의 안내자가 되어

 그러다가 어느 순간부터 AI툴을 하나하나 사용해 가면서 정말 멋지고 신기한 경험들을 너무 많이 하게 되었습니다. AI프로그램이 거의 매주 새롭게 업그레이드 되고 과거엔 안 되었던 일들을 AI가 풀어주고 해결점을 알려주면서 점점 깊이 빠져들게 되었고, 주변에 AI를 사용하지 않는 분이 계시면 안타까운 마음이 들곤 했습니다. 그래서 그때부터 AI사용 홍보대사처럼 AI사용을 주변 사람들에게 권하기 시작했습니다.

 그런데 주변을 살펴보니 디지털 시대에 살면서도 과거 아나로그 방식을 고수하며 무미건조하게 일과를 보내는 사람들, 새로운 기술이 두려워

변화를 거부하는 기성세대들이 참 많았습니다. AI는 단지 기술을 도입하는 차원을 넘어 사용자가 필요한 정보를 얻고 올바르게 판단할 수 있도록 도와주는 존재입니다. 그리고 AI를 단순한 유행이라 생각하거나 너무 어려운 것으로만 여기는 사람들이 많은데, AI는 그런 것이 아니라 어떤 판단을 내릴 때 중요한 조력자가 된다는 것을 보여드리고 싶었습니다. AI란 비즈니스 현장을 발로 뛰면서 실제 문제를 해결하고 업무 효율을 높이는 도구입니다. 개인의 입장에서도, 조직의 입장에서도 AI는 어떤 문제가 발생했을 때 가장 효율적으로 이를 해결할 수 있게 도와줍니다.

AI, 두 세대를 잇는 새로운 언어

본문에서처럼 50대 아버지 세대와 20대 아들 세대 간의 디지털 격차와 소통 문제는 많은 가정과 직장에서 흔히 볼 수 있는 현상입니다. AI에 익숙한 자녀 세대는 부모 세대의 기술 거부감을 답답해하고, 부모 세대는 급변하는 기술 환경에 적응하지 못해 불안함을 느낍니다. 그러기에 이 책을 통해 두 세대가 함께 AI를 이해하고, 서로의 관점을 존중하며, 세대 간 갈등을 해소하는 데 조금이나마 도움이 되길 바랍니다.

이러한 문제의식을 쉽고 재미있게 전달하기 위해 소설형식을 택했는데, 20년간의 경영컨설팅 경험과 실제 AI 활용 사례를 자연스럽게 녹여내려 노력했습니다. 아무쪼록 이 책이 AI가 갇힌 공간에서 열린 공간으로 나올 수 있도록 하는 데 조금이나마 역할을 할 수 있다면 더할 나위없이 좋을 것 같습니다. 그리고 무엇보다, AI는 두려워할 존재가 아닌 우리에게 또 다른 새로운 삶을 살게 해 줄 기회라는 메시지를 전하고 싶습니다.

감사의 인사를 드리며

끝으로 이런 AI를 주제로 한 책을 기업경영컨설턴트인 저에게 써보라고 조언해주신 제 인생의 멘토 김승호 스승님께 깊은 감사의 마음을 전합니다. 스승님의 지혜와 격려가 없었다면 이 책은 세상에 나오지 못했을 것입니다. 또한 이 책을 쓰는 동안 회사 업무를 맡아준 에이큐브기업연구소 이현석 총괄이사에게도 진심으로 감사드립니다. 그리고 마지막으로 이 책을 쓰는 과정에서 정말 많은 도움을 준 허재성CMO(최고마케팅이사)에게도 깊은 감사를 보냅니다. 그의 통찰력 있는 조언과 실질적인 지원이 이 책의 완성도를 한층 높여주었습니다.

이 책을 읽으시는 모든분들이 'AI에 대한 지식을 배운다'는 마음보다는 'AI를 삶의 조력자'로 받아들이는 지혜를 얻으시길 진심으로 바랍니다. AI는 어렵고 두려운 대상이 아닌, 우리 생활과 비즈니스를 더 풍요롭게 만들어줄 친근한 동반자가 될 것입니다. 이 책이 여러분의 AI 여정에 작은 등불이 되길 소망합니다.

윤상필 드림

CONTENTS

프롤로그 12

제 1장 상실과 새로운 시작 15

    01 〉〉 AI직원 사용설명서 | 기획담당 Chat GPT

제 2장 아이디어의 탄생 43

    02 〉〉 AI직원 사용설명서 | 기획·마케팅 담당 Perplexity

제 3장 AI직원과 창업 67

    03 〉〉 AI직원 사용설명서 | 디자인담당 Midjourney

제 4장 팀꾸리기 89

    04 〉〉 AI직원 사용설명서 | 기획담당 Claude

제 5장 브랜드 정하기 111

제 6장 디자인과 AI 121

    05 〉〉 AI직원 사용설명서 | 마케팅담당 Suno

제 7장 메뉴 개발과 시련 151

제 8장 홍보 전략 세우기 167

    06 〉〉 AI직원 사용설명서 | 디자인담당 Miricanvas

CONTENTS

제 9장 프리 오프닝 이벤트 ··· 193

제 10장 공식개업 ··· 203

제 11장 입소문과 성장 ··· 223

07 》 AI직원 사용설명서 | 운영담당 Gamma

제 12장 위기의 그림자 ··· 251

08 》 AI직원 사용설명서 | 디자인담당 Canva

제 13장 세대 공감 프로젝트 ··· 275

제 14장 위기와 대응 ··· 293

09 》 AI직원 사용설명서 | 운영담당 Notion AI

제 15장 결실과 사람들 ··· 323

제 16장 또 새로운 시작 ··· 333

에필로그 ··· 342

등장인물 소개

김만수 (55세)

OK텔레콤에서 27년간 근무하다 권고사직을 당한 중년가장. 권고사직 후 삶의 방향성을 잃어버리고 심리적 혼란을 겪음. 디지털과 AI에 대한 두려움이 있지만, 아들을 통해 인생의 2막을 시작함. 젊은 시절 취미로 중식 요리를 배웠으며, '자향루' 중식당 창업에 도전.

김준호 (27세)

대학 중퇴 후 프리랜서 디자이너로 활동. 아버지와 갈등이 심했으나, 사실 뛰어난 디지털 능력을 보유. 내성적이고 소통이 어려웠으나, 아버지와의 공동 프로젝트로 세상과 다시 연결됨. AI 기술에 능통하며, 중식당 창업에 현대적인 감각과 디지털 마케팅 전략을 제시.

왕쉐린 (48세)

중국 산둥성 출신의 25년 경력 중식 요리사. 코로나 시기에 자신의 식당을 폐업한 후 기업 구내식당 주방장으로 일함. 전통적인 요리 방식을 고수하다가 AI의 제안을 점차 수용해 혁신적인 요리법을 개발. '자향루'의 공동 창업자로 참여.

박지수 (27세)

준호의 대학 동창으로 프리랜서 그래픽 디자이너. '자향루'의 브랜딩, 로고, 메뉴판, 인테리어 디자인을 맡음. 전통과 현대를 접목한 디자인을 제안. AI 디자인 도구에 능숙하며, 만수와 준호 사이의 의견 충돌을 중재하는 역할도 함.

등장인물 소개

이민재 (20세)

지수의 동생 친구로, '자향루'의 서빙 직원으로 합류. 젊은 감각과 에너지가 넘치며 SNS와 영상 촬영, 편집에 능숙. 대학에서 영상 동아리 활동을 했으며, '자향루'의 온라인 마케팅과 홍보 영상 제작을 담당.

이미옥 (50대 초반)

갈등이 깊어진 남편과 아들 사이에서 중재자 역할을 함. 늘 따뜻한 마음과 긍정적 성격으로 가족을 지지함. 회계 업무 경험이 있어 '자향루' 사업 계획에도 도움을 줌.

안태현 (50대 중반)

만수의 전 회사 동료, 비슷한 시기에 권고사직을 당함. 핀테크 스타트업의 CMO(최고마케팅책임자) 포지션으로 재취업에 성공. 만수에게 변화하는 시장 환경에 대한 통찰과 희망을 줌

주변 인물 소개

- **현수(20대)**   주방에서 왕쉐린을 보조하는 젊은 요리사
- **오영식 (60대)**   자향루의 단골 손님. 퇴직 후 동네에 거주
  일주일에 두 번은 꼭 자향루를 방문
- **정순영 (60대)**   자향루의 정기적인 AI 강좌에 참석하는 수강생
  배운 AI 기술로 손녀와 동화책을 만들며 소통

AI 에이전트 팀 (디지털 조력자) 소개

· 기획담당(ChatGPT, Claude, Perplexity): 콘텐츠 기획 및 아이디어 개발

· 디자인담당(Midjourney, Canva, Miricanvas): 브랜드 로고 및 홍보물 디자인

· 마케팅담당(Perplexity, Suno): SNS 콘텐츠, 홍보 전략 담당

· 운영담당(Gamma, Notion AI): 업무 매뉴얼, 직원 관리, 비용 관리

◀ AI 사용법

이 글에 나오는 AI 질문에 대한 답변은
실제 AI가 대답한 내용을 그대로 반영하였습니다.

프롤로그

권고사직...

김만수는 자신의 책상을 비우는 마지막 순간까지도 믿기지 않았다. 27년.. 그가 OK텔레콤에서 보낸 시간이었다. 회사 비품도 아닌 자신의 물건들-머그컵, 자식들 사진, 2년 전 동기들이 선물한 만년필-을 종이상자에 담는 그의 손이 미세하게 떨렸다.

"부장님, 정말 가시는 거예요?"

옆 팀 김수진 과장이 물었다. 그녀의 눈에는 연민이 가득했다. 만수는 그것이 더 견디기 어려웠다.

"그래, 가봐야지. 누군 평생 회사에 있을 줄 알았나."

자신이 들어도 덤덤한 척하는 목소리였다. 쓸쓸하게 웃었다.

"내일 회식... 오실 거죠?"

"글쎄..." 만수는 잠시 망설였다. "좀 피곤해서."

수진의 표정이 굳었다. 사실 만수도 알고 있었다. 모든 사람이 그를 위해 회식을 준비했다는 것을. 하지만 그 자리에 간다는 것은, 자신이 정말로 떠난다는 것을 인정하는 일이었다.

"꼭 오세요. 다들 기다리실 거예요."

만수는 한숨을 내쉬었다. "알았어. 가도록 할게."

마지막 물건까지 상자에 넣고, 만수는 자신의 자리를 둘러보았다. 다른 직원들은 퇴근 시간이 훨씬 지났는데도 그를 배웅하기 위해 남아있었다. 고개를 끄덕이는 것으로 인사를 대신했다. 더 이상 무슨 말을 해야 할지 모르겠다는 무력감이 밀려왔다.

20대 후반의 젊은 직원이 마지막으로 다가와 악수를 청했다.
"부장님 덕분에 많이 배웠습니다. 감사합니다."
장태우. 최근에 들어온 신입사원이었다. 만수는 태우의 표정에서 불편함을 읽었다. 불편함과 함께... 미안함? 아마도 그럴 것이다. 태우가 속한 AI전략팀은 만수의 부서를 통합 흡수하는 과정에서 일자리를 잃은 중년 직원들을 대체한 젊은 세대였으니까.
"잘 해. 자네가 이제 우리 회사의 미래야."
태우는 눈을 피했다. 만수는 알고 있었다. 자신의 위치가 얼마나 위태로운지 모두가 알고 있었다는 사실을. '고비용 인력'이라는 딱지가 붙은 50대 중반의 부장. AI로 대체 가능한 관리직. 지난 분기 실적 하락으로 인한 구조조정의 첫 번째 대상이 되기에 충분했다.

마지막으로 창문 너머 익숙한 풍경을 바라보았다. 강남의 빌딩 숲. 27년 동안 봐온 그 모습이 오늘따라 낯설게 느껴졌다.
"가시죠, 김 부장님."
인사팀 직원의 부드러운 재촉에 만수는 정신을 차렸다. 퇴직 처리를 위한 서류 작업이 남아 있었다.

퇴직은 끝이 아니라 새로운 출발점이었다.

제 1장

상실과 새로운 시작

저녁 6시가 넘어 아파트 주차장에 차를 세웠다. 만수는 한참을 그대로 앉아 있었다. 집에 들어가는 것이 두려웠다. 아내와 아들에게 뭐라고 말해야 할지 알 수 없었다.

아내 미옥에게는 이미 전화로 상황을 설명한 상태였다. 마누라답게 미옥은 한숨만 크게 내쉬었을 뿐, 별다른 말을 하지 않았다. 오히려 그게 더 마음에 걸렸다. "괜찮을 거야" 라는 말이라도 해 주었으면 좋았을 텐데.

퇴직금과 실업급여로 일 년 정도는 버틸 수 있을 것이다. 하지만 그 다음은? 아들 준호는 아직 취직도 안 한 상태고, 대학도 그만둔 채 집에서 컴퓨터만 붙잡고 있었다. 이제 와서 모두를 책임져야 할 가장이 무너지면 어떻게 되는 걸까?

아파트 현관 비밀번호를 누르는 손가락이 무거웠다. 문이 열리자 익숙한 집 냄새가 코를 찔렀다. 미옥이 저녁을 준비하는 냄새였다.

"여보, 왔어? " 미옥의 목소리가 주방에서 들려왔다.

만수는 신발을 벗으며 애써 평소와 같은 목소리를 냈다.

"어. 왔어."

"손 씻고 식사해. 오늘은 된장찌개 했어."

아무 일도 없던 것처럼 구는 미옥의 태도가 고마우면서도 서글펐다. 이게 서로를 배려하는 방식인가? 아니면 그저 직면하기 싫은 것뿐인가?

식탁에 앉았을 때, 미옥은 밥을 떠서 만수의 앞에 내려놓았다. 여전히 퇴직에 대해 묻지 않았다. 만수도 먼저 꺼내기 힘들어 밥그릇만 내려다보았다

"준호는? "

"방에 있어. 하루종일 안 나오더라."

대학을 중퇴하고 집에서만 지내는 아들 얘기를 저녁 식사시간 종종 했었

다. 그러나 오늘만큼은 달랐다. 두 사람 모두 침묵을 지켰다. 된장찌개를 한 숟갈 떠서 입에 넣었다. 평소 좋아하던 맛이었지만, 오늘은 아무 맛도 느껴지지 않았다.

"퇴직금은 얼마 나와?"

미옥의 갑작스러운 질문에 만수는 숟가락을 내려놓았다.

"2억 좀 넘을 거야."

"적금이랑 합하면 3억 정도 되겠네."

만수는 미옥의 얼굴을 바라봤다. 그녀의 표정은 차분했다. 그 안에서 걱정을 읽을 수 있었지만, 패닉에 빠진 기색은 없었다.

"괜찮을 거야, 여보."

마음 속으로 기다리던 그 말이 마침내 나오자, 만수의 눈시울이 뜨거워졌다.

"그래, 뭐. 재취업하면 되지."

거짓말이었다. 실제로는 재취업에 대한 확신이 전혀 없었다. '50대 중반, 고비용 임원급 인력'이라는 레드 카드를 가진 자신을 어떤 회사가 채용할까? 그것도 AI와 신기술이 모든 것을 바꾸고 있는 이 시대에?

"요즘 60대도 열심히 일하는 시대야. 너무 스트레스 받지 마."

미옥의 위로가 오히려 가슴을 쓰라리게 했다. 그녀가 현실을 직시하지 않는 건지, 아니면 자신이 너무 비관적인 건지 알 수 없었다.

"밥이나 먹자."

더 이상 대화를 잇지 못하고 식사에만 집중했다. 몇 분 후, 복도에서 발소리가 들렸다. 준호였다.

"밥 먹어라. 매일 컵라면만 먹지 말고!"

만수가 준호를 향해 말했지만, 준호는 대답도 없이 화장실로 걸어갔다. 미옥과 만수는 눈을 마주쳤다. 말없이 서로의 생각을 읽을 수 있었다.
'저 녀석은 언제쯤 정신 차릴까?'

밤 열한 시, 준호의 방에서 불빛이 새어나왔다. 아직 자지 않은 모양이었다. 항상 그랬다. 밤에 컴퓨터만 붙들고 새벽까지 뭔가 하다가, 낮에는 잠만 자는 생활. 반년째 계속되는 패턴이었다.
만수는 일어나 준호의 방문 앞에 서서 귀를 기울였다. 키보드 두드리는 소리와 낮은 웃음소리가 들렸다. 문을 두드릴까 망설이다 그냥 돌아서려는 찰나, 문이 열렸다.
"아버지?"
준호가 놀란 얼굴로 만수를 올려다봤다. 헤드폰을 한쪽 귀에서만 벗긴 채였다.
"아... 물 마시러 가는 중이었어."
만수는 머쓱해하며 변명했다. 아들 방문 앞에서 서성이는 자신이 초라하게 느껴졌다.
준호는 무표정한 얼굴로 고개를 끄덕였다. "아, 네." 그리고는 다시 문을 닫으려 했다.
"저기..."
만수의 말에 준호가 다시 고개를 들었다.
"내일 저녁에 회식이 있는데... 집에 좀 늦게 들어올 것 같다."
"네, 알겠습니다."
다시 문이 닫히려는 순간, 만수는 충동적으로 말을 이었다.

"오늘 퇴직했다."

준호의 손이 문고리에서 멈췄다. 표정이 굳었다.

"...네? 나중에 명예퇴직 신청하신다고 하셨잖아요."

"그게 아니라..." 만수는 어떻게 설명해야 할지 난감했다. "권고사직이야. 사실은 며칠 전에 통보 받았어."

준호의 눈이 커졌다. 오랜만에 보는 동요하는 표정이었다.

"왜요? 무슨 일이..."

"구조조정이지 뭐. 우리 부서가 통째로 없어져. 대신 AI전략팀으로 재편된대."

만수의 어깨가 처졌다. 준호는 무슨 말을 해야 할지 모르겠다는 표정으로 서 있었다.

"나이든 직원들은 다 나가라더라. 젊은 애들만 남겨두고."

침묵이 흘렀다. 아버지와 아들, 둘 다 더 이상 말을 잇지 못했다. 마침내 준호가 말했다.

"그럼... 앞으로 어떻게...?"

"글쎄." 만수는 쓴웃음을 지었다. "내 나이에 백수가 된 아버지라... 우스운 노릇이지?"

준호가 입술을 깨물었다. 만수는 아들의 눈에서 미안함을 읽었다. 그것이 더 참기 어려웠다. 자신의 처지를 아들에게 하소연하다니. 가장으로서 더 초라해지는 기분이었다.

"그냥... 알고 있으라고. 다시 취직하면 되니까 걱정하지 마."

서둘러 돌아섰다. 이대로 방으로 들어가 혼자 있고 싶었다. 그러나 준호의 목소리가 그를 멈춰 세웠다.

"아버지... 저도 뭐라도 해볼게요."

만수는 돌아보지 않은 채 그대로 서 있었다. 준호의 말이 가슴을 찔렀다. '네가 뭘 할 수 있다고?' 그런 말이 목구멍까지 차올랐지만, 삼켰다.

"그래, 알았다."

더 이상의 대화는 없었다. 만수는 침실로 향했고, 준호는 다시 자신의 방문을 닫았다.

이튿날, 퇴직 회식은 예상대로 어색했다. 사람들은 애써 밝은 척했고, 만수는 너무 담담한 척했다. 술 몇 잔이 들어가자 조금 편안해졌다. 후배들의 진심 어린 응원과 추억 이야기를 들으며, 만수는 그동안 정이 많이 들었다는 사실을 실감했다.

11시가 넘어 택시를 타고 귀가했다. 아파트 엘리베이터에서 자신의 모습이 비친 거울을 바라봤다. 불그스레한 얼굴, 흐트러진 넥타이, 피곤한 눈... 27년 회사 생활을 마무리한 55세 중년 남자의 모습이었다.

아파트에 들어서자 고요함이 감돌았다. 미옥은 이미 잠들었을 테고, 준호는... 여전히 깨어 있을 것이다. 만수는 거실로 향했다. 맥주 한 캔이 더 마시고 싶었다. 냉장고에서 캔을 꺼내 소파에 앉았다.

"아직 안 주무세요?"

뒤에서 준호의 목소리가 들렸다. 만수는 놀라 고개를 돌렸다.

"어, 너도 아직 안 잤구나."

준호는 부엌으로 걸어가 물을 한 잔 따랐다. 만수는 아들이 이렇게 자발적으로 나와 말을 거는 모습이 낯설었다. 평소에는 생필품을 사러 나가거나 화장실에 가는 경우를 제외하고는 거의 방에서만 지냈으니까.

"회식 잘 다녀오셨어요?"

"어, 뭐... 그냥 그랬지."

준호는 물을 마시며 주방 벽에 기대 섰다. 아버지와 시선을 마주치지 않았다.

"무슨 일 있어?" 만수가 물었다.

준호는 잠시 침묵했다. 뭔가 말하려다 망설이는 것 같았다.

"그냥... 아버지 도울 방법 없나 생각해봤어요."

만수는 맥주 캔을 내려놓았다. "도울 방법?"

"네. 요즘 제가... AI 쪽 공부를 좀 하고 있거든요."

"AI?" 만수의 눈이 커졌다.

"네. ChatGPT 같은 거요. 아버지도 들어보셨죠?"

만수는 얼굴을 찌푸렸다. 물론 들어봤다. 그것 때문에 자신이 회사에서 밀려났으니까. 요즘 젊은 직원들이 전부 그걸로 보고서 작성하고, 데이터 분석하고, 프레젠테이션 만드는 것을 지켜봤다. 문서 하나 만드는 데 예전에는 하루 걸리던 일을 30분 만에 끝내는 것을 봤다.

"뭐, 들어는 봤지."

"그게요, AI가 이제 많은 일을 대체하지만... 반대로 말하면 AI를 잘 다루는 사람이 경쟁력을 갖는 시대가 됐어요."

만수는 고개를 끄덕였다.

아들이 이런 대화를 이끌어가는 것이 어색했다. "그래서?"

"제가 최근에 AI 도구들을 많이 배우고 있어서... 아버지도 도와드릴 수 있을 것 같아요. 재취업하실 때 유리할 수도 있고요."

만수는 피식 웃었다. 집에서 백수로 지내는 아들이 자기를 돕겠다고? 꽤 아이러니한 상황이었다.

"네가 뭘 안다고."

준호의 표정이 굳었다. 쓸쓸한 미소를 지었다. "그렇죠... 뭐."

만수는 자신의 말이 너무 날카로웠다는 것을 깨달았다. 술기운에 실례를 했다. 아들은 그저 돕고 싶었을 뿐인데.

"미안하다. 그냥... 요즘 좀 예민해서."

준호는 고개를 끄덕였다.

"이해해요."

다시 침묵이 흘렀다. 만수는 맥주를 한 모금 더 마셨다.

"사실은," 준호가 조심스럽게 말을 이었다.

"요즘 프리랜서로 일하고 있어요."

만수의 시선이 준호에게 향했다. "뭐?"

"재택으로요. 웹디자인하고, AI 도구로 콘텐츠 제작하고... 그런 일이요."

만수는 믿기지 않았다. 그동안 준호가 방에서 게임만 하는 줄 알았는데.

"왜 말 안 했어?"

준호는 어깨를 으쓱했다.

"별로 자랑할 만한 일도 아니고... 그냥 단기 프로젝트 위주라서."

"얼마나 버는데?"

이건 적절한 질문이 아니라는 것을 알았지만, 궁금했다.

"달마다 달라요. 많을 때는 500만 원 정도? 적을 때는 100만 원도 안 될 때도 있고."

만수는 놀랐다. 백수인 줄만 알았던 아들이 때때로 자신의 월급보다 많이 벌고 있다니.

"엄마도 알아?"

"몰라요. 말 안 했어요. 아직 안정적인 수입이 아니라서."

만수는 준호를 새로운 시선으로 바라봤다. 대학을 중퇴하고 취직도 않고 방에만 틀어박혀 있다고 생각했던 아들이, 사실은 나름의 방식으로 일하고 있었다니.

"그래서... AI를 가지고 어떻게 나한테 도움이 되게 한다는 거야?"

준호의 눈이 반짝였다. 아버지가 관심을 보이자 기뻐하는 기색이었다.

"일단 요즘 면접에서 ChatGPT 활용 능력을 많이 봐요. 제가 알려드릴 수 있어요. 그리고 이력서나 자기소개서도 AI로 더 효과적으로 작성할 수 있고요."

만수는 의구심을 감추지 못했다.

"그게 정말 도움이 될까?"

"물론이죠. 요즘은 디지털 리터러시가 기본 역량으로 평가돼요. 특히 관리직은요."

만수는 잠시 생각에 잠겼다. 솔직히 말해 AI에 대한 거부감이 컸다. 그것 때문에 자신이 일자리를 잃었으니까. 하지만 아들의 말이 맞았다. 시대가 변했고, 자신도 적응해야 했다.

"그래... 한번 알려줘 봐."

준호의 얼굴에 미소가 번졌다. 오랜만에 보는 밝은 표정이었다.

"감사해요, 내일부터 시작할까요?"

만수는 고개를 끄덕였다. "그래, 내일부터."

다음 날 아침, 만수는 평소보다 일찍 눈을 떴다. 회사 출근 습관이 아직 몸에 배어 있었다. 일어나 보니 이미 미옥은 준비를 마치고 현관에서 신발을 신고 있었다.

"어디 가?"

"아, 깼어? 학교 가야지."

미옥은 초등학교 보건교사였다.

"아침 먹고 가."

"괜찮아. 학교에서 먹을 거야. 오늘 당직이라 일찍 가봐야 해."

현관문이 닫히고 만수는 갑자기 공허함을 느꼈다. 출근할 곳이 없는 첫날이었다. 옷장을 열어보니 정장들이 가지런히 걸려 있었다. 오늘은 뭘 입어야 하지? 정장은 이제 필요 없을 텐데...

결국 운동복 차림으로 거실에 나왔다. 커피를 내리고 TV를 켰다. 평소라면 절대 볼 수 없었을 오전 8시 뉴스를 시청하고 있자니 기분이 이상했다.

"아버지, 일어나셨어요?"

뒤에서 준호의 목소리가 들렸다. 만수는 놀라 돌아봤다. 준호가 이 시간에 깨어 있다니 의외였다. 보통은 점심시간이 되어야 겨우 일어나곤 했는데.

"어, 너도 일찍 일어났네?"

"네, 오늘 아버지랑 약속 있잖아요."

만수는 잠시 어리둥절했다가 어제 대화를 기억해냈다. AI를 가르쳐준다고 했었지.

"아, 맞다."

준호는 부엌으로 가서 커피를 한 잔 따랐다. 만수는 손목시계를 보았다. 8시 30분! 평소 이 시간이면 이미 회사에서 첫 번째 회의를 시작할 때였다.

"아버지 노트북 갖고 계세요?"

"응, 회사에서 쓰던 거. 근데 반납해야 할지도 모르겠네."

"네, 우선 사용하시고 나중에 반납하게 되면 중고로 하나 다시 구매하죠." 준호가 소파 옆에 앉으며 말했다.

"아버지 노트북 좀 가져와 보실래요? 인터넷 연결은 되나요?"

"그거야 당연히 되지."

만수는 서재로 가서 노트북을 가져왔다. 1년 전에 회사에서 지급받은 노트북이었다. 업무용으로만 사용해서 개인 자료는 거의 없었다.

준호는 노트북을 열고 전원 버튼을 눌렀다. 부팅되는 동안 준호가 물었다. "AI에 대해 어디까지 알고 계세요?"

만수는 머쓱해졌다.

"뭐... 업무 자동화한다든지, 데이터 분석한다든지... 그런 거?"

"그럼 ChatGPT를 직접 써보신 적은 없으신 거죠?"

"아니, 써봤어. 회사에서 몇 번."

준호의 눈이 커졌다. "정말요? 어떤 걸 물어보셨어요?"

만수는 얼굴이 달아올랐다.

"뭐... 보고서 요약하라고 했나? 잘 기억 안 나네."

사실 다른 직원들이 하는 걸 옆에서 본 것뿐이었다. 직접 써본 적은 없었지만, 아들 앞에서 완전히 무지해 보이고 싶지는 않았다.

준호는 알겠다는 듯 고개를 끄덕였다. 노트북이 완전히 켜지자 인터넷 브라우저를 열었다.

"일단 ChatGPT 계정부터 만들어요. 이메일이 필요한데, 회사 이메일은 곧 안 되실 테니 개인 이메일로 가입하는 게 좋겠어요."

만수는 지메일 계정을 알려주었다.

준호가 ChatGPT 웹사이트로 이동해 가입 절차를 진행했다.

"지금은 무료 버전으로 시작하고, 나중에 필요하면 유료로 업그레이드 하면 됩니다. 월 20달러 정도예요."

"20달러? 그렇게 비싸진 않네."

"네, 그리고 일반 사용자는 무료 버전으로도 충분해요."

가입이 완료되고 ChatGPT 인터페이스가 화면에 나타났다. 준호가 조심스레 물었다.

"어떤 분야로 재취업하실 생각이세요?"

만수는 잠시 생각했다.

"음... 아직 정확히는 모르겠어. 지금까지 해오던 마케팅/영업 관리 쪽으로 가야겠지. 근데 나이가..."

말끝을 흐렸다. 55세. 취업 시장에서 환영받지 못할 나이였다.

"제가 찾아보니까," 준호가 조심스럽게 말했다. "요즘은 시니어 인재를 찾는 스타트업도 많더라고요. 경험 많은 분들이 멘토 역할을 하길 원하는..."

만수는 쓴웃음을 지었다.

"그런 곳이 얼마나 되겠니. 다들 젊은 애들 원하지."

"아니요, 요즘 트렌드가 좀 바뀌고 있어요."

준호는 ChatGPT 창에 타이핑하기 시작했다.

> 시니어 마케팅 전문가를 위한 취업 전략을 알려줘. 50대 중반, 대기업 마케팅 부서 경력 27년차로, AI와 디지털 마케팅에 적응하려는 중이야.

답변이 즉시 화면에 나타났다.

 챗GPT 답변

시니어 마케팅 전문가의 취업 전략에 대해 알려드리겠습니다.

1. 경력의 재구성
   - 27년 경력을 단순 나열하기보다 핵심 성과와 프로젝트 중심으로 재구성하세요.
   - 특히 변화 관리, 전략 수립, 팀 리더십 경험을 강조하세요.
   - 최근 10년 내 경력에 집중하되, 장기적 안목과 통찰력을 보여주는 사례를 포함하세요.

2. 디지털 역량 강화
   - 디지털 마케팅 기초 과정 수료 (Google Digital Garage, HubSpot Academy 등)
   - AI 기반 마케팅 도구 활용 능력 습득 (ChatGPT, Midjourney 등)
   - LinkedIn, Twitter 등 소셜 플랫폼 활용과 콘텐츠 제작 능력 개발

3. 타겟 기업 재설정
   - 대기업 뿐 아니라 중견/중소기업, 스케일업 기업, 비영리 단체도 고려
   - "시니어 마케팅 어드바이저", "마케팅 전략 컨설턴트" 포지션 탐색
   - 시니어 인재를 존중하는 기업 문화를 가진 회사 리서치

4. 네트워킹 확대
   - LinkedIn 프로필 업데이트 및 적극 활용
   - 업계 밋업, 컨퍼런스 참석 (온/오프라인)
   - 과거 동료, 파트너사 연락망 재활성화

5. 전문 분야 선택과 깊이 있는 지식 개발
   - 특정 산업 또는 마케팅 영역 (예: B2B 마케팅, 콘텐츠 마케팅)에 집중

- 해당 분야 최신 트렌드와 케이스 스터디 연구
- 관련 칼럼 기고, 블로그 운영 등으로 전문성 강화

6. 유연한 근무 형태 고려
- 풀타임 외에도 프리랜서, 컨설턴트, 시간제 어드바이저 등
- 여러 회사의 마케팅 멘토로 일하는 포트폴리오 경력 구축

7. 디지털 네이티브와의 협업 가능성 강조
- 젊은 세대와의 프로젝트 경험이나 멘토링 사례 공유
- 다양한 세대의 관점을 이해하고 조율할 수 있는 능력 강조

경험이 부족한 부분은 적극적으로 학습하고, 풍부한 실무 경험과 지혜는 자신 있게 내세우세요. 현대 마케팅은 기술과 인간적 통찰력 모두 필요한 분야입니다. 귀하의 풍부한 경험은 분명한 강점입니다.

만수는 놀라움을 감추지 못했다. "이게 정말 AI가 작성한 거야?"

"네. 어때요? 괜찮죠?" 준호의 목소리에 자부심이 묻어났다.

만수는 내용을 꼼꼼히 읽었다. 확실히 자신이 미처 생각하지 못했던 방향성이 있었다. 특히 '시니어 마케팅 어드바이저'나 '포트폴리오 경력' 같은 개념은 생각해보지 않았던 부분이었다.

"근데 이게 정말 도움이 될까?" 만수는 여전히 회의적이었다.

"그냥 좋은 소리만 하는 거 아냐?"

"아버지, 직접 한번 질문해보세요. 아무거나 물어봐도 돼요."

만수는 키보드 앞으로 몸을 기울였다. 뭘 물어봐야 할까? 잠시 고민하다 타이핑했다.

55세 마케팅 관리자가 AI 시대에 생존하려면 어떤 구체적인 기술을 배워야 할까?

다시 신속한 답변이 나타났다. AI는 실용적인 조언들을 제공했다. 데이터 분석 기본 스킬, AI 마케팅 도구 활용법, 온라인 콘텐츠 제작 기술 등 구체적인 학습 로드맵까지 제시했다.

"이거 정말 대단한데?" 만수가 감탄했다.

"그쵸? 이제 이걸 이용해서 아버지의 이력서도 업데이트하고, 커버레터도 작성하고, 면접 예상 질문과 답변도 연습할 수 있어요."

만수는 화면에서 눈을 떼지 못했다. 갑자기 불가능해 보였던 재취업이 조금은 가능성 있게 느껴졌다.

"근데 취업 시장에서 인정받을까? 다들 AI로 했다고 하면..."

"지금은 AI를 얼마나 잘 활용하느냐가 경쟁력이에요. AI를 안 쓰는 사람보다 잘 쓰는 사람이 훨씬 생산성이 높으니까요. 회사들도 그걸 알아요."

만수는 고개를 끄덕였다. 아들의 말이 맞았다. 자신이 회사에서 밀려난 이유도 결국 새로운 기술에 적응하지 못했기 때문이었다.

"그럼... 이제 뭐부터 시작하면 좋을까?"

준호의 얼굴에 미소가 번졌다.

"일단 아버지 분야에서 최신 트렌드부터 알아볼까요? ChatGPT한테 물어보면 좋은 자료들을 추천해줄 거예요."

만수는 난생 처음 아들에게 가르침을 받는 상황이 어색했지만, 한편으로는 이상하게 편안했다. 아들의 전문 영역에서 그가 자신감 있게 설명하는 모습이 새롭게 느껴졌다.

"알았어. 가르쳐줘."

이틀 후, 만수는 집 근처 카페에 앉아 노트북을 펼쳐놓고 있었다. ChatGPT를 통해 시니어 인재를 채용하는 회사들을 리서치하고 있었다. 준호의 조언에 따라 LinkedIn 프로필도 업데이트했고, 이력서도 새롭게 작성했다.

"아메리카노 한 잔 더 주세요."

바리스타에게 주문하며, 만수는 창밖을 바라봤다. 평일 오전, 이 카페에는 자신처럼 노트북을 펼쳐놓고 일하는 사람들로 가득했다. 예전에는 이런 광경이 낯설었는데, 이제는 자신도 그중 하나가 되어 있었다.

노트북에서 이메일 알림음이 울렸다. 준호였다.

"잘 진행 중이세요? 제가 아까 보내드린 링크 확인하셨나요?"

만수는 미소 지었다. 예전에는 집에서 마주쳐도 말 한마디 나누기 어려웠는데.

"응, 봤어. 고마워. 지금 그 회사들 리스트 정리하는 중이야."

준호가 보내준 것은 시니어 인재를 찾는 스타트업과 중견기업 목록이었다. 그리고 각 회사에 맞는 이력서 맞춤법도 조언해주었다.

카페 문이 열리고 익숙한 얼굴이 들어왔다. 안태현, 예전 회사 동료였다. 똑같이 권고사직 당했던 친구였다.

"어, 만수 형"

태현이 반갑게 다가왔다. 동갑내기였지만, 만수가 입사 선배라 형이라 불렀다.

"태현아, 오랜만이다."

"형도 여기 자주 오세요? 저는 요즘 매일 여기 와요. 집에만 있으면 미치겠더라고요."

만수는 고개를 끄덕였다. "나도 그래서 나왔어. 취업 준비 중이야."

태현이 노트북 화면을 흘끗 보았다.

"오, 챗GPT 쓰시네요? 저도 요즘 배우는 중이에요."

"어, 우리 아들이 알려줬어."

"대단하네요. 저는 학원 등록했어요. 디지털 전환 과정이라고, 우리 같은 시니어들 많이 오더라고요."

태현이 옆자리에 앉았다. 그는 평소보다 훨씬 활기차 보였다.

"사실... 저 좋은 소식이 있어요. 다음 주부터 새 직장 다녀요."

"정말? 어디?"

"핀테크 스타트업이에요. CMO(최고마케팅책임자) 포지션이요."

만수는 놀랐다. "벌써? 퇴직한 지 일주일도 안 됐는데?"

"네, 운이 좋았죠. 근데 연봉은 좀 낮아졌어요. 그래도 지분 옵션도 주고, 무엇보다 일할 곳이 있다는 게 좋더라고요."

만수는 부러운 마음을 감추지 못했다. "축하해. 어떻게 구했어?"

"LinkedIn이요. 프로필 업데이트했더니 헤드헌터가 연락 왔어요. 요즘 경험 많은 사람 찾는 데가 생각보다 많아요. 특히 젊은 창업자들이 멘토 역할 해줄 사람을 원하더라고요."

딱 준호가 말했던 내용이었다. 만수는 아들의 조언이 허황된 게 아니었음을 깨달았다.

"그런데," 태현이 목소리를 낮췄다.

"일단 가보니까 요즘 회사들 분위기가 많이 달라졌어요. 다 AI 쓰고, 클라우드 쓰고... 우리가 배워야 할 게 많아요."

"그래, 나도 요즘 그걸 느끼고 있어. 세상이 너무 빨리 변하는 것 같아."

"근데 막상 배우면 그렇게 어렵지는 않아요. 형도 화이팅하세요!"
태현과 커피를 마시며 한참 더 대화를 나눴다.

그가 떠난 후, 만수는 다시 노트북으로 시선을 돌렸다. 갑자기 궁금증이 생겨 ChatGPT에 새로운 질문을 입력했다.

> 내가 55세 마케팅 관리자인데, 젊은 창업자들이 나를 '멘토'로 원하는 이유는 뭘까? 내 경험이 정말 현대 비즈니스에 유용할까?

AI의 답변이 나타났다.

55세 마케팅 관리자인 귀하의 경험이 젊은 창업자들에게 귀중한 이유는 여러 가지가 있습니다:

1. **비즈니스 사이클에 대한 통찰력:**
   경기 변동 속 마케팅 전략 변화를 체험한 경험은 젊은 창업자들에게 실질적인 지침이 될 것입니다.

2. **인간 심리에 대한 이해:**
   기술은 끊임없이 변화하지만, 인간의 기본적인 욕구와 행동은 크게 달라지지 않습니다. 오랜 실무 경험에서 얻으신 인사이트는 여전히 유효하며, AI로도 쉽게 대체되지 않습니다.

3. **조직 정치와 관계 관리 능력:**
   대기업에서의 경험은 조직 내 다양한 이해관계자들과 협업하고 갈등을 관리하는 능력을 키웁니다. 스타트업이 성장하면서 맞닥뜨리는 조직 문제를 예측하고 해결하는 데 이러한 경험이 중요합니다.

4. **전략적 사고:**

> 단기적 성과에 집중하기 쉬운 젊은 창업자들에게 장기적 관점과 전략적 사고는 매우 가치 있습니다. 귀하의 경험은 단기 트렌드와 장기 패턴을 구분하는 데 도움이 됩니다.
>
> **5. 위기 관리 경험:**
> 긴 경력 동안 다양한 위기 상황을 겪고 극복한 경험은 불확실성이 높은 스타트업 환경에서 중요한 자산입니다.
>
> **6. 네트워크:**
> 수십 년간 구축한 업계 인맥은 젊은 창업자들이 단기간에 형성할 수 없는 귀중한 자산입니다.
>
> **7. 균형 잡힌 시각:**
> 디지털 네이티브들이 기술에 치중할 때, 귀하는 기술과 인간적 요소 사이의 균형을 제공할 수 있습니다.
>
> **현대 비즈니스에서 귀하의 경험을 최대한 활용하려면:**
> - 디지털 도구와 AI에 대한 기본적인 이해를 갖추세요.
> - 젊은 세대의 관점과 트렌드에 열린 마음을 유지하세요.
> - 귀하의 경험을 현재 비즈니스 맥락에 적용하는 방법을 보여주세요.
> - 과거의 방식보다 경험에서 얻은 원칙과 인사이트를 공유하세요.
>
> **귀하의 경험은 분명히 가치가 있습니다. 중요한 것은 그 경험을 현재 맥락에 맞게 재해석하고 적용하는 능력입니다.**

만수는 답변을 읽으며 가슴이 뭉클해졌다. 자신이 쌓아온 경험이 아직 가치가 있다는 사실이 위안이 되었다.

다만 그것을 현재 상황에 맞게 재해석하고 적용하는 능력이 필요하다는 점도 납득이 갔다. 새로운 질문이 떠올랐다. 이번에는 좀 더 개인적인 것이었다.

> 내 아들은 27세인데 취직 안 하고 집에서 프리랜서로 일한다고 해. 나는 그런 불안정한 생활 방식이 걱정되는데, 이게 요즘 젊은이들에게는 정상적인 거니? 아들을 어떻게 이해하고 도와줄 수 있을까?

AI의 답변을 읽으며, 만수는 처음으로 준호의 선택을 다른 시각에서 바라보게 되었다. AI는 현대 노동 시장의 변화와 젊은 세대가 원하는 자유와 의미, 그리고 기술 발전으로 인한 새로운 직업 형태에 대해 설명했다. 그리고 부모로서 지원할 수 있는 방법들도 제안했다.

대화가 계속되자, 만수는 점점 더 아들의 세계에 대해 이해하기 시작했다. 그리고 자신도 새로운 시대에 적응해야 한다는 사실을 받아들이게 되었다.

노트북을 덮으며, 만수는 휴대폰을 꺼내 준호에게 문자를 보냈다.

"오늘 저녁에 무슨 일정 있니? 같이 저녁 먹으면서 이야기 좀 더 하자."

1분도 안 되어 준호의 답장이 왔다.

"네, 좋아요! 맛있는 거 먹어요! "

준호의 메시지에 이모티콘까지 함께 있는 것을 보고 만수는 미소 지었다. 감정을 잘 표현하지 않던 아들이 '별 일이네...' 하는 생각이 들었다.

저녁 식사를 위해 만수와 준호는 동네 일식집에 자리를 잡았다. 미옥은 학교 회식이 있어 함께하지 못했다.

"아버지, 이틀 만에 많이 배우셨네요. LinkedIn 프로필도 업데이트하고."

"다 네 덕분이지. 안 가르쳐줬으면 어떻게 했을지."

만수는 진심으로 말했다. 처음에는 의구심이 많았지만, 아들이 알려준 디지털 도구들이 생각보다 유용하다는 것을 깨달았다.

"오늘 전 직장 동료 만났는데, 이미 새 직장 구했더라. 핀테크 스타트업인가 뭔가."

"오, 대단하신데요?"

"그러게. 나도 좀 조급해지더라. 근데 네가 보내준 회사 리스트 중에 관심 가는 데가 몇 군데 있어."

생각할수록 신기했다. 최근 몇 년간 자신은 준호에게 "빨리 취직해라, 안정적인 직장을 구해라"라고 강요했다. 그런데 이제는 아들이 자신의 취업을 도와주고 있다니.

"그런데 요즘 젊은 세대들은 정말 프리랜서 일하는 게 보편적인 거니? 불안하지 않아?"

준호는 잠시 생각하다 대답했다.

"불안하죠. 하지만 정규직도 이제는 평생 직장이 아니잖아요. 아버지가 경험하신 것처럼요."

날카로운 지적이었다. 만수는 어쩔 수 없이 고개를 끄덕였다.

"요즘은 여러 가지 일을 동시에 하면서 포트폴리오를 쌓는 게 더 안전할 수도 있어요. 한 회사에 의존하지 않으니까요."

"그래도 일정한 수입이 없으면 미래 계획 세우기 어렵지 않나?"

준호는 입술을 깨물었다.

"그건... 맞아요. 그래서 저도 계속 고민 중이에요."

"내가 너한테 뭘 요구하는 건 아니야. 그냥 궁금해서."

준호의 표정이 풀어졌다. "사실, 아버지. 요즘 생각이 많아요."

"무슨 생각?"

"아버지가 퇴직하신 것도 그렇고... 제가 좀 더 안정적인 일을 찾아야 할지, 아니면 프리랜서로 계속 갈지..."

음식이 나오자 두 사람은 잠시 대화를 멈추고 식사에 집중했다. 만수는 준호의 말을 곱씹었다. 아들도 자신의 길에 대해 확신이 없는 것 같았다.

"준호야, 솔직히 말해봐. 너 정말 지금 하는 일이 좋아?"

준호는 잠시 망설이다 대답했다. "좋아요. 제 시간을 제가 통제할 수 있고, 다양한 프로젝트를 경험할 수 있어서요. 하지만..."

"하지만?"

"가끔은 외롭기도 해요. 팀으로 일하는 느낌도 없고, 성장에 대한 피드백도 받기 어렵고... 그리고 아버지가 걱정하시는 것처럼 수입이 불안정해요."

만수는 이해한다는 듯 고개를 끄덕였다. 아들의 솔직한 고민을 들으니 마음이 아팠다.

"사실 난 네가 하는 일이 뭔지 잘 몰랐어. 그냥 컴퓨터 게임만 하는 줄 알았지."

준호는 쓴웃음을 지었다. "그럴 만했죠. 제가 말을 안 했으니까."

"내가 너무 네 인생에 간섭하려고 했던 것 같아. 미안하다."

"아니에요. 저도 더 솔직하게 말씀드렸어야 했는데."

식사를 마치고 두 사람은 집으로 향했다. 걸어가는 동안 만수가 말했다.

"그나저나 너 ChatGPT 말고 다른 AI 도구도 쓰니?"

"네, 많이 써요. Midjourney 같은 이미지 생성 AI부터 Perplexity 같은 리서치 도구까지... 제 작업의 반 이상은 AI가 도와주고 있어요."

"재밌겠다. 나도 좀 더 배워봐야겠어."

"내일은 제가 이미지 AI를 보여드릴게요. 아버지 이력서에 들어갈 프로필 사진도 개선할 수 있을 거예요."

만수는 처음으로 AI를 단순한 위협이 아니라, 인간의 능력을 보완하고 확장할 수 있는 도구로 바라보기 시작했다.

"결국 중요한 건 AI가 얼마나 똑똑한가가 아니라, 인간이 AI를 얼마나 잘 활용하느냐인 것 같아." 만수가 말했다.

준호는 미소를 지었다.

"맞아요. 그게 바로 제가 아버지에게 알려드리고 싶은 거예요."

그렇게 두 사람은 한참 동안 이야기를 나눴다. 서로의 생각과 경험, 고민을 공유하면서, 만수는 자신이 새로운 시작점에 서 있다는 것을 느꼈다.

그리고 그 여정에 아들이 동반자가 되어준다는 사실이 묘하게 위로가 되었다. 퇴직의 충격으로 시작된 이 새로운 장(章)이, 어쩌면 인생에서 가장 의미 있는 전환점이 될지도 모른다는 생각이 들었다.

AI직원 사용설명서 | 기획담당

01. ChatGPT

ChatGPT는 OpenAI가 개발한 대규모 언어 모델을 기반으로 한 대화형 AI 시스템입 니다. GPT(Generative Pre-trained Transformer)라는 아키텍처를 활용하여 자연어를 이해하고 생성할 수 있습니다. 대화 형식으로 질문에 답변하고, 정보를 제공하며, 다양한 작업 을 수행할 수 있습니다.

· 주요 기능

ChatGPT는 다양한 영역에서 활용할 수 있는 강력한 AI 도구입니다.

텍스트 생성
에세이, 블로그 포스트, 스크립트, 시 기사 등 다양한 형식의 텍스트 생성

질의응답
다양한 주제에 대한 질문에 답변하고 정보를 제공

코드 작성 지원
다양한 프로그래밍 언어의 코드를 작성하고 디버깅

질의응답
다양한 언어 간의 번역을 지원

요약
긴 텍스트를 핵심 내용으로 요약

창의적 지원
아이디어 구상, 스토리텔링, 창작 활동을 지원

웹 브라우징
Plus 사용자는 인터넷 검색을 통해 최신 정보에 접근 가능

질의응답
이미지를 이해하고 분석하는 시각적 기능 제공

음성 대화
음성으로 대화할 수 있는 기능 제공

· 가입 방법

1. 공식 웹사이트 방문 : https://chat.openai.com에 접속.

2. 회원가입 버튼 클릭 : "Sign up" 버튼을 클릭

3. 계정 생성
· 이메일 주소를 입력하거나 Google, Microsoft, Apple 계정으로 가입

4. 이메일 확인
· 입력한 이메일로 확인 메일이 발송, 메일의 링크를 클릭

5. 계정 설정 완료
· 이름과 비밀번호를 설정하고 서비스 약관에 동의

6. 무료 사용 시작
· 기본으로 무료 버전을 사용할 수 있으며, 유료로 업그레이드 가능

플랜	가격	주요 특징
Free	무료	매월 제한된 크레딧, 기본 모델 접근, 개인 사용 라이센스
Plus	월 $20	더 많은 크레딧, 향상된 모델 접근, 제한적 상업적 사용 가능
Pro	월 $200	최대 크레딧, 최신 모델 우선 접근, 완전한 상업적 사용 라이센스
Enterprise	문의 필요	맞춤형 사용량, API 접근, 전용 지원, 팀 관리 도구

*가격과 주요특징은 관련 회사 사정에 따라 변경될 수 있습니다.

· 사용 방법

명확하고 구체적인 프롬프트를 작성할수록 더 좋은 결과를 얻을 수 있습니다.

© 2025 ChatGPT AI직원 사용설명서 | OpenAI의 공식 문서를 기반으로 작성되었습니다.

·기본 사용법

1. ChatGPT 웹사이트 또는 앱에 로그인합니다.
2. 대화창에 질문이나 요청을 입력합니다.
3. 입력 후 엔터 키를 누르거나 전송 버튼을 클릭합니다.
4. ChatGPT의 응답을 확인하고 필요에 따라 추가 질문을 이어갑니다.

·효과적인 프롬프트 작성법

1. 구체적으로 작성하기
· 원하는 결과를 명확하게 설명하세요.

2. 맥락 제공하기
· 목적과 배경 정보를 함께 제공하면 더 좋은 결과를 얻을 수 있습니다.

3. 출력 형식 지정하기
· 원하는 결과물의 형식(글자 수, 구조 등)을 미리 알려주세요.

4. 단계별 접근
· 복잡한 작업은 여러 단계로 나누어 요청하세요.

5. 예시 제공하기
· 원하는 스타일이나 형식의 예시를 함께 제공하세요.

> **[예시]**
> 인공지능의 미래 발전 방향에 대해 500자 내외로 설명해주세요. 기술적 측면과 사회적 영향을 균형있게 다루고, 3가지 주요 트렌드를 포함 해주세요.

• 장점과 한계

장점
- 다양한 주제에 대한 폭넓은 지식
- 24시간 / 7일 내내 접근 가능
- 다양한 작업 수행 능력
- 지속적인 학습과 업데이트

한계
- 데이터보안 취약
- 사실 확인의 필요성
- 맥락 이해의 한계
- 가끔 발생하는 편향성

• 특별한 Tip!

1. 대화 기록 관리
- 웹 인터페이스에서 대화 기록을 저장하고 관리할 수 있습니다.

2. 맞춤 GPT 활용
- OpenAI의 GPT 스토어를 통해 특정 목적에 맞게 커스터마이징된 GPT를 사용 가능

3. API 활용
- 개발자는 ChatGPT API를 통해 자체 애플리케이션에 AI 기능을 통합이 가능

4. 플러그인 기능
- 다양한 플러그인을 통해 ChatGPT의 기능을 확장

5. 프롬프트 엔지니어링
- 효과적인 프롬프트 작성 기술을 배우면 명확한 결과 도출 가능

점점 더 아들의 세계에 대해 이해하기 시작했다.
그리고 자신도 새로운 시대에 적응해야 한다는
사실을 받아들이게 되었다.

제 2장

아이디어의 탄생

"허~ 난 안 한다고!"

김만수는 소파에서 벌떡 일어났다. 작은 아파트의 거실에 그의 목소리가 울려 퍼졌다. 아내 미옥은 한숨을 내쉬며 부엌으로 들어갔다.

"아버지, 진정하세요. 제가 뭐 나쁜 제안한 것도 아니잖아요."

준호가 차분하게 말했지만 그의 목소리에도 짜증이 묻어났다.

"30년 회사 생활하다 갑자기 나온 사람이 무슨 가게를 차려? 장사는 수십 년 해온 사람들도 망하는데."

만수는 TV 리모컨을 집어 들었다가 다시 소파에 던져버렸다.

회사에서 권고사직 이후 그의 감정은 롤러코스터를 타고 있었다. 분노, 상실감, 그리고 무엇보다 깊은 불안감이 그를 짓누르고 있었다.

"아버지, 창업이 처음부터 쉬울 거라고 생각한 적 없어요. 그래도 평생 요리 좋아하셨잖아요."

"취미랑 사업이랑 같냐? 취미는 실패해도 웃으면 그만이지만, 사업은 가족 전체가 거리에 나앉을 수도 있는 거야."

준호는 깊은 숨을 들이마셨다. 아버지가 권고사직 퇴직 통보를 받고 술에 취해 돌아온 이후, 그는 아버지에게 여러 가지 제안을 해보았다.

그중 하나가 중국집 창업이었다.

"아버지, 진짜 한번만 들어보세요. 제 말 끝까지요."

"뭘 더 들어? 네가 회사 다녀봤어? 아니면 장사해봤어? 방구석에서 컴퓨터나 붙들고 있는 애가 뭘 안다고 나한테 창업을 권해?"

준호의 얼굴이 붉게 변했다. 또 방구석 컴퓨터 얘기다.

취업에 실패한 후 프리랜서 웹디자이너로 일하기 시작한 그에게 아버지가 꽂는 가장 아픈 가시였다.

"적어도 저는 AI 기술도 알고, 이런 디지털 세상이 어떻게 돌아가는지 알아요. 아버지는 포털 사이트 검색하는 것도 힘들어하시면서, 어떻게 앞으로 살아갈 계획이세요?"

만수는 고개를 확 돌려 아들을 노려봤다.

"야, 말 함부로 하지 마라. 너보다 많이 살았고, 너보다 세상 경험도 많아. 내가 퇴직했다고 무너진 것도 아니고, 내 앞가림은 내가 할 수 있어."

그때 부엌에서 이미옥이 다시 나왔다.

"여보, 그래도 준호 말 한번 들어봐요. 애가 요즘 그런 AI 프로그램들 잘 다룬다고 하더라고. 세상이 많이 변했잖아요."

만수는 아내를 향해 화를 냈다.

"당신까지 그런 소리 하게? 내가 퇴직했다고 갑자기 다들 날 무능한 늙은이 취급하는거야?"

방 안에 무거운 침묵이 내려앉았다. 준호는 한숨을 내쉬었다. 그는 어차피 또 싸우게 될 걸 알면서도 다시 입을 열었다.

"아버지, 원래 저는 이런 대화 자체를 피하려고 했어요. 하지만 어젯밤에 아버지가 전화하셔서 도와달라고 하셨잖아요."

만수는 어젯밤 술에 취해 아들에게 전화한 것을 기억해냈다. 부끄러움과 미안함이 그를 덮쳤지만, 자존심이 그걸 인정하게 놔두지 않았다.

"취해서 한 소리야. 내가 왜 네 도움이 필요하겠니? 나보고 장사하라고 해놓고, 뭘 도와준다는 거야?"

준호는 노트북을 펼쳤다.

"제가 도와드릴 수 있는 게 많아요. 특히 AI를 활용하면 경험이 부족해도 충분히 시작할 수 있어요. 한번 보여드릴게요."

만수는 코웃음을 쳤지만, 일단 자리에 앉았다. 준호는 노트북 화면에 ChatGPT를 실행했다.

만수는 여전히 팔짱을 끼고 회의적인 표정이었지만, 최소한 화면을 쳐다보긴 했다.

"제가 먼저 중국집 창업에 대한 기본 정보를 물어볼게요."

준호는 타이핑을 시작했다.

> 중국집(중식당) 창업에 필요한 기본 정보를 알려주세요. 초기 투자 비용, 필요한 인력, 주의해야 할 점 등을 자세히 설명해주세요.

만수는 어깨 너머로 화면을 보다가 눈을 굴렸다.

"야, 저런 거 물어보면 대답이 나온대? 그냥 네이버에 검색하면 되는 거 아냐?"

"네이버랑 달라요. 단순 검색이 아니라 맥락을 이해하고 맞춤형 정보를 주거든요. 잠깐만 기다려보세요."

잠시 후, ChatGPT의 답변이 화면에 나타났다.

중국집(중식당) 창업에 관한 기본 정보를 알려드리겠습니다.

[초기 투자 비용]
1. 임대 및 보증금: 중소 규모(20-30평)의 경우 보증금 5천만원~1억원, 월세 250만원~500만원 정도 예상
2. 인테리어 비용: 평당 150만원~300만원 (20평 기준 3천~6천만원)
3. 주방 설비: 중화요리 전용 주방설비 (2천만원~3천만원)
4. 가구 및 소품: 테이블, 의자, 식기류 등 (1천만원~1천5백만원)

5. 초기 재료비 및 운영자금: 최소 1천만원
  6. 기타 비용: 간판, POS 시스템, 허가 비용 등 (500만원~1천만원)
  7. 예비비: 전체 비용의 10-20% 추가 권장

총 예상 초기 투자: 최소 1억 3천만원 ~ 2억 5천만원 (상권, 규모에 따라 달라질 수 있음)

[필요한 인력]
  1. 주방장(중식 요리사): 월 350만원~500만원
  2. 보조 주방(찬모, 튀김담당 등): 인당 월 230만원~300만원
  3. 홀 서빙 직원: 인당 월 200만원~250만원
  4. 배달 담당(배달앱 사용 시 선택): 인당 월 200만원~250만원

최소 운영 인력: 중소형 매장 기준 3-5명 (주방 2명, 홀/배달 1-3명)

[주의해야 할 점]
  1. 위치 선정: 중식당은 배달 비중이 높아, 주변 주거 및 사무실 밀집도 고려
  2. 경쟁 분석: 반경 1km 내 유사 음식점 수와 차별화 요소 파악 필수
  3. 요리사 확보: 숙련된 중식 요리사를 사전에 확보 중요
  4. 원재료 관리: 재료의 대량 구매와 보관이 중요, 신선도 유지 시스템 필수
  5. 배달 전략: 배달앱 수수료를 감안한 가격 책정과 배달 전용 메뉴 구성
  6. 메뉴 구성: 기본 메뉴(짜장면, 짬뽕, 탕수육 등)와 특화 메뉴의 균형 유지
  7. 위생 관리: 환기 시스템과 주방 청결이 특히 중요
  8. 마케팅 전략: 신규 고객 유치와 단골 확보를 위한 프로모션 계획 수립

[성공 요인]
  1. 맛의 일관성 유지: 요리사 의존도가 높으므로 레시피 표준화 중요
  2. 깨끗한 매장 관리: 청결은 중식당 이미지에 매우 중요한 요소
  3. 배달 시스템 효율화: 빠른 배달과 포장 품질 관리
  4. 차별화 전략: 건강한 중식, 특화된 지역 요리, 현대적 인테리어 등
  5. 원가 관리: 재료비가 매출의 30-35%를 넘지 않도록 철저한 관리 필요

이러한 기본 정보를 바탕으로 더 구체적인 사업 계획과 시장 조사가 필요합니다. 상권, 투자 규모, 컨셉에 따라 세부 사항이 달라질 수 있습니다.

준호는 만수의 반응을 살폈다. 만수는 여전히 무표정이었지만, 텍스트를 꼼꼼히 읽고 있었다.

"이거 그냥 인터넷에서 긁어온 정보 아니야?"

만수가 의심스럽게 물었다.

"아니에요. 실시간으로 생성한 답변이에요. 더 구체적인 질문도 해볼까요?"

준호는 새로운 질문을 입력했다.

> 인천 지역에서 중식당을 창업할 때 가장 유망한 상권은 어디인가요? 또한 요즘 소비자들이 중국집에서 가장 중요하게 생각하는 요소는 무엇인가요?

만수는 이번에는 약간의 관심을 보이며 화면을 쳐다봤다.

그는 실제로 수년 동안 인천에 살고 있었고, 지역에 대해 잘 알고 있다고 생각했다.

ChatGPT의 답변이 나타났다.

> 인천 지역의 유망 중식당 상권과 소비자 선호도에 대해 알려드리겠습니다.
>
> [인천 지역 유망 상권]
> 1. 송도 국제업무단지 인근
>   - 장점: 직장인 밀집 지역으로 점심 수요가 많고, 소득 수준이 높은 편
>   - 특징: 현대적인 중식당 콘셉트, 배달보다 매장 방문객 비중이 높음
>   - 고려사항: 임대료가 높은 편이나 객단가도 높게 책정 가능
>
> 2. 부평 문화의 거리/부평시장 인근
>   - 장점: 유동인구가 많고 접근성이 좋으며, 젊은층 방문객 다수

- 특징: 가성비 중시, 배달과 포장 수요가 많음
- 고려사항: 경쟁 음식점이 많아 차별화 필요

3. 구월동 로데오거리/인천터미널 주변
- 장점: 쇼핑객과 학생, 직장인이 골고루 분포
- 특징: 다양한 연령층을 타겟팅할 수 있음
- 고려사항: 주중/주말 고객층 차이가 크므로 탄력적 운영 필요

4. 연수구 청학동/옥련동 주거지역
- 장점: 가족 단위 고객과 배달 수요가 많음
- 특징: 안정적인 단골 확보 가능
- 고려사항: 배달 효율성을 높일 수 있는 위치 선정 중요

5. 계양구 작전동/효성동 일대
- 장점: 신규 아파트 단지가 많아 배달 수요 증가 중
- 특징: 가족 단위 고객층이 두터움
- 고려사항: 가격대비 양과 품질 중시하는 경향

[소비자들이 중식당에서 중요하게 생각하는 요소]

1. 맛의 일관성 (32%)
- 중식당은 특히 '변함없는 맛'을 기대하는 경향이 강함
- 주방장 교체 시에도 맛이 유지되는 표준화된 레시피 중요

2. 배달 속도와 포장 상태 (27%)
- 중식은 배달 비중이 높아 배달 시간과 도착 상태가 매우 중요
- 특히 짬뽕, 탕수육 등은 포장 방식에 따라 만족도 크게 차이남

3. 위생과 청결 (18%)
- 코로나19 이후 위생에 대한 관심 증가
- 주방 공개, 조리과정 투명성에 대한 선호도 상승

4. 가격 대비 가치 (15%)
- 배달앱 사용 증가로 가격 비교가 쉬워짐
- 단순 저가 전략보다 '적정 가격에 충분한 양과 품질' 중시

5. 메뉴의 다양성과 특색 (8%)

> \- 기본 메뉴(짜장면, 짬뽕 등) 외에 차별화된 특화 메뉴 선호
> \- 건강 중식, 지역 특화 중식 등 새로운 트렌드에 관심
>
> 인천 지역에서는 특히 송도와 구월동이 새로운 스타일의 중식당에 대한 수요가 증가하는 추세이며, 전통적인 중국집을 현대적으로 재해석하거나, 특정 중국 지역 요리를 특화한 전문점이 좋은 반응을 얻고 있습니다. 또한 깔끔한 인테리어와 SNS 마케팅을 활용한 중식당이 젊은 층 사이에서 인기를 얻고 있습니다.

만수는 눈을 크게 뜨고 답변을 읽었다.

"이거... 사실 맞는 것 같은데?"

"그렇죠? AI는 방대한 데이터를 학습해서 이런 정보를 제공할 수 있어요."

만수는 머리를 긁적였다.

"근데 이게 얼마나 최신 정보인지는 어떻게 알아? 그냥 옛날 자료일 수도 있잖아."

"ChatGPT는 학습 데이터에 한계가 있어요. 그래서 다른 AI 도구도 같이 써요."

준호는 브라우저를 열고 Perplexity AI 웹사이트에 접속했다.

"이건 Perplexity AI라는 도구인데, 실시간 웹 검색과 AI를 결합했어요. 최신 정보를 찾는 데 더 유리하죠."

준호는 Perplexity에 질문을 입력했다.

> 2025년 인천 지역 중식당 시장 동향과 최신 트렌드는 무엇인가요?

Perplexity는 화면에 검색 과정을 보여주고, 곧 답변을 제공했다.

> **❋ Perplexity 답변**
>
> **2025년 인천 지역 중식당 시장 동향과 최신 트렌드**
>
> **1. 모던 차이니즈 확산**
> 송도·구월동 중심으로 전통 중식을 현대적으로 재해석한 매장이 증가. 세련된 인테리어·플레이팅으로 2030세대에 인기.
>
> **2. 특화 메뉴의 부상**
> 마라탕, 딤섬, 양꼬치 등 지역 특화 요리 전문점 확대. 특히 마라탕 전문점, 송도에서 상반기 신규 매장 급증.
>
> **3. 배달 최적화 전략**
> 코로나19 이후 정착된 배달 문화에 맞춰 배달 메뉴 특화 및 포장 기술 개선 중. 탕수육·깐풍기 등 튀김류의 배달 품질 향상 시도 확대.
>
> **4. 디지털 전환 가속화**
> 인천 지역 중식당의 디지털 전환이 빠르게 진행 중. 키오스크 도입률도 2023년 대비 2배 증가했으며, AI 기반 주문과 재고 관리 시스템을 도입
>
> **5. 건강 중식 트렌드**
> MSG 무첨가, 유기농, 저염 중식으로 '웰빙 중식' 부상. 특히 송도·청라 지역에서 주목.
>
> **6. SNS 마케팅 강화**
> 비주얼 중심의 '인스타그래머블'한 플레이팅·인테리어로 2030 소비자층 공략 → 입소문 마케팅 증가.
>
> **7. 로컬 식자재 활용**
> 인천산 해산물 등 지역 재료 활용한 퓨전 중식당 등장. 차별화 전략으로 부각.
>
> **주목할 점은 2025년 인천 중식당 시장이 전통적인 중식당과 현대적인 컨셉의 중식당으로 양극화되는 경향을 보인다는 것입니다. 저가 위주의 전통 중식**

> 당은 배달 시장에서 안정적인 매출을 유지하는 반면, 프리미엄 중식당은 매장 체험을 중시하는 고객층을 공략하고 있습니다.
> (출처: 인천상공회의소 외식업 동향 보고서, 한국외식산업연구원 자료)

만수는 이번에는 진심으로 흥미를 보였다.

"와, 이거 진짜 최신 자료네. 그리고 어디서 이런 자료를 가지고 왔는지 출처도 정확하게 먼저 나오니 신뢰가 가네."

"그렇죠? 이런 AI 도구들을 활용하면 시장 조사도 쉽게 할 수 있어요. 특히 이 Perplexity AI는 정보에 대한 출처를 가장 먼저 화면에 올려주기 때문에 이런 점이 신뢰가 가는 프로그램이에요."

만수는 잠시 생각에 잠겼다가 물었다.

"그럼... 이걸로 창업 준비를 다 할 수 있다는 거야?"

"전부는 아니지만, 많은 부분을 도울 수 있어요. 사업계획서 작성, 메뉴 개발, 경쟁업체 분석, 마케팅 전략까지... AI가 초안을 만들어주면 우리는 그걸 바탕으로 수정하고 발전시키면 돼요."

만수는 고개를 저었다.

"하지만 가장 중요한 건 요리 실력이잖아. 맛있는 음식을 만들지 못하면 아무리 좋은 계획이 있어도 소용없어."

"그럼 요리사는 채용하면 되죠. 중요한 건 경영자의 안목이에요. 아버지는 30년 동안 관리자로 일하셨잖아요. 사람 관리하고, 비용 관리하고, 일정 관리하는 걸 다 해오셨어요."

만수는 잠시 침묵했다. 아들이 자신의 경력을 인정하는 말을 들으니 묘한 기분이 들었다.

"그래도... 위험부담이 너무 커. 실패하면 우리 가족 다 망하는 거야."

만수의 목소리는 여전히 불안감이 묻어있었다.

준호는 고개를 끄덕였다.

"아버지 걱정 이해해요. 하지만 모든 창업이 실패하는 건 아니잖아요. 우리가 철저히 준비하면 성공 확률을 높일 수 있어요."

준호는 다시 ChatGPT에 질문을 입력했다.

> 중식당 창업 시 성공률을 높이기 위한 핵심 전략을 알려주세요. 특히 경험이 부족한 초보 창업자가 주의해야 할 함정과 이를 극복하기 위한 방법을 알려주세요.

ChatGPT의 답변은 상세했고, 만수는 무의식적으로 화면 가까이 다가가 집중해서 읽었다.

중식당 창업 성공률을 높이기 위한 핵심 전략과 초보 창업자를 위한 조언을 제공해드리겠습니다.

[성공률을 높이기 위한 핵심 전략]

1. 철저한 시장 조사와 위치 선정
  - 상권 분석: 유동인구, 주변 인구 구성, 경쟁업체 분석을 통한 최적 입지
  - 핵심 성공요인: 배달 반경 내 주거/오피스 밀집도, 접근성, 가시성
  - 실행 방법: 최소 3개월간 다양한 시간대에 방문하여 상권 직접 조사

2. 차별화된 포지셔닝
  - 기존 중식당과의 명확한 차별점 확립
  - 핵심 성공요인: 타겟 고객층 명확화, 독특한 메뉴 또는 서비스 개발
  - 실행 방법: 지역 특화 중국요리, 건강식, 프리미엄 중식 등 틈새시장 발굴

3. 비용 구조의 최적화
  - 초기 투자 및 운영 비용의 효율적 관리

- 핵심 성공요인: 적정 규모 설정, 투자 우선순위 결정, 변동비 최소화
- 실행 방법: 메뉴 수 최소화로 재고 효율화, 다용도 주방 설비

4. 인력 확보와 교육
- 숙련된 요리사 확보와 표준 운영 절차 수립
- 핵심 성공요인: 핵심 인력의 안정적 근무 환경 조성, 레시피 표준화
- 실행 방법: 경력자 채용 시 인센티브, 상세한 매뉴얼, 정기적 교육

5. 디지털 마케팅 전략
- 온라인 가시성 확보와 배달앱 최적화
- 핵심 성공요인: 타겟 고객 접점 파악, 리뷰 관리, 온라인 프로모션
- 실행 방법: SNS 채널 운영, 배달앱 초기 평점 관리, 로컬 SEO 최적화

[초보 창업자가 주의해야 할 함정과 극복 방법]

1. 과도한 초기 투자 : 고급 인테리어, 불필요한 장비 구입으로 자금 부담 증가
- 극복 방법:
    * 단계적 투자 계획 수립 (필수 요소부터 투자)
    * 중고 주방 설비 활용 검토
    * 임대 계약 시 권리금 협상 및 단계적 인테리어 계획

2. 메뉴 과다 설정 : 너무 많은 메뉴로 재고 관리 어려움, 품질 저하, 원가 상승
- 극복 방법:
    * 시작은 10개 이내의 메뉴로 집중
    * 동일 식재료를 활용한 메뉴 구성
    * 반응이 좋은 메뉴 중심으로 확장

3. 핵심 인력 의존도 과다 : 주방장 의존도가 높아 갑작스런 이직 시 운영 차질
- 극복 방법:
    * 레시피 표준화 및 문서화 (영상 기록 포함)
    * 주방 인력 교차 훈련 시스템 도입
    * 인센티브를 통한 핵심 인력 유지 전략

4. 마케팅 부재 : '맛있으면 손님이 알아서 온다'는 안일한 생각
- 극복 방법:
    * 오픈 전 2-3개월부터 SNS 계정 운영 시작
    * 지역 커뮤니티 타겟팅 (맘카페, 지역 페이스북 그룹 등)

> * 정기적인 프로모션 일정 계획
>
> **5. 현금 흐름 관리 미숙** : 매출과 수익을 혼동하여 자금 운용 실패
> - 극복 방법:
>   * 최소 6개월 운영비 확보 후 창업
>   * 월별/주별 손익분기점 계산 및 모니터링
>   * 전문 세무사 활용한 정기적 재무 점검
>
> **6. 고객 피드백 무시** : 초기 불만 사항 간과로 단골 확보 실패
> - 극복 방법:
>   * 첫 3개월은 직접 고객 응대 참여
>   * 모든 온라인 리뷰 확인 및 신속 대응
>   * 정기적 메뉴 및 서비스 개선 시스템 도입
>
> **[실제 성공 사례의 공통점]**
> 1. 철저한 사전 조사: 평균 3개월 이상의 시장 조사 기간을 가짐
> 2. 차별화 전략: 기존 중식당과 확실히 특화 메뉴, 서비스, 분위기
> 3. 점진적 확장: 작은 규모로 시작해 안정화 후 메뉴 및 규모 확대
> 4. 고객 관계 관리: 단골 고객 확보에 집중하는 마케팅 전략
> 5. 적응과 혁신: 시장 변화에 유연하게 대응하는 사업 구조

만수는 화면을 빤히 보다가 말했다.

"이거... 상당히 실용적인 정보네. 내가 회사에서 프로젝트 매니저로 일할 때 생각이 나는데."

"그렇죠? 아버지의 경험이 사업에 큰 도움이 될 거예요. 프로젝트 관리하는 것과 가게 운영하는 건 비슷한 점이 많잖아요."

만수는 고개를 끄덕였다.

"맞아. 사람 관리, 일정 관리, 비용 관리... 비슷한 점이 많겠네."

준호는 아버지의 표정이 조금씩 바뀌는 것을 보고 희망을 느꼈다.

"더 구체적으로 물어볼 수도 있어요. 예를 들어, 중국집 메뉴 구성이나 원

가 계산 같은 것도요."

"그래도... 이런 걸로 장사가 성공한다는 보장은 없잖아."

"당연하죠. 이건 도구일 뿐이에요. 결국은 아버지 같은 경험 많은 사람이 판단하고 결정해야 해요. AI는 그냥 정보와 아이디어를 제공하는 거죠."

만수는 일어나 거실을 서성였다. 준호는 아버지를 지켜보며 다음 말을 기다렸다.

"내가... 사실 좀 두려워." 만수가 갑자기 말했다.

준호는 놀랐다. 아버지가 자신의 약점을 인정하는 것은 흔치 않은 일이었다. "뭐가 두려우신데요?"

"이 나이에 전혀 새로운 일을 시작한다는 게... 나 한 회사에서 30년 일했잖아. 그래서 회사일 외에는 다른 일 해본적이 없어."

아버지의 솔직한 고백에 준호도 마음이 움직였다.

"저도 두려워요. 하지만... 생각해보니까 이건 기회일 수도 있어요."

"기회?"

"네. 아버지는 관리 경험이 있고, 저는 디지털 기술을 알고 있잖아요. 둘이 협력하면 잘 될 수도 있어요."

만수는 아들을 쳐다봤다. "네가... 나랑 같이 하겠다는 거야?"

"네. 제가 AI 도구 활용하고 디지털 마케팅 같은 부분을 담당할 수 있어요. 아버지는 가게 운영이랑 요리 쪽을 맡으시고요."

만수의 얼굴에 미소가 번졌다.

"정말? 너 회사 다니는 것도 아니고, 이런 거 할 시간 있어?"

"프리랜서라 시간 조절이 가능해요. 그리고... 솔직히 요즘 제 일도 잘 안 풀리고 있어서요."

만수는 아들이 자신의 상황을 솔직하게 털어놓는 것에 놀랐다.

"그랬구나... 나한테 말해주지 그랬어."

"말하기 어려웠어요. 아버지가 항상 성공을 기대하셨으니까..."

만수는 죄책감을 느꼈다. 자신이 얼마나 아들에게 압박을 주었는지 깨달았다. "미안하다, 아들. 내가 너무 많은 걸 바랐나 보다."

준호는 어색하게 웃었다.

"지금이라도 함께 해보면 좋을 것 같아요."

만수는 결심한 듯 고개를 끄덕였다.

"좋아. 한번 해보자. 근데 중국집이 맞을까? 다른 종류의 음식점은 어때?"

준호는 다시 노트북으로 돌아가 ChatGPT에 새로운 질문을 입력했다.

> 2025년 기준으로 성공 가능성이 높은 음식점 종류는 무엇인가요? 중식당, 한식당, 카페 등 다양한 업종을 비교 분석해주세요. 특히 중장년 창업자와 청년이 협업할 경우 시너지를 낼 수 있는 업종을 추천해주세요.

ChatGPT의 답변이 화면에 나타났다.

 챗GPT 답변

2025년 기준 유망 음식점 업종 비교 분석 및 세대 협업 시너지 업종 추천

[업종별 성공 가능성 분석]
1. 중식당 ★★★★☆ (4/5)
  - 강점: 배달 수요 꾸준함, 다양한 연령층 선호, 높은 객단가 잠재력
  - 약점: 숙련된 요리사 구인 어려움, 초기 투자비용 높음(주방 설비)
  - 트렌드: 프리미엄 중식, 지역 특화 중식, 건강 중식 등 세분화 증가

2. 한식당 ★★★☆☆ (3/5)

- 강점: 식재료 수급 용이, 내국인 충성 고객층 확보 쉬움
- 약점: 경쟁 심화, 차별화 어려움
- 트렌드: 한정식의 현대적 재해석, 밀키트 연계 사업 확장

3. 일식당 ★★★☆☆ (3/5)
  - 강점: 높은 객단가, 미식가 층 타겟팅 가능
  - 약점: 식재료 비용 높음, 전문성 요구 높음
  - 트렌드: 퓨전 일식, 캐주얼 일식 인기

4. 카페 ★★★★☆ (4/5)
  - 강점: 초기 진입 장벽 낮음, 다양한 부가 사업 확장 가능
  - 약점: 경쟁 포화, 커피 외 차별화 필요
  - 트렌드: 특화 카페(디저트 특화, 문화 공간 결합 등) 성장

5. 브런치/샌드위치 전문점 ★★★★☆ (4/5)
  - 강점: 젊은층 선호, SNS 마케팅 효과 좋음
  - 약점: 주말 의존도 높음, 트렌드 변화 빠름
  - 트렌드: 건강식 브런치, 고급 식재료 활용 샌드위치 인기

6. 베이커리 ★★★★☆ (4/5)
  - 강점: 테이크아웃 비중 높음, 꾸준한 수요
  - 약점: 기술적 전문성 필요, 대형 프랜차이즈와 경쟁
  - 트렌드: 특화 베이커리(유럽식, 건강빵, 비건 등) 성장

[중장년 창업자와 청년 협업 시 시너지 업종 추천]
1. 프리미엄 중식당 ★★★★★
- 중장년층 강점 활용: 관리 경험, 품질 관리, 고객 서비스 노하우
- 청년층 강점 활용: 디지털 마케팅, 현대적 인테리어 감각, SNS 활용
- 포인트: 전통적 맛과 현대적 감각의 조화, 세대 간 목표 고객층 커버
- 성공 사례: "청룡반점"(서울 성수동) - 30년 경력 요리사와 마케팅 전문가 아들의 협업으로 월 매출 8천만원 달성

2. 컨셉 카페 ★★★★☆
- 중장년층 강점 활용: 안정적 운영, 재무 관리, 고객 관계 구축
- 청년층 강점 활용: 트렌드 파악, 메뉴 개발, 소셜미디어 활용
- 포인트: 안정성과 트렌디함 결합, 다양한 연령층 고객 확보

- 성공 사례: "커피스토리"(부산)-은퇴 교사와 바리스타 딸의 책방 카페

3. 퓨전 한식당 ★★★★☆
- 중장년층 강점 활용: 전통 레시피 지식, 식재료 품질 관리
- 청년층 강점 활용: 현대적 해석, 플레이팅, 브랜딩
- 포인트: 전통과 현대의 조화, 폭넓은 고객층 타겟팅
- 성공 사례: "모던한식당"(대구) - 주방장 아버지와 요리사 아들의 협업으로 미쉐린 가이드 빕구르망 선정

4. 특화 베이커리 (★★★★☆)
- 중장년층 강점 활용: 꼼꼼한 품질 관리, 원가 관리, 생산 일정 최적화
- 청년층 강점 활용: 신제품 개발, 패키징 디자인, 온라인 판매 전략
- 시너지 포인트: 안정적 운영과 창의적 마케팅의 결합
- 성공 사례: "연희제빵소"(서울)-은퇴 제과기술자와 마케터 조카의 협업으로 온라인 판매 확대

[최종 추천 및 제안]
세대 간 협업을 고려할 때, 프리미엄 중식당이 가장 높은 시너지를 발휘할 수 있는 업종으로 분석됩니다. 중식당은 다음과 같은 이유로 세대 협업에 적합합니다.

만수와 준호는 화면을 집중해서 읽었다.

"와, 정말 중식당이 상위권이네." 만수가 놀란 표정으로 말했다.

"그리고 특히 세대 협업에서 가장 좋은 점수를 받았어요."

준호도 신기한 듯 말했다.

"그래... 내가 관리 경험이 있고, 네가 디지털 기술을 알고 있으니 둘이 합치면 시너지가 있다는 거군."

"맞아요. 우리 상황에 딱 맞는 것 같아요. 저도 마케팅 전문가는 아니지만, 디지털 마케팅은 할 수 있어요! "

만수는 고개를 끄덕였다.

부엌에서 미옥이 나왔다. "여보, 준호야, 저녁 먹자."

미옥은 두 사람이 이야기를 나누는 모습을 보고 놀란 듯했다. 평소라면 이미 큰 소리가 났을 테니까.

"오늘 뭐 좀 풀린 것 같네?" 미옥이 조심스럽게 물었다.

만수는 아내를 향해 미소 지었다.

"응, 준호가 좀 도와주기로 했어. 중국집 창업을 생각 중이야."

"정말? 그거 좋은 생각인데!" 미옥은 놀라움을 감추지 못했다.

"아직 기억나? 결혼하고 첫 몇 년 동안 자주 만들던 짜장면. 나 그거 정말 좋아했었는데."

"아버지, 정말요? 그런 얘기 한 번도 안 하셨잖아요."

만수는 쑥스러운 듯 웃었다. "그냥 젊었을 때 취미였어."

"그럼 더 잘됐네요! 아버지의 숨겨진 재능을 다시 살릴 수 있겠어요."

만수는 어깨를 으쓱했다.

"글쎄... 30년이나 지났는데. 아직도 할 수 있을지 모르겠다."

"해봐야 알죠! 내일 저녁에 한번 짜장면 만들어보세요. 옛날 실력이 얼마나 남아있는지."

미옥도 동의했다. "그래, 오랜만에 네 아버지 짜장면 먹어보고 싶다. 재료는 내일 장 볼 때 사올게."

식탁에 앉아 저녁을 먹으며, 세 사람은 오랜만에 화기애애한 대화를 나눴다. 만수는 과거 요리사 꿈을 꿨던 이야기, 미옥은 둘의 연애 시절 만수가 해준 첫 요리에 대한 추억을 나눴다. 준호는 부모님의 모습을 보며 가슴이 따뜻해졌다. 아버지의 퇴직이 가족에게 위기가 아닌 기회가 될 수도 있겠다는 생각이 들었다.

"그래, 내일 저녁에 다 같이 모이자." 만수가 기분 좋게 대답했다.

식사 후, 부엌을 정리하면서 미옥이 준호에게 조용히 말했다.

"고마워, 아들. 아버지가 많이 힘들어하고 계셨거든. 네가 도와주니까 정말 다행이다."

준호는 어색하게 웃었다.

"별말씀을요. 저도 요즘 일이 잘 안 풀려서..."

"그런데 저도 아버지랑 이런 이야기 나눌 수 있어 참 좋아요."

미옥은 아들의 어깨를 가볍게 두드렸다.

"너희 아버지가 그렇게 무뚝뚝해 보여도, 사실은 너를 많이 사랑하셔. 나에게 항상 니 걱정 많이 하신다. "

준호는 놀라서 고개를 들었다.

"정말요? 아버지가 저한테는 항상 '컴퓨터만 하고 있다'고 구박하셨는데..."

미옥은 미소 지었다.

"그건 걱정해서 그런 거야. 네가 밖에 나가서 사람들 만나고 그러길 바라서. 하지만 마음속으로는 네 능력을 인정하고 계셨어."

준호는 가슴이 찡했다. 그동안 아버지가 자신을 인정하지 않는다고 생각했는데, 오해였을까?

AI직원 사용설명서 | 기획·마케팅담당

02. Perplexity

Perplexity는 AI 기반 검색 및 정보 발견 플랫폼으로, 실시간 인터넷 검색과 대화형 AI를 결합한 서비스입니다. 사용자의 질문에 대해 신뢰할 수 있는 답변을 제공하며, 답변의 출처를 함께 제시합니다. 기존 검색 엔진과 달리 대화형 인터페이스를 통해 자연어로 복잡한 질문을 하고 맥락을 유지하면서 후속 질문을 이어갈 수 있습니다.

· 주요 기능

Perplexity는 다양한 기능을 제공하여 정보 검색과 발견 경험을 향상시킵니다.

AI 검색
복잡한 질문에 대해 요약된 답변과 관련 출처를 함께 제공

실시간 정보
최신 인터넷 정보를 기반으로 답변을 생성하여 항상 최신 정보를 제공

대화형 검색
맥락을 유지하면서 연속적인 질문과 답변의 대화 형태로 정보 탐색 가능

출처 인용
답변에 사용된 정보의 출처를 투명하게 표시하여 신뢰성을 높임

멀티모달 기능
텍스트뿐만 아니라 이미지도 분석하고 이해할 수 있는 기능 제공

파일 업로드
문서나 이미지 파일을 업로드하여 분석하고 관련 질문에 답변

Copilot 기능
Pro 사용자는 인터넷 검색을 통해 최신 정보에 접근 가능

다양한 모델 옵션
목적에 따라 온라인 검색, 학술 자료, 코딩 등 특화된 모델을 선택 가능

검색 결과 저장
중요한 검색 결과와 대화를 저장하고 나중에 다시 참조 가능

· 가입 방법

1. **공식 웹사이트 방문** : https://perplexity.ai에 접속
2. **회원가입 버튼 클릭** : "Sign up" 버튼을 클릭
3. **계정 생성**
- 이메일 주소를 입력하거나 Google, Microsoft, Apple 계정으로 가입
4. **필요 정보 입력**
- 이메일 주소와 비밀번호 입력, 또는 소셜 로그인 선택과 인증
5. **이용 약관 동의**
- 서비스 이용 약관과 개인정보 처리방침에 동의
6. **무료 사용 시작**
- 기본으로 무료 버전을 사용할 수 있으며, 유료로 업그레이드 가능

플랜	가격	주요 특징
Free	무료	기본 검색 기능, 제한된 일일 질문 수, 기본 모델 접근
Pro	월 $20	더 많은 크레딧과 일일 질문 한도, 제한적 상업적 사용 가능, 고급 모델(Claude-3 Opus) 접근, 파일 업로드, 우선 접근권
Teams	월 $30	Pro + 팀 워크스페이스, 공유 검색 컬렉션, 팀 관리 대시보드
Enterprise	문의 필요	맞춤형 솔루션, 전용 지원, 고급 보안, 대규모 팀 관리, API 접근

*가격과 주요특징은 관련 회사 사정에 따라 변경될 수 있습니다.

· 사용 방법

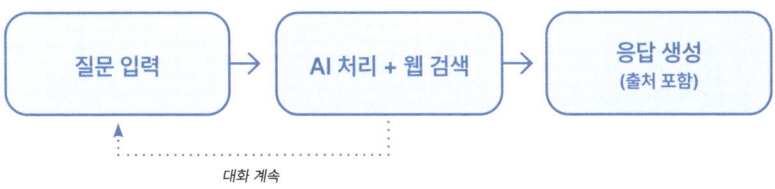

구체적인 질문을 할수록 더 정확하고 관련성 높은 정보를 얻을 수 있습니다

© 2025 ChatGPT AI직원 사용설명서 | OpenAI의 공식 문서를 기반으로 작성되었습니다.

· 기본 사용법

1. Perplexity 웹사이트(perplexity.ai) 또는 모바일 앱에 접속합니다.
2. 검색창에 질문이나 검색어를 입력합니다.
3. 필요에 따라 모델 유형(Focus)을 선택합니다.
   (온라인 검색, 학술 자료, 코딩, 이미지 분석 등)
4. 검색 버튼을 클릭하거나 Enter 키를 눌러 검색을 실행합니다.
5. Perplexity가 관련 정보를 검색하고 요약된 답변을 생성합니다.
6. 답변과 함께 제공되는 출처를 통해 원본 정보를 확인할 수 있습니다.
7. 추가 질문이나 후속 질문을 이어서 할 수 있습니다.

· 효과적인 검색 Tip!

1. 구체적으로 질문하기
· 구체적인 질문이 더 정확한 답변을 얻을 수 있습니다.

2. Focus 활용하기
· 검색 목적에 맞는 Focus를 선택하여 정확도를 높일 수 있습니다.

3. 대화 맥락 유지하기
· 같은 주제에 대해 여러 질문을 이어서 맥락을 유지할 수 있습니다.

4. 파일 업로드 활용
· 문서, 이미지 업로드로 해당 내용에 대한 질문이 가능합니다. (Pro)

5. 출처 확인하기
· 제공된 출처 링크를 통해 정보의 신뢰성을 직접 확인할 수 있습니다.

> [예시]
> 최근 5년간 재생 에너지 발전 비용이 어떻게 변화했으며, 주요 요인은 무엇인가요? 태양광과 풍력을 중심으로 설명해주세요.

· 장점과 한계

장점
- 실시간 인터넷 검색으로 최신 정보
- 신뢰할 수 있는 출처 제공
- 복잡한 질문에 대한 요약된 응답
- 대화형 인터페이스
- 다양한 모델 옵션 (학술, 코딩 등)

한계
- 검색 결과의 깊이의 한계
- 무료 계정의 일일 질문 수 제한
- 일부 지역에서 접근성 제한
- 전문 분야의 깊이 있는 정보 부족
- 검색 기반 답변의 종합성 한계

· 특별한 Tip!

1. Collections 활용
- 중요한 검색 결과를 저장하고 정리하여 나중에 참조 가능

2. 실험적 기능 활용
- Labs 메뉴에서 제공하는 실험적 기능을 통해 새로운 검색 경험

3. 단축키 사용
- 단축키를 사용하여 더 빠르게 검색하고 결과를 탐색

4. 모바일 앱 활용
- iOS와 Android 앱으로 모바일에서도 동일한 기능을 사용 가능

5. 다양한 언어 지원
- 여러 언어로 질문하고 답변을 받을 수 있습니다.

퇴직이 가족에게 위기가 아닌
기회가 될 수도 있겠다는 생각이 들었다.

제 3장

AI 직원과 창업

다음 날 저녁, 준호는 외부에 약속을 마무리하고 일찍 마치고 집에 도착했다. 현관문을 열자마자 고소한 양파 볶는 냄새가 그를 반겼다.

"왔니?" 미옥이 거실에서 그를 맞이했다.

"네, 엄마. 아버지는요?"

"부엌에서 한창이야. 아침부터 시장 다녀오셔서 재료 사고, 인터넷에서 레시피도 찾아보시고... 오랜만에 활기차 보이셔."

준호는 부엌으로 향했다. 만수는 앞치마를 두르고 집중해서 양파를 볶고 있었다. 옆에는 노트북이 켜져 있었다.

"아버지, 다녀왔습니다."

만수는 고개를 들어 준호를 보더니 환하게 웃었다.

"왔구나. 내가 지금 짜장면 만들고 있어. 근데 이 ChatGPT라는 게 정말 신기하더라. 내가 중식 짜장 레시피를 물어봤더니 정말 자세하게 알려주더라."

준호는 노트북 화면을 봤다. 아버지가 ChatGPT에 중식 짜장 소스 만드는 법을 물어본 내용이 보였다.

"아버지가 직접 AI 써보셨어요?"

"응. 네가 어제 알려준 대로 해봤지. 처음엔 좀 어색했는데 금방 익숙해지더라."

준호는 감동했다. 평소 새로운 기술에 거부감이 심했던 아버지가 AI를 활용하려고 노력하는 모습이 신선했다.

"고수는 어디서 나셨어요?" 준호가 장난스럽게 물었다.

만수는 웃음을 터뜨렸다.

"이 늙은이도 배우면 할 수 있다니까. 근데 이게 정말 편리하더라. 내가 어떤 재료를 다른 걸로 대체할 수 있는지 물어봤더니 바로 대안을 알려주고..."

준호는 아버지의 열정에 놀랐다. 어제만 해도 AI를 불신하던 사람이 하루 만에 적극적으로 활용하는 모습이 감동적이었다.

"냄새 정말 좋은데요. 제가 도와드릴까요?"

"아니, 괜찮아. 내가 다 할게. 오랜만에 요리하니까 재밌네."

준호는 아버지 옆에 서서 요리 과정을 지켜봤다. 만수는 능숙하게 재료를 손질하고 볶았다. 30년이 지났지만, 그의 손놀림은 여전히 자신감이 넘쳤다.

"아버지, 진짜 잘하시네요. 전문가 같아요." 만수는 쑥스러운 듯 웃었다.

"다 옛날 실력이야. 그래도 아직 기억이 나네."

준호는 휴대폰을 꺼내 아버지가 요리하는 모습을 찍었다.

"뭐하는 거야?" 만수가 물었다.

"나중에 가게 홍보할 때 쓸 수 있을 것 같아서요. '30년 경력의 요리사가 돌아왔다!' 이런 스토리텔링이 좋잖아요."

만수는 웃음을 터뜨렸다. "내가 무슨 30년 경력이야. 취미로 몇 번 했던 거지."

"그래도 충분히 스토리가 되요. 요즘 사람들은 이런 진정성 있는 이야기를 좋아해요."

미옥이 부엌에 들어왔다. "뭐가 이렇게 재밌어 보여?"

"제가 아버지 요리하는 모습 찍었어요. 나중에 홍보용으로 쓸 수 있을 것 같아서요."

"오, 그거 좋은 생각이네." 미옥은 만수의 어깨에 손을 얹었다.

"당신 정말 오랜만에 이렇게 즐거워 보이네." 만수는 부끄러운 듯 웃었다.

"그러게... 회사 생활보다 이게 더 재밌는 것 같아."

"저는 오늘 공간 좀 알아봤어요. Perplexity로 인천 지역 상권 분석해보니까, 구월동이 괜찮을 것 같아요. 임대료는 송도보다 저렴하면서도 유동인구가 많고 다양한 고객층이 있거든요."

만수는 관심을 보였다. "어디 한번 보자."

준호는 휴대폰으로 부동산 앱을 열어 미리 찾아둔 매물들을 보여줬다.

"이런 곳들이 있어요. 50평 정도 되는 상가인데, 주변에 오피스 빌딩도 있고 주거지역도 가까워서 점심, 저녁 타임 모두 수요가 있을 것 같아요."

만수는 매물들을 검토하며 고개를 끄덕였다.

"괜찮아 보이네. 주말에 한번 가서 직접 봐야겠다."

"저도 같이 갈게요."

미옥은 두 사람의 대화를 듣고 미소 지었다. "둘 정말 열심히 하네. 나도 도울 일 없을까?"

준호가 생각에 잠겼다가 말했다.

"맞다! 엄마가 회계 업무를 많이 하셨잖아요. 초기 사업 계획이나 예산 세우는 데 도움을 주실 수 있을 것 같아요."

"그래, 그건 내가 좀 도울 수 있겠네." 미옥이 동의했다.

만수는 행복한 표정으로 가족을 바라봤다.

"우리 가족이 다 같이 하는 사업이 되겠네."

식사를 마친 후, 준호는 노트북을 열어 ChatGPT에 새로운 질문을 입력했다.

> 중식당 사업 계획서 작성에 필요한 항목과 구성 방법을 알려주세요. 30년 경력의 관리자와 디지털 마케팅 전문가 아들이 협업하는 프리미엄 중식당 창업 계획입니다.

ChatGPT의 답변이 화면에 나타났다.

 챗GPT 답변

프리미엄 중식당 사업 계획서 작성 가이드

[사업 계획서 주요 항목]
1. 사업 개요
   - 비즈니스 컨셉: 프리미엄 중식당의 핵심 가치와 비전
   - 창업자 소개: 30년 경력 관리자와 디지털 마케팅 전문가 아들의 배경
   - 주요 목표: 단기(6개월), 중기(1-2년), 장기(3-5년) 목표 설정
   - 위치 및 규모: 예상 점포 위치, 면적, 좌석 수 등

2. 시장 분석
   - 목표 시장: 주요 고객층 정의 및 규모 예측
   - 경쟁 환경: 주변 중식당 분석, 경쟁 우위 요소 도출
   - 트렌드 분석: 현재 중식당 시장 트렌드와 향후 전망
   - SWOT 분석: 강점, 약점, 기회, 위협 요인 분석

3. 상품 및 서비스
   - 메뉴 구성: 주력 메뉴, 특화 메뉴, 계절 메뉴 등
   - 가격 전략: 경쟁사 대비 포지셔닝, 수익 모델
   - 서비스 차별화 요소: 세대 간 협업을 통한 특별 서비스
   - 품질 관리 시스템: 일관된 맛과 서비스 유지 방안

4. 마케팅 전략
   - 브랜딩: 로고, 컬러, 인테리어 등 브랜드 아이덴티티
   - 디지털 마케팅: SNS, 웹사이트, 배달앱 전략
   - 오프라인 마케팅: 지역 커뮤니티 활동, 이벤트 등
   - 고객 관계 관리: 단골 고객 확보 및 유지 방안

5. 운영 계획
   - 조직 구조: 창업자 역할 분담, 필요 인력 구성
   - 일일 운영 계획: 영업 시간, 주요 업무 프로세스
   - 공급망 관리: 식자재 공급업체 선정 및 관리
   - AI 통합 운영 시스템: 디지털 기술 활용 방안

6. 재무 계획
    - 초기 투자 비용: 인테리어, 설비, 초기 재고 등
    - 월별 예상 비용: 임대료, 인건비, 식자재비, 마케팅비 등
    - 매출 예측: 월별/분기별 예상 매출
    - 손익분기점 분석: BEP 도달 시점 예측
    - 현금흐름 계획: 최소 2년간의 현금흐름 예측

7. 리스크 관리
    - 잠재적 위험 요소: 경쟁 심화, 원가 상승 등
    - 대응 전략: 각 위험 요소별 대처 방안
    - 비상 자금 계획: 위기 시 대응 방안

8. 실행 계획 및 일정
    - 창업 준비 타임라인: 주요 마일스톤 및 일정
    - 단계별 목표: 오픈 전, 오픈 후 3개월, 6개월 계획
    - 성공 측정 지표: KPI 설정 및 모니터링 방안

[세대 협업 강점 활용 포인트]
1. 관리 경험과 디지털 전문성의 결합
    - 관리자 경력: 품질 관리, 원가 관리, 인력 관리, 고객 서비스
    - 디지털 전문성: 온라인 마케팅, AI 도구 활용, 데이터 분석

2. 전통과 현대의 조화
    - 전통적 요리 기술과 현대적 마케팅의 시너지
    - 중장년층과 젊은층 모두를 타겟팅한 메뉴 및 분위기

3. AI 기술 활용 계획
    - 재고 관리: AI 기반 재고 예측 시스템
    - 고객 관리: AI 챗봇 활용 예약 및 문의 응대
    - 마케팅: AI 생성 콘텐츠 활용 SNS 운영
    - 메뉴 개발: AI 제안 기반 신메뉴 개발

만수와 미옥은 준호의 옆에서 답변을 함께 읽었다.

"이거 정말 체계적이네." 미옥이 감탄했다.

"그러게, 이걸 따라서 계획을 짜면 꽤 탄탄하겠는데?" 만수도 동의했다.

준호는 기뻐하며 말했다. "아버지, 저희 정말 해볼까요?"

만수는 결심한 듯 고개를 끄덕였다.

"그래, 한번 진지하게 시작해보자. 주방장 후보자도 만나고, 주말에는 장소도 보러 가고…"

미옥이 기뻐하며 말했다. " 내가 응원할게."

준호는 아버지를 바라보며 미소 지었다. 불과 며칠 전만 해도 상상할 수 없었던 일이 현실이 되고 있었다. AI의 도움으로 새로운 아이디어가 탄생했고, 아버지와의 관계도 조금씩 개선되는 것 같았다.

"아버지, 이제 저희가 AI 직원을 고용한 셈이네요."

만수는 웃음을 터뜨렸다.

"그러게. 월급도 안 주는데 이렇게 많은 일을 해주니 좋네."

세 사람은 웃으며 앞으로의 계획에 대해 이야기를 나눴다. 식탁 위에는 만수가 만든 짜장면 그릇이 놓여 있었고, 그것은 이제 막 시작된 그들의 여정의 첫 발자국이었다.

주말, 만수와 준호는 구월동 상권을 둘러보고 있었다. 그들은 몇 개의 매물을 이미 살펴봤지만, 아직 마음에 드는 곳을 찾지 못했다.

"이번 마지막 한 곳만 더 보자." 만수가 제안했다.

그들이 도착한 곳은 사거리 모퉁이에 위치한 건물의 1층 상가였다. 약 50평 규모로, 이전에는 카페가 운영되었던 장소였다.

"여기 괜찮은데?" 준호가 말했다. "코너에 있어서 가시성도 좋고, 앞에 사무실 건물도 있어서 점심 수요도 있을 것 같아요."

만수도 고개를 끄덕였다.

"그러게. 내부 구조도 우리가 원하는 대로 할 수 있을 것 같고..."

부동산 중개인이 그들에게 설명했다.

"여기는 지난달에 카페가 문을 닫은 자리예요. 주방 시설도 어느 정도 갖춰져 있고, 환기 시스템도 이미 설치되어 있어서 중식당으로 전환하기 좋을 거예요."

준호는 주방을 살펴보며 고개를 끄덕였다.

"생각보다 괜찮네요. 주방을 확장하면 충분히 중식 요리를 할 수 있을 것 같아요."

만수는 임대 조건을 물었다.

"보증금이 8천만 원이고, 월세가 350만 원입니다." 중개인이 대답했다.

만수와 준호는 서로 눈빛을 교환했다.

비싼 편은 아니었지만, 그렇다고 싼 것도 아니었다.

"흠... 협상이 가능할까요?" 만수가 물었다.

"네, 물론이죠. 제가 건물주와 말해볼게요. 얼마나 생각하고 계세요?"

"월세는 좀 낮추기 어려울까요? 300만 원 정도로..."

"한번 말씀드려보겠습니다. 장기 계약을 원하시면 건물주가 긍정적으로 검토할 수도 있을 거예요."

만수와 준호는 매장을 나와 근처 카페에 앉았다.

"어때? 이 위치 괜찮은 것 같아?" 만수가 물었다.

"네, 지금까지 본 것 중에서는 제일 좋은 것 같아요. 위치도 좋고, 내부 구조도 괜찮고, 무엇보다 주방이 이미 어느 정도 갖춰져 있으니 초기 비용을 절약할 수 있을 것 같아요."

만수는 고개를 끄덕였다.

"나도 그렇게 생각해. 월세가 좀 부담스럽긴 하지만, 위치가 좋으니까…"

준호는 노트북을 꺼냈다.

"AI한테 이 위치의 장단점을 분석해달라고 할까요?"

"그래, 한번 물어보자."

준호는 Perplexity AI를 열고 질문을 입력했다.

> 인천 구월동 사거리 코너에 위치한 상가(약 50평)에 중식당을 열 때의 장단점을 분석해주세요. 주변에 오피스 건물이 있고, 이전에는 카페였던 공간입니다.

Perplexity의 답변이 신속하게 나왔다.

인천 구월동 사거리 코너 상가의 중식당 입점 분석

[장점]
1. 코너 입지의 가시성
  - 사거리 코너는 4방향에서 노출되어 인지도를 높이는 데 유리
  - 간판 설치 시 다각도 노출 가능하여 마케팅 효과 증대
  - 인천 구월동의 주요 사거리는 유동인구가 많아 노출 기회확보

2. 오피스 밀집지역의 안정적 고객층
  - 구월동은 인천의 주요 업무지구로, 주변 직장인들의 점심 수요 확보 가능
  - 평일 점심 타임의 안정적인 매출 기대 가능
  - 회식, 비즈니스 미팅 등 저녁 시간대 고객 유치 잠재력 보유

3. 이전 카페 시설 활용
  - 기본 인프라 활용으로 초기 투자 비용 절감

          - 주방 공간이 이미 구성되어 있어 리모델링 부담 감소

    4. 구월동의 소비력
        - 인천 내에서도 소득 수준이 높은 편인 구월동 주변 거주자들의 구매력
        - 인천터미널, 롯데백화점 등 주요 상권과 인접하여 추가 고객 유입 가능성
        - 외식 문화가 발달한 지역으로 새로운 프리미엄 중식당에 대한 관심 예상

[단점]
1. 높은 임대 비용
        - 사거리 코너 위치는 일반 상가보다 20-30% 높은 임대료 부담
        - 월세 350만원은 중식당 초기 운영 시 고정 비용 부담 요인
        - 보증금 8천만원도 초기 투자 부담으로 작용

2. 주차 문제
        - 구월동 사거리 주변은 주차 공간이 제한적인 경우가 많음
        - 중식당은 테이크아웃/배달 외에 방문객이 많아 주차 공간 필요성 높음
        - 주차 불편은 재방문율 저하 요인으로 작용 가능
3. 주변 경쟁 상황
        - 구월동은 이미 다양한 음식점들이 포진한 경쟁 치열 지역
        - 기존 중식당과의 차별화 포인트가 명확함이 필요
        - 상권 내 유사 콘셉트 진입 시 경쟁 심화 가능성

4. 카페에서 중식당으로의 전환 비용
        - 중식 요리는 강한 화력과 특수 조리기구 필요로 주방 시설 투자 필요
        - 환기 시스템 강화, 기름 트랩 설치 등 추가 시설 필요
        - 중식당 특유의 인테리어로 전환 시 추가 비용 발생

[종합 평가]
구월동 사거리 코너는 가시성과 접근성 면에서 중식당 입지로 유리한 조건을 갖추고 있습니다. 특히 오피스 밀집 지역이라 점심 시간 고정 고객 확보에 강점이 있으며, 프리미엄 중식 콘셉트와도 잘 어울리는 상권입니다.

다만, 월세 350만 원은 중소 규모 창업자에게 다소 부담이 될 수 있으며, 안정적인 운영을 위해 초기 6개월~1년치 자금 확보가 필요합니다. 월세가 매출의 10% 이내로 유지되려면 최소 월 매출 3,500만 원 이상이 요구됩니다.

만수와 준호는 분석 결과를 꼼꼼히 읽었다.

"흠, 월세가 매출의 10%를 넘지 않아야 한다고 하니까, 월 매출 3,500만 원은 나와야 하는구나." 만수가 염려스럽게 말했다.

"맞아요, 부담스러운 금액이긴 하네요." 준호도 동의했다.

"하지만 입지가 정말 좋아서... 갈등되네요."

"차별화 전략이 중요하다는 말도 있네. AI 활용하고 세대 협업 스토리를 강조하라고..."

"그건 우리 강점이니까 충분히 가능할 것 같아요. 그리고 주차 문제는... 주변에 공영주차장 있는지 확인해 봐야겠네요."

만수는 깊이 생각에 잠겼다.

"결정하기 전에 수익성 분석을 좀 해볼까? AI에게 중식당 예상 매출과 비용 분석을 부탁해보자."

준호는 고개를 끄덕이고 다시 질문을 입력했다.

인천 구월동 중식당(50평) 월 예상 매출과 비용 분석을 해주세요. 월세 350만원, 프리미엄 중식당 컨셉, 좌석 50석 기준입니다.

인천 구월동 프리미엄 중식당(50평) 수익성 분석

[매출 예상]
1. 좌석 회전율 기준 매출
    - 좌석 수: 50석
    - 평일 점심(11:30-14:00)
        * 회전율: 1.5회전 (75명/일)
        * 평균 객단가: 15,000원
        * 일 매출: 약 1,125,000원

- 평일 저녁(17:30-21:30)
       * 회전율: 1회전 (50명/일)
       * 평균 객단가: 25,000원
       * 일 매출: 약 1,250,000원
   - 주말(11:30-21:30)
       * 회전율: 2.5회전 (125명/일)
       * 평균 객단가: 20,000원
       * 일 매출: 약 2,500,000원

2. 월간 예상 매출 계산
   - 평일 매출: 2,375,000원 × 20일 = 47,500,000원
   - 주말 매출: 2,500,000원 × 8일 = 20,000,000원
   - 배달/포장 매출: 전체 매출의 약 20% = 13,500,000원
   - 총 예상 월 매출: 약 81,000,000원

[월간 비용 분석]
1. 고정 비용
   - 임대료: 3,500,000원
   - 관리비(전기, 가스, 수도 등): 1,800,000원
   - 인건비
       * 주방장(1명): 5,000,000원
       * 주방 보조(2명): 6,000,000원
       * 홀 서빙(3명): 7,500,000원
       * 매니저(1명): 3,500,000원
       * 4대 보험 및 기타: 4,400,000원
   - 대출 상환액(창업 비용 일부 대출 가정): 2,000,000원
   - 기타 고정비(보험, 마케팅 등): 1,500,000원
   - 고정 비용 소계: 35,200,000원

2. 변동 비용
   - 식자재 및 음료(매출의 약 30%): 24,300,000원
   - 일회용품, 포장재 등: 1,500,000원
   - 배달앱 수수료(배달 매출의 약 12%): 1,620,000원
   - 기타 변동비: 1,000,000원
   - 변동 비용 소계: 28,420,000원

3. 총 예상 월간 비용: 63,620,000원

[예상 월 순이익]
- 월 매출: 81,000,000원
- 월 비용: 63,620,000원
- 세전 월 순이익: 17,380,000원
- 세금(약 20% 가정): 3,476,000원
- 세후 월 순이익: 13,904,000원

[손익분기점 분석]
- 월 고정 비용: 35,200,000원
- 변동 비용 비율: 35% (매출 대비)
- 손익분기점 매출: 35,200,000원 ÷ (1-0.35) = 약 54,150,000원
- 안정적 수익을 위한 목표 월 매출: 70,000,000원 이상

[초기 투자 비용 예상]
- 인테리어(중식당 특화 시설 포함): 145,000,000원
- 주방 설비: 35,000,0ㅈ00원
- 가구 및 집기: 15,000,000원
- 간판 및 홍보물: 8,000,000원
- 초기 재고: 5,000,000원
- 보증금: 50,000,000원
- 예비비: 12,000,000원
- 총 초기 투자 비용: 약 270,000,000원

[투자 회수 기간]
- 월 세후 순이익: 13,904,000원
- 초기 투자 회수 기간: 약 19.3개월 (약 1년7개월)

[리스크 및 고려사항]
1. 매출은 점진적으로 증가하므로 초기 6개월은 예상보다 낮을 수 있음
2. 인건비는 최소 인원으로 계산했으며, 더 많은 인력이 필요할 수 있음
3. 프리미엄 컨셉의 여부에 따라 객단가와 재방문율이 크게 달라질 수 있음
4. 월세와 인건비가 전체 비용의 큰 부분이므로 이 부분 최적화가 중요

만수는 눈을 크게 뜨고 결과를 살펴봤다.

"월 매출 8천만 원? 순이익이 1,400만 원이라고? 이거 너무 낙관적인 전망 아냐?"

준호도 고개를 갸웃거렸다.

"맞아요, 조금 과대평가된 것 같아요. 특히 개업 초기에는 이렇게 많은 매출이 나오기 어려울 거예요."

"초기 투자 비용도 2억 7천이라... 내 퇴직금에 적금까지 해야 겨우 커버할 수 있는 금액이네."

준호는 심각한 표정으로 생각에 잠겼다.

"우선 이 분석을 기초로 해서 더 현실적인 계획을 세워야겠어요. 초기에는 더 보수적으로 접근해야 할 것 같아요."

만수는 고개를 끄덕였다. "그래, 일단 월세를 협상해보고, 초기 인력도 최소화하는 방향으로 가야겠어."

"그리고 초기 투자 비용도 줄일 수 있는 부분을 찾아봐야 해요. 인테리어 같은 경우 단계적으로 진행하는 방법도 있고..."

"근데 이런 거 실제로 어떻게 구현해? 디자이너를 고용해야 하나?"

준호는 고개를 끄덕였다.

"인테리어 업체를 알아봐야 해요. 근데 제 대학 동기 중에 박지수라고 인테리어 디자이너가 있어요. 한번 연락해볼게요."

"그래, 그러면 좋겠다."

준호는 핸드폰을 꺼내 메시지를 보냈다. "지수한테 메시지 보냈어요."

만수는 자리에서 일어나 부엌으로 향했다. "커피 한잔 마실래?"

"네, 감사합니다."

만수가 커피를 내리는 동안, 준호의 핸드폰이 울렸다.

"아, 지수한테 답장이 왔네요." 준호는 메시지를 확인했다.

"좋은 소식이에요! 지수가 지금 프리랜서로 일하고 있는데, 저희 프로젝트에 관심이 있대요. 내일 만나서 이야기해보자고 해요."

만수는 커피를 들고 돌아왔다.

"잘됐네. 전문가가 있으면 훨씬 수월하겠어."

"네, 지수는 정말 실력이 좋아요. 그리고 디지털 마케팅에 대한 이해도 있어서 저희 컨셉에 잘 맞을 거예요."

다음 날, 준호는 박지수와 카페에서 만났다.

준호는 지수에게 아버지의 새로운 창업과 본인이 생각하는 퓨전 중식당에 대한 기본 개념을 대략 설명 했다.

"그래서 난 이런 느낌으로 인테리어를 하고 싶은데, 실현 가능할까?"

지수는 이미지를 자세히 살펴봤다.

"충분히 가능해. 실제로 이런 스타일의 인테리어는 요즘 트렌드이기도 해. 전통적인 요소를 현대적으로 재해석하는 거지."

"그럼 비용은 얼마나 들까?"

"음... 50평 규모라고 했지? 그리고 현대식과 전통적인 방식이 혼합되어 있고... 주방 시설도 들어가게 일부는 리모델링이 필요하다고 했고... 대략 최소 1억원에서 1억5천만 원 정도는 예상해야 할 것 같아."

"생각보다 많이 드네."

"그래도 중식당이니까 어느 정도 투자는 필요해. 특히 프리미엄 컨셉으로 간다면..."

준호는 고개를 끄덕였다. "알겠어. 일단 우리 아버지랑 상의해볼게. 근데 네가 우리를 좀 도와줄 수 있어?"

"물론이지. 그런데 내가 요즘 다른 프로젝트를 맡고 있어서 완전하게 도와주기는 어렵고 어느 정도 어드바이스는 해 줄 수 있어. 너희 프로젝트 재밌어 보여서 참여하고 싶어."

"고마워! 우선은 네가 Ai를 이용해서 최대한 계획을 잡아볼게. 그러면 니가 좀 수월할 거야. 그럼 다음 주에 우리 아버지와 함께 미팅을 한번 할까?"

"좋아. 그때 더 구체적인 계획을 세워보자."

준호는 집으로 돌아와 만수에게 이 소식을 전했다.

"지수가 저희 프로젝트에 참여하기로 했어요. 다음 주에 같이 미팅하기로 했고요."

"잘됐네. 대략적인 인테리어 비용은 얼마라고 하던?"

"인테리어 전체로 1억원에서 1억5천만원 정도라고 하네요."

만수는 눈썹을 찌푸렸다.

"음... 생각보다 많이 드는구나. AI가 예상했던 비용과 거의 비슷하네."

준호는 고개를 끄덕였다.

"아, 그리고 부동산에서 연락 왔나요?"

"응, 왔어. 다행히 우리 조건을 대부분 수용했대. 월세 300만 원, 첫 2개월은 인테리어 기간으로 150만 원만 내는 걸로."

"와, 정말 잘됐네요! 그럼 계약은 언제 하시나요?"

"내일 오후에 하기로 했어. 같이 가볼래?"

"네, 당연히요. 중요한 순간인데 빠질 수 없죠."

만수는 미소 지었다. "이제 정말 시작이구나."

"네, 드디어 시작이에요. 근데 계약금 준비하셨어요?"

"응, 어제 은행에서 출금해뒀어. 보증금의 10%인 800만 원."

준호는 갑자기 현실감이 몰려오는 듯했다.

"아... 이제 정말 창업을 하는 거네요."

만수도 비슷한 감정을 느끼는 듯했다.

"그러게... 30년간 회사원으로 살다가 갑자기 사업자가 된다니... 아직도 실감이 안 나네."

"저도요. 근데 왠지 설레요. 우리만의 가게라니..."

"그래, 설레는 마음으로 시작하자. 불안함보다는 기대감을 갖고."

다음 날, 만수와 준호는 함께 부동산을 방문해 계약을 완료했다. 건물주와 만나 악수를 나누고, 계약서에 서명했다. 이렇게 새로운 창업의 물리적 공간이 확보되었다.

계약을 마치고 나오면서, 만수와 준호는 새로운 시작에 대한 기대와 약간의 불안이 섞인 복잡한 감정을 느꼈다. 하지만 그들은 서로를 믿고, AI의 도움을 받아 이 도전을 함께 헤쳐나갈 준비가 되어 있었다.

"이제 정말 시작이네요." 준호가 말했다.

"그래, 이제 시작이다." 만수도 동의했다.

두 사람은 새로운 가게 앞에 서서 미래를 상상하며 잠시 침묵을 지켰다.

이것은 단순한 창업이 아니라, 퇴직 후 새로운 인생을 시작하는 만수와, 사회적으로 고립되어 있던 준호가 함께 성장하는 여정의 시작이었다. 그리고 이 모든 것은 AI가 제시한 아이디어에서 비롯되었다.

AI직원 사용설명서 I 디자인담당

03. Midjourney

Midjourney는 사용자가 입력한 텍스트 프롬프트를 기반으로 고품질 이미지를 생성하는 AI 도구입니다. 머신러닝과 딥러닝 기술을 활용해 다양한 스타일과 분위기의 이미지를 빠르게 생성할 수 있으며, 예술가, 디자이너, 콘텐츠 크리에이터 등 창작 분야에서 사용되고 있습니다.

• 주요 기능

Midjourney를 사용하면 누구나 쉽게 현실적인 표현부터 판타지, 애니메이션까지 다양하고 자유롭게 구현할 수 있습니다.

글로 그림 만들기
글로 설명한 내용을 바탕으로 원하는 이미지를 자동으로 생성

이미지 수정하기
생성된 그림을 조금씩 바꾸거나 다른 버전으로 새롭게 제작 가능

이미지 크게 만들기
작은 그림을 선명하고 크게 키워 디테일까지 잘 보이게 설정 가능

그림 섞기
여러 이미지나 아이디어를 결합해 독창적인 새로운 그림 제작 가능

다른 사람 작품 구경하기
다른 사람들이 만든 멋진 그림을 보며 아이디어와 영감을 얻기

다양한 그림 스타일
현실적인 그림부터 애니, 판타지 등 원하는 분위기로 이미지 가능

버전 선택하기
V5, V6 같은 다양한 버전을 선택해 이미지 생성 가능

그림 세부 조정하기
가로세로 비율, 스타일 강도, 다양성 등을 자유롭게 조절

참고 이미지 활용하기
기존 그림을 참고해 비슷한 느낌이나 구도로 새로운 이미지 생성 가능

· 가입 방법

1. Discord 계정 생성 : 먼저 Discord 계정을 생성
2. 공식 웹사이트 방문 : https://www.midjourney.com에 접속
3. Discord 서버 참여 : 웹사이트의 "Join the Beta" 버튼을 클릭
4. 초기 무료 체험
· 신규 사용자에게는 제한된 무료 체험 기회가 제공
5. 멤버십 구독
· 무료 체험 후에는 원하는 구독 플랜을 선택하여 결제
6. 웹 앱 사용 (선택사항)
· Discord 외에도 웹 애플리케이션 버전을 통해 더 편리하게 사용 가능

플랜	가격	주요 특징
Basic	월 $10	월 200개 이미지 생성(~3.3시간), 느린 GPU 모드
Standard	월 $30	월 900개 이미지 생성(~15시간), 표준 GPU 속도
Pro	월 $60	월 2,000개 이미지 생성(~33.3시간), 빠른 GPU 속도, 개인 프로젝트 지원
Mega	월 $120	월 4,000개 이미지 생성(~66.6시간), 최대 GPU 속도

*가격과 주요특징은 관련 회사 사정에 따라 변경될 수 있습니다.

· 사용 방법

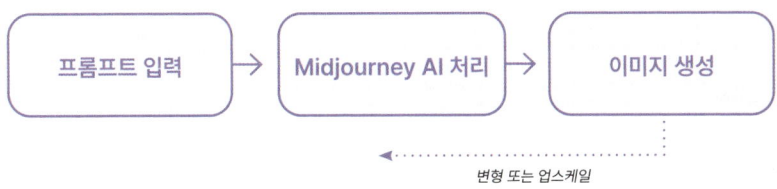

변형 또는 업스케일

상세하고 구체적인 프롬프트를 작성할수록 원하는 이미지에 가까운 결과물을 얻을 수 있습니다.

· 기본 사용법

1. Discord에서 Midjourney 채널로 이동하거나, 웹 앱에 접속합니다.
2. 명령어 입력창에 "/imagine"을 입력합니다.
3. 이미지를 설명하는 텍스트 를 입력합니다.
   (현재V7이하 버전은 한글로 작성후 영어로 번역)
4. 엔터키를 눌러 명령을 실행하면 Midjourney가 이미지를 생성합니다.
5. 생성된 4개의 이미지 중 마음에 드는 이미지의 번호 버튼(U1-U4)을 클릭하여 업스케일하거나, 변형 버튼(V1-V4)을 클릭하여 선택한 이미지의 변형을 생성할 수 있습니다.
6. 최종 이미지는 저장하여 다운로드할 수 있습니다.

· 효과적인 프롬프트 작성법

1. 구체적인 설명 사용
- 이미지의 주제, 스타일, 분위기, 조명, 구도 등을 상세히 설명하세요.

2. 참조 아티스트나 스타일 언급
- in the style of [아티스트 이름]"이나 특정 아트 스타일을 입력하면, 그 스타일에 맞는 이미지가 생성돼요.

3. 매개변수 활용
- --ar 16:9(화면비), --v 5(버전 선택), --stylize 값(스타일강도) 등의 매개변수를 활용하세요.

4. 하위 버전 한글 인식 어려움
- Midjourney V7부터 한글 프롬프트를 공식적으로 지원합니다.

5. 부정적 프롬프트 사용
- "--no" 뒤에 원치 않는 요소를 명시하여 제외할 수 있습니다.

6. 참조 이미지 활용
- 기존 이미지 URL을 프롬프트에 포함시켜 유사한 스타일이나 구도의 이미지를 생성할 수 있습니다.

[예시]

/imagine prompt: A serene Japanese garden with cherry blossoms, small bridge over a koi pond, traditional pagoda in background, golden hour lighting, cinematic composition, detailed, 8k --ar 16:9 --v 5

· 장점과 한계

장점
- 높은 품질의 예술적 이미지 생성
- 직관적인 사용자 인터페이스
- 다양한 스타일과 매개변수 지원
- 활발한 사용자 커뮤니티
- 지속적인 업데이트와 개선

한계
- 텍스트와 글자 처리의 제한
- 정확한 얼굴 표현의 어려움
- 복잡한 구조의 정확성 부족
- 생성 시간이 다소 소요됨
- 유료 서비스로 지속 비용 발생

· 특별한 Tip!

1. 커스텀 화면비율 활용
- --ar 매개변수를 사용하여 다양한 화면비율(1:1, 16:9, 3:4 등)의 이미지를 생성 가능

2. 시드 값 재사용
- 같은 시드 값을 사용하여 유사한 구도의 이미지를 다른 프롬프트로 생성이 가능

3. Blend 기능 활용
- 여러 이미지를 혼합하여 새로운 결과물을 제작 가능

4. Discord 커맨드 습득
- /info, /help, /settings 등의 명령어를 활용해 추가 기능이 가능

5. 프롬프트 저장
- 좋은 결과를 낸 프롬프트는 저장해두고 재활용 가능

© 2025 ChatGPT AI직원 사용설명서 | OpenAI의 공식 문서를 기반으로 작성되었습니다.

그들은 서로를 믿고, AI의 도움을 받아
이 도전을 함께 헤쳐나갈 준비가 되어 있었다.

제 4장

팀 꾸리기
Human+AI agent

김만수는 생각보다 양호한 점수였다. B 마이너스. 과목은 '대화형 AI 기초'. 그는 준호가 만든 ChatGPT 테스트 문제를 통과한 것이다. 간단한 프롬프트 작성법을 묻는 문제부터 응답 결과를 수정하는 방법까지, 일주일 동안 배운 내용을 스스로 테스트해 봤고 결과는 나쁘지 않았다.

"와~ 아버지! 처음 배운거 치고 생각보다 잘 하시네요"

준호의 칭찬에 만수는 쑥스러운 듯 웃었다. 요즘 그는 매일 아침 일어나 첫 번째로 ChatGPT를 켜고 인사를 건넸다. "안녕, 오늘 날씨가 어때?" 같은 간단한 질문부터 시작해 점점 복잡한 주제로 대화를 나눴다. 미처 몰랐던 자기계발서의 세계를 여행하는 기분이었다.

"근데 아버지, 이제 진짜 요리사를 구해야 할 것 같아요. 메뉴만 계속 개발해 봤자 누가 만들지 정해야..."

"내가... 잘 아는 사람이 있어."

"누군데요?"

"옛날에 자주 가던 중국집 주방장이야. 친하게 지내서 이 사람에게 요리도 조금 배웠어. 왕쉐린이라고... 화교 출신인데, 실력이 끝내줬어."

준호는 밝은 표정을 지으며 "근데 그 사람 지금도 일하고 있어요?"

"몇 년 전에 가게 문 닫았어. 가끔 전화 통화는 하는데, 요새는 뭐하는지 모르겠네. 한번 연락해볼까?"

준호는 고개를 끄덕였다. "한번 만나보는 게 좋을 것 같아요. 근데... 그 사람이 AI 같은 거에 관심이 있을까요? 꽤 나이 드신 거 아니에요?"

"글쎄... 아마 마흔 초반? 젊은 편이지. 어쨌든 요리 실력은 확실해."

만수는 전화기를 들고 연락처를 찾기 시작했다.

"여보세요? 사부님? 저 김만수예요."

만수의 목소리가 갑자기 공손해졌다. 아들 앞에서도 '사부님'이라고 부르는 것이 준호에게는 낯설게 느껴졌다.

"네, 오랜만이죠... 코로나 때 폐업하신 거 알고 있었어요. 요새 어떻게 지내세요? ... 그래요? 아... 그렇군요..."

전화 통화가 길어지면서 만수는 이런저런 안부를 물었다. 준호는 아버지가 이렇게 누군가와 오랫동안 통화하는 모습을 본 적이 없었다. 항상 짧고 직접적인 통화만 했던 아버지였기 때문이다.

"사실은 제가 식당을 하나 차릴까 하는데... 네, 중식이요. 한번 뵙고 말씀드리고 싶은데... 내일 가능하세요? 아, 네. 감사합니다. 그럼 내일 뵐게요."

만수는 전화를 끊고 환하게 웃었다.

"어떻게 됐어요?"

"내일 만나기로 했어! 지금은 중소기업 구내식당에서 일하고 있대. 주방장으로."

"오, 그럼 잘 됐네요. 설득할 수 있을까요?"

"내가 십 년 단골이었어. 그리고 이 분한테 내가 요리도 좀 배웠어. 친하기도 했고..." 준호는 고개를 끄덕였지만, 마음속으로는 불안했다. 계획서와 사업모델은 번듯하게 만들었지만, 정작 요리를 만들 사람을 구하지 못한다면 모든 것이 물거품이 될 수도 있었다.

"아버지, 내일 제가 같이 가도 될까요?"

"당연하지. 너도 같이 가야 우리 계획 설명할 수 있잖아."

준호는 미소를 지었다. 아버지는 이제 '우리 계획'이라는 말을 자연스럽게 사용하고 있었다. 몇 주 전까지만 해도 상상도 못했던 일이었다.

"그럼 내일 출발하기 전에 Claude로 제안서 한번 더 다듬어볼게요."

"그래. 최선을 다해보자."

중구의 낡은 오피스 건물. 그곳 지하 1층에 위치한 직원식당에서 왕쉐린을 만나기로 했다. 만수와 준호는 약속 시간보다 30분 일찍 도착해 근처 카페에 앉아 대화 중이었다.

"준호야, 사실..." 만수가 갑자기 심각한 표정으로 입을 열었다.

"왕 사부님이 그렇게 쉽게 우리랑 합류할지 잘 모르겠어."

"예? 어제는 자신 있으신 것 같았는데..."

"그게... 지금 생각해보니까 사부님도 안정적인 직장이 있는데 이걸 포기하고 우리 같은 초보랑 창업할 이유가 별로 없을 것 같아서..."

준호는 아버지의 갑작스러운 불안감에 당황했다. 지금까지 계획 단계에서 가장 확신에 찬 모습이었던 아버지가 갑자기 주저하는 모습을 보이자 마음이 초조해졌다.

"혹시... 사부님이 저희 아이디어를 별로 안 좋아할까 봐 걱정되세요?"

만수는 잠시 생각하더니 고개를 끄덕였다.

"사실 그것도 있고... 아무래도 전통 방식만 고집하는 사람이라..."

준호는 깊은 생각에 잠겼다. 지금까지 개발한 AI 기반 콘셉트가 전통주의자에게는 어떻게 받아들여질지 확신이 없었다.

"Claude한테 물어볼까요? 전통적인 요리사를 설득하는 방법에 대해서."

만수는 고개를 끄덕였다. "그래, 한번 물어보자."

준호는 노트북을 열고 Claude에 접속했다.

> 전통적인 요리 방식을 고수하는 중국 요리 셰프에게 AI를 활용한 메뉴 개발과 레시피 혁신에 대해 어떻게 설득하면 좋을까요? 거부감을 최소화하고 협업을 이끌어내는 접근법이 필요합니다.

Claude의 답변:

전통적인 중국 요리 셰프를 AI 활용에 설득하는 전략:

[전통의 가치를 우선 인정하기]
- 그들의 전문성과 경험을 깊이 존중한다는 것을 진심으로 표현하세요
- 전통 요리법의 중요성을 먼저 인정하고 대화를 시작하세요

[AI를 '도구'로 포지셔닝 하기]
- AI가 '요리사'가 아닌 '조수' 또는 '참고자료'라는 점을 강조
- "아이디어를 얻는 도구이며, 최종 결정권은 항상 셰프님께 있습니다"

[구체적인 혜택 제시하기]
- 시간 절약: 트렌드 리서치나 메뉴 기획 시간 단축
- 고객 분석: 선호도 패턴을 파악해 인기 메뉴 예측
- 재료 최적화: 식재료 낭비 감소, 원가 절감
- 경쟁력 강화: 남들과 차별화된 창의적 요리 개발

[점진적 접근법 사용하기]
- 처음부터 모든 것을 AI로 하자고 제안하지 말고, 작은 실험부터 시작
- "한 가지 메뉴만 함께 개발해보면 어떨까요?" 같은 제안으로 시작
- 성공 경험을 쌓아 자연스럽게 더 많은 활용으로 확장

[실제 성공 사례 공유하기]
- 전통 요리사들이 AI를 활용해 성공한 실제 사례를 보여주기
- 가능하다면 비슷한 배경을 가진 셰프의 경험을 공유

[셰프의 주도권 보장하기]
- "AI는 제안만 할 뿐, 최종 판단은 셰프님의 전문성에 따릅니다"
- 모든 단계에서 셰프가 통제력을 가지고 있음을 확인시키기

[창의성을 자극하는 접근법]
- "이 도구는 셰프님의 창의성을 제한하지 않고 영감을 줄 수 있습니다"
- 전통 요리법을 현대적으로 재해석할 수 있는 가능성 강조

"AI를 도구로 포지셔닝하는 게 중요하겠네요. 대체재가 아니라 보조 도구라고 강조하는 거죠."

만수는 고개를 끄덕였다. "맞아. 사부님이 가장 걱정할 부분이 바로 그거일 거야. 자기 역할이 줄어드는 게 아닐까 하는 불안감."

"우리가 지금까지 개발한 메뉴 아이디어도 사부님의 검토와 수정이 필요하다고 강조해야 할 것 같아요."

"그래. 그리고 우리도 레시피는 기본 틀만 있지, 구체적인 건 사부님이 직접 개발해야 한다고 말하자."두 사람은 서로를 바라보며 웃었다. 이제는 의견을 조율하는 방법이 자연스러워지고 있었다.

"시간 다 됐네. 가자."

만수와 준호는 카페를 나와 직원식당으로 향했다. 지하로 내려가는 계단을 밟으며 두 사람은 긴장감을 느꼈다. 사업 성패의 중요한 변수가 될 인물을 만나는 순간이었다.

직원식당 안으로 들어서니 점심 시간이 막 끝난 듯 한산했다. 식당 구석에 왕쉐린으로 보이는 남자가 앉아 있었다. 40대 중반 정도로 보이는 그는 다부진 체격에 날카로운 눈매를 가지고 있었다. 흰 주방복 차림이었고, 왼손에는 중국어로 된 신문을 들고 있었다.

"사부님! "만수가 반갑게 다가갔다.

왕쉐린은 고개를 들어 만수를 바라보더니 조용히 미소 지었다.

"김부장님. 오랜만입니다."두 사람은 반갑게 악수를 나눴다. 준호는 뒤에서 어색하게 서 있었다.

"이쪽은 제 아들 준호예요. 같이 사업을 준비하고 있습니다."

왕쉐린은 고개를 살짝 끄덕이며 준호를 바라봤다.

"반갑습니다."준호도 공손하게 인사했다.

"안녕하세요, 사부님. 아버지가 셰프님 요리 실력을 정말 많이 칭찬하셨어요."세 사람은 식당 테이블에 앉았다. 만수가 먼저 입을 열었다.

"사부님, 어제 전화로 간단히 말씀드렸지만, 저희가 중식당을 창업하려고 해요.

"아~ 그러세요." 왕쉐린의 표정은 여전히 무덤덤했다.

"그래서 사부님께 주방을 맡아주셨으면 하는 마음에 찾아뵀어요. 물론 그냥 직원으로가 아니라, 공동 창업자로요. 지분도 드리고요."왕쉐린의 눈동자가 흔들렸다. 이제야 흥미를 보이는 듯했다.

"공동 창업자라..."

준호가 노트북을 꺼냈다.

"저희가 준비한 계획서를 한번 봐주시겠어요? 지난 몇 주 동안 저희가 열심히 연구한 내용이에요."

노트북 화면에는 프리미엄 중식당 사업 계획서가 펼쳐져 있었다. 준호는 차근차근 페이지를 넘기며 설명했다.

"저희는 전통 중식에 현대적인 감각을 더한 프리미엄 중식당을 구상하고 있어요. 단순한 배달 중식이 아니라, 정말 맛과 분위기를 즐기러 오는 장소로요."

왕쉐린은 말없이 화면을 응시했다. 그의 손가락이 화면을 가리켰.

"이건 뭐죠? AI 활용 메뉴 개발?"

준호와 만수는 눈을 마주쳤다. 중요한 순간이었다.

"네, 저희는 AI 기술을 활용해서 메뉴 개발과 식당 운영에 혁신을 가져오려고 해요." 준호가 조심스럽게 말했다.

"물론 진짜 요리는 사부님 같은 전문가가 해야죠. AI는 그냥 아이디어를 제안하고 도와주는 도구일 뿐이에요."

왕쉐린의 표정이 미묘하게 변했다.

"AI가 요리를 안다고 생각합니까?"

만수가 재빨리 말했다.

"아니요, 사부님. AI는 그냥 정보를 모아주는 거죠. 진짜 요리의 맛과 기술은 사부님 같은 전문가에게서만 나올 수 있어요."

준호는 ChatGPT 화면을 열고 지금까지 대화한 내용을 보여줬다.

"이런 식으로 저희가 메뉴 아이디어를 얻고 있어요. 하지만 이건 말 그대로 아이디어일 뿐, 실제 레시피 개발은 사부님이 직접 해주셔야 해요."

왕쉐린은 화면을 유심히 살폈다.

준호는 간단한 예시를 보여주기 위해 ChatGPT에 질문을 입력했다.

> 중국 사천 요리와 한국적 맛을 결합한 창의적인 메뉴 아이디어 3가지를 제안해주세요.

ChatGPT의 답변이 즉시 화면에 나타났다.

사천 요리와 한국적 맛을 결합한 창의적인 메뉴 아이디어:

1. 김치 마파두부
- 전통 마파두부에 숙성된 김치를 다져 넣어 한국적인 발효향과 매콤함을 더한 퓨전 요리. 두반장의 깊은 맛과 김치의 복합적인 풍미가 어우러져 색다른 경험을 제공합니다.

2. 고추장 라즈지
- 바삭하게 튀긴 닭고기에 매콤한 고추장 베이스의 사천식 소스를 곁들인 요리. 고추장 특유의 단맛과 사천 향신료의 마비감이 조화를 이룹니다.

> **3.된장 훠궈**
> - 전통 사천식 훠궈에 한국 된장을 베이스로 한 육수를 사용. 깊은 감칠맛과 고소함이 특징이며, 다양한 한국식 재료(떡, 묵, 김치 등)를 함께 넣어 즐길 수 있습니다.

왕쉐린의 눈이 갑자기 커졌다. 그는 화면을 뚫어져라 바라보다가 준호를 향해 고개를 돌렸다.

"이거... 지금 만든 건가요?"

"네, 방금 생성된 내용이에요. 이런 식으로 다양한 아이디어를 빠르게 얻을 수 있어요." 왕쉐린은 잠시 생각에 잠겼다. 그의 표정이 미묘하게 변했다. 처음으로 흥미를 보이는 듯했다.

"한번 더... 다른 걸 물어봐도 될까요?"

준호는 미소를 지었다.

"물론이죠. 뭐든 물어보고 싶은 게 있으세요?"

왕쉐린은 잠시 고민하더니 말했다. "내가 늘 생각하던 건데... 중국 호남요리와 한국 해산물을 결합하는 방법..."

준호는 즉시 ChatGPT에 프롬프트를 입력했다.

> 중국 호남요리의 특징과 한국 해산물 재료를 결합한 혁신적인 메뉴 아이디어를 5가지 제안해주세요. 각 요리의 특징과 어떤 재료를 사용하는지 구체적으로 설명해 주세요.

왕쉐린은 입을 다물고 ChatGPT의 응답을 기다렸다. 곧 화면에 상세한 메뉴 아이디어가 나타났다.

"이건 내가 생각하던..." 왕쉐린이 중얼거렸다.

준호는 만수를 향해 윙크했다. 상황이 잘 흘러가고 있었다.

만수가 조심스럽게 말을 이었다.

"사부님, 저희는 사부님의 경험과 기술이 정말 필요해요. AI는 그냥 도구일 뿐이고, 진짜 맛은 사부님이 만들어 주셔야 해요."

왕쉐린은 고개를 끄덕였다. "이런 기술이 있다면... 내가 생각만 하던 것들을 실험해볼 수 있겠네요."

"정확히요! 사부님이 상상하는 것을 AI가 구체화하고, 그걸 사부님이 실제로 만들어내는 거예요." 준호가 열정적으로 말했다.

이야기가 끝난 후, 식당 한 켠에 마련된 주방으로 자리를 옮겼다. 왕쉐린은 점심 서비스가 끝난 주방을 보여주며 이것저것 설명했다. 대형 웍과 각종 조리 도구들 사이에서 그는 완전히 다른 사람처럼 자신감이 넘쳤다.

"요리는 감각입니다. 불 세기, 재료 상태... 이런 건 AI가 알 수 없죠."

만수가 고개를 끄덕였다.

"맞습니다, 사부님. 그래서 저희가 사부님을 모시려는 거고요."

"근데 김 부장님, 왜 갑자기 중식당을 하려는 겁니까? 경험도 없는데..."

만수는 깊은 한숨을 내쉬었다.

"사실... 회사에서 퇴직했어요. 퇴직이라 하지만, 사실상 밀려난 거죠. 젊은 직원들이 AI 같은 신기술로 일하는 동안, 저같은 구세대는 필요 없다고..."

왕쉐린의 눈빛이 달라졌다. "저도... 비슷한 경험이 있습니다."

"네?"

"제 식당이 망한 것도 결국은 변화를 못 따라가서였죠. 배달앱이 뜨기 시작할 때, 저는 거부했어요. '전통 방식이 최고'라고 고집했죠. 그러다 코로

나가 오고... 다른 가게들은 배달로 버텼지만, 저는..."

왕쉐린의 목소리가 잠시 떨렸다. 준호는 이 순간이 중요한 교감의 순간임을 직감했다.

"그래서 저희는 전통과 현대를 결합하려고 해요." 준호가 말했다.

"사부님의 전통 요리 기술과 새로운 기술의 장점을 모두 살리는 거죠." 왕쉐린은 준호를 잠시 바라보더니 고개를 끄덕였다.

"조건이 궁금합니다. 얼마나 투자해야 하고, 지분은 어떻게..."

만수의 표정이 밝아졌다. 이제 실질적인 대화가 시작된 것이다.

"저희가 준비한 제안이 있습니다." 만수가 서류 봉투를 건넸다.

"초기 투자금은 저희가 대부분 부담하고, 사부님은 기술과 경험으로 참여하시는 조건이에요. 지분은 저 40%, 준호 30%, 사부님 30%로 생각하고 있습니다."

왕쉐린은 서류를 꺼내 자세히 살펴봤다. 눈썹을 치켜올리며 몇 가지 숫자에 주목하는 듯했다. "위치는 정해졌습니까?"

"인천 구월동 쪽으로 정했습니다."

"규모는요?"

"약 50평 정도 됩니다. 너무 크면 관리가 어려우니까요."

왕쉐린은 고개를 끄덕였다. "합리적이네요."

준호가 조심스럽게 물었다. "사부님, 함께하실 생각이 있으신가요?"

왕쉐린은 잠시 침묵했다. 그리고 고개를 들어 두 사람을 번갈아 바라봤다. "솔직히 말하자면... 처음에는 거절할 생각이었습니다. 지금 직장이 안정적이니까요."

만수와 준호의 얼굴이 굳었다.

"하지만..."

두 사람은 숨을 죽였다.

"이 AI라는 게... 생각보다 재미있네요. 내 아이디어를 바로 시각화 해 주고, 발전시켜주고... 이런 도구가 있다면 내가 오랫동안 생각만 하던 메뉴들을 실현할 수 있을 것 같아요."

준호의 눈이 빛났다.

"정확히요! 사부님의 경험과 지식이 AI와 만나면 정말 놀라운 결과가 나올 거예요."

왕쉐린은 한숨을 내쉬었다.

"솔직히... 요즘 조금 지루했어요. 매일 똑같은 메뉴만 만들고... 창의성을 발휘할 기회가 없었죠."

만수가 조심스럽게 말했다. "그럼... 같이 해보시겠어요?"

왕쉐린은 두 사람을 번갈아 바라보더니 천천히 고개를 끄덕였다.

"네. 한번 도전해보겠습니다."

한 시간 후, 세 사람은 식당을 나와 근처 커피숍으로 자리를 옮겼다. 이제 왕쉐린도 팀의 일원이 되어 구체적인 계획을 논의하기 시작했다.

"메뉴는 너무 많이 시작하면 안 됩니다." 왕쉐린이 단호하게 말했다. "처음에는 시그니처 메뉴 5-6개 정도로 시작하고, 천천히 늘려가는 게 좋아요."

만수가 고개를 끄덕였다.

"맞아요. 품질 관리도 쉽고 재료 관리도 효율적이겠죠."

"주방 설계가 중요합니다. 효율적인 동선이 있어야 바쁜 시간에 빠르게 요리할 수 있어요." 왕쉐린이 냅킨 위에 간단한 주방 구조를 그리기 시작했다.

준호는 이 모든 내용을 노트북에 메모하고 있었다. 그때 준호의 휴대폰이 울렸다.

"여보세요? 아, 지수야!" 준호는 반가운 얼굴로 전화를 받았다.

"지금? 음... 그래, 지금 이쪽으로 와도 괜찮을 것 같아. 사부님도 오셨거든. ... 응, 주소 보낼게."

만수가 물었다. "지수?"

"네, 제가 말했던 대학 동창이요. 디자인 전공했는데, 저희 로고랑 인테리어 디자인 좀 도와줄 수 있대요."

만수는 반가운 표정을 지었다.. "오, 그럼 좋지. 언제 오겠대?"

"지금 이쪽 근처라서 금방 온대요." 왕쉐린이 준호를 바라봤다. "디자이너도 이미 섭외했군요."

"아, 아직 정확히 섭외한 건 아니고요. 친구라서 의견 좀 물어보려고요." 준호가 약간 긴장한 목소리로 대답했다.

20분 후, 박지수가 커피숍에 도착했다. 27세의 그녀는 긴머리에 세련된 차림새였다. 노트북 가방과 태블릿을 들고 있었다.

"안녕!" 지수가 준호에게 가볍게 손을 흔들었다.

준호가 일어나 그녀를 맞이했다.

"지수야, 와줘서 고마워. 이쪽은 우리 아버지시고, 이분은 왕쉐린 사부님이셔." 지수는 공손하게 두 사람에게 인사했다.

"안녕하세요, 처음 뵙겠습니다. 박지수라고 합니다."

만수는 미소 지으며 고개를 끄덕였다.

"준호가 얘기 많이 했어요. 디자인 일 하신다고..."

"네, 프리랜서 그래픽 디자이너로 일하고 있어요."

모두가 자리에 앉자 준호가 지금까지의 상황을 설명했다.

"우리가 중식당을 준비하고 있는데, 브랜딩이랑 디자인 쪽을 네가 도와줬으면 해서..." 지수는 관심을 보이며 고개를 끄덕였다.

"어떤 콘셉트로 가는 중이야?"

준호는 지금까지 개발한 브랜드 아이덴티티와 로고 초안을 보여줬다. Midjourney로 생성한 이미지들이었다.

"우와, 이거 AI로 만든 거야?" 지수가 놀라워했다.

"응, 기본 아이디어는 이렇게 잡았는데, 전문가의 손길이 필요해서..."

지수는 진지하게 화면을 살폈다.

"기본 방향성은 좋은데, 이건 좀 더 세련되게 다듬을 수 있을 것 같아."

그녀는 태블릿을 꺼내 간단한 스케치를 시작했다. 몇 분 만에 로고 디자인의 개선안을 보여줬다.

"이런 식으로 가면 어떨까? 모던하면서도 중국 전통 요소가 섞인 느낌으로..."

만수와 왕쉐린은 감탄했다.

"오, 이거 정말 좋아 보이는데요?" 만수가 말했다.

"전문가는 역시 다르네요." 왕쉐린도 동의했다.

준호는 지수에게 물었다.

"근데 이게 네 작업량을 많이 늘리지는 않을까? 지금도 많이 바쁘다고 했잖아."

그녀는 잠시 망설이더니 말을 이었다.

"솔직히 좀 바쁘긴 한데 AI 생성 디자인을 다듬는 작업도 내 포트폴리오에 도움이 될 것 같아."

"정말?" 준호의 얼굴이 밝아졌다.

"응, 요즘 트렌드가 그렇잖아. AI가 초안을 만들고 디자이너가 완성하는 워크플로우. 이런 경험이 있으면 나중에 큰 도움이 될 거야."

만수가 조심스럽게 물었다.

"그럼... 지수 씨도 우리 팀에 합류하는 건가요?"

준호와 지수가 서로 눈을 마주쳤다.

"일단은... 프로젝트 베이스로 시작하면 어떨까요?" 지수가 제안했다.

"브랜딩과 기본 디자인 작업을 마치고, 그 다음에 더 정식으로 협업할지 결정해도 될 것 같아요."

만수는 고개를 끄덕였다. "좋은 생각이네요. 그럼 우리 매장 브랜딩 작업 맡아 주시겠어요?"

"네, 기꺼이요." 지수가 웃으며 대답했다.

논의가 계속되는 동안, 문득 왕쉐린이 물었다.

"혹시 서빙 직원은 구하셨나요?" 만수와 준호는 서로를 바라봤다. 아직 그 부분까지는 생각하지 못했던 것이다.

"아직이요... 근데 초기에는 제가 직접 해볼 생각이었어요." 만수가 대답했다.

왕쉐린이 고개를 저었다. "그건 비효율적입니다. 주방과 홀을 동시에 보기 어려워요. 적어도 한 명의 홀 직원은 있어야 합니다."

"맞아요, 특히 SNS 관리도 해야 하고..."

준호가 고민했다.

그때 카페 문이 열리고 한 청년이 들어왔다. 20살 정도로 보이는 그 청년은 가볍게 밝은 분위기를 풍기고 있었다.

"어, 지수 누나!" 지수가 고개를 들었다.

"민재야? 여기서 뭐 해?"

"그냥 커피 마시러 왔어. 누나는?"

"나 친구들이랑 미팅 중이야." 민재라는 청년이 테이블로 다가왔다. 준호가 궁금한 듯 지수를 바라봤다.

"아, 얘는 나랑 친한 동생이야. 이민재. 내가 가끔 디자인 작업 도와달라고 부탁하기도 하고."

민재는 씩 웃으며 모두에게 인사했다. "안녕하세요!"

준호는 문득 떠오르는 생각이 있었다. "혹시... 알바 구하고 있어요?"

민재가 눈을 크게 떴다. "네? 알바요? 사실... 구하고 있긴 한데..."

준호는 만수를 바라봤다. 아버지는 이해한 듯 고개를 끄덕였다.

"우리가 중식당을 창업 준비 중인데, 서빙이랑 SNS 관리할 사람이 필요해." 준호가 민재에게 말했다.

"진짜요? 저 SNS 운영 잘 하는데! 인스타, 틱톡 다 해요."

지수가 끼어들었다.

"민재 영상 촬영이랑 편집도 잘해. 내 작업물 홍보 영상도 몇 번 만들어줬어."

만수가 관심을 보였다.

"정말요? 그럼 우리 음식 홍보 영상도 만들 수 있겠네."

민재의 얼굴이 밝아졌다. "당연하죠! 제가 요즘 숏폼 콘텐츠 제작 공부 중이거든요. 식당 홍보에 딱 좋을 것 같아요."

준호는 이 우연한 만남이 마치 운명처럼 느껴졌다.

"그럼... 관심 있어?"

"네! 완전 관심 있어요!" 민재가 열정적으로 대답했다.

왕쉐린이 미소 지었다.

"젊고 활기찬 직원이 있으면 분위기가 좋아질 겁니다."

저녁이 되자 다섯 명은 근처 식당으로 자리를 옮겼다. 왕쉐린의 추천으로 중식당에 갔는데, 그는 음식을 주문하면서도 전문가의 시선으로 이것저것 살펴보았다.

"우리 가게는 이보다 훨씬 맛있고 분위기 좋게 만들겠습니다." 왕쉐린이 음식을 보며 말했다.

모두가 웃었다. 자연스럽게 '우리 가게'라는 말이 나온 것을 듣고 만수는 내심 기뻤다.

"자, 이렇게 팀이 다 모였네요." 만수가 물잔을 들었다. "건배합시다!" 다섯 명은 잔을 부딪쳤다. 50대 가장, 20대 청년들, 그리고 전통 요리사가 한 자리에 모여 같은 꿈을 꾸기 시작한 순간이었다.

"AI 중식당의 성공을 위하여!" 준호가 외쳤다.

모두가 웃으며 다시 한번 잔을 부딪쳤다.

AI직원 사용설명서 | 기획담당

04. Claude

Claude는 Anthropic이 개발한 대화형 AI 어시스턴트로, 자연어를 이해하고 생성하는 데 뛰어난 대규모 언어 모델(LLM)입니다. Constitutional AI 방식으로 훈련되어, 보다 안전하고 책임감 있는 방식으로 사용자의 질문에 답하며, 다양한 작업 수행과 창의적인 콘텐츠 생성이 가능합니다.

· 주요 기능

Claude는 다양한 분야에서 활용할 수 있는 다재다능한 AI 어시스턴트입니다.

텍스트 생성 및 창작
에세이, 기사, 스토리, 시나리오, 시, 등 다양한 창의적인 콘텐츠 생성

복잡한 질의응답
다양한 주제에 대한 심층적인 질문에 답변하고 정보를 제공

긴 대화 맥락 이해
최대 20만 토큰(Claude 3 Opus 기준)의 대화 맥락을 이해하고 처리

코드 작성 및 분석
다양한 프로그래밍 언어로 코드를 작성하고, 기존 코드를 분석

문서 요약
긴 문서나 텍스트를 핵심 내용으로 요약

데이터 분석
표, 차트, 데이터셋을 분석하고 해석

멀티모달 능력
텍스트뿐만 아니라 이미지도 이해하고 분석

문서 작성 지원
비즈니스 이메일, 보고서, 제안서 등 전문 문서 작성을 지원

다국어 지원
영어 외에도 다양한 언어로 소통하고 번역 가능

· 가입 방법

1. 공식 웹사이트 방문 : https://claude.ai에 접속

2 회원가입 진행 : 오른쪽 상단의 "Sign up" 버튼을 클릭

3. 계정 생성

· 이메일 주소 입력, 비밀번호 설정 또는 구글/애플 계정으로 가입

4. 이메일 인증

· 등록한 이메일로 인증 링크가 발송, 링크를 클릭하여 이메일을 인증

5. 추가 정보 입력 : 이름, 거주 국가 등 필요한 정보를 입력

6. 무료 사용 시작

· 기본으로 무료 플랜으로 시작할 수 있으며, 유료로 업그레이드 가능

플랜	가격	주요 특징
Free	무료	Claude 3.5 Sonnet 접근, 일일 메시지 제한, 기본 기능
Pro	월 $20	우선 접근권, 5배 이상의 메시지 한도, Claude 3 Opus 및 Claude 3.5 Sonnet 접근, 더 긴 응답 허용
Team	월 $30	공유 대화, 워크스페이스, 협업 기능, 관리자 콘솔, 통합 결제
Enterprise	문의 필요	맞춤형 사용 한도, 전용 지원, 고급 보안 기능, SLA, 커스텀 통합

*가격과 주요특징은 관련 회사 사정에 따라 변경될 수 있습니다.

· 사용 방법

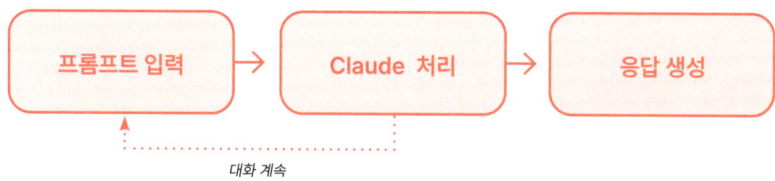

자세하고 구체적인 지시사항을 제공할수록 Claude가 더 정확한 결과를 제공합니다.

© 2025 ChatGPT AI직원 사용설명서 | OpenAI의 공식 문서를 기반으로 작성되었습니다.

· 기본 사용법

1. Claude 웹 인터페이스(claude.ai)에 로그인합니다.
2. 새 대화를 시작하거나 기존 대화를 계속합니다.
3. 대화창에 질문이나 요청을 입력합니다.
4. 필요에 따라 이미지를 첨부할 수 있습니다(이미지 아이콘 클릭).
5. Send 버튼을 클릭하거나 Enter 키를 눌러 메시지를 전송합니다.
6. Claude의 응답을 확인하고 대화를 이어갑니다.

· 효과적인 프롬프트 작성법

1. 명확한 지시사항
· 원하는 결과를 구체적으로 설명하세요.

2. 단계별 설명
· 복잡한 작업은 단계별로 나누어 요청하세요.

3. 컨텍스트 제공
· 배경 정보와 목적을 제공하면 더 적절한 응답을 받을 수 있습니다.

4. 예시 제공
· 원하는 출력 형식이나 스타일의 예시를 제공하세요.

5. XML 태그 활용
· 구조화된 출력이 필요할 때는 XML 태그를 사용하도록 요청하세요.

6. 이미지 활용
· 텍스트만으로 설명하기 어려운 경우 이미지를 첨부하세요.

> **[예시]**
> 기후 변화가 해양 생태계에 미치는 영향에 대한 연구 논문의 개요를 작성해주세요. 서론, 방법론, 결과, 고찰, 결론 섹션으로 구성되어야 하며, 각 섹션에는 핵심 포인트가 bullet point로 표시되어야 합니다. 또한 참고할 만한 최근 연구 동향도 3-4개 포함해주세요.

· 장점과 한계

장점
- 긴 맥락 처리 능력
- 뉘앙스 이해와 자연스러운 대화
- 복잡한 지시사항 이해
- 정확한 사실 기반 응답
- 다양한 형식의 콘텐츠 생성

한계
- 최신 정보 부족
- 복잡한 수학적 계산의 한계
- 인터넷 검색 기능 부재
- 특정 민감한 주제 제한
- 모든 언어에 대한 동일능력 부재

· 특별한 Tip!

1. 대화 저장 및 공유
- 모든 대화는 자동으로 저장되며, 팀 플랜에서는 대화를 공유 가능

2. 파일 업로드
- 텍스트 문서, PDF, 스프레드시트 등 다양한 파일을 업로드하여 분석을 요청이 가능

3. 대화 정리
- 새로운 주제로 전환할 때는 새 대화를 시작하는 것을 추천

4. API 활용
- 개발자는 Claude API를 통해 자체 서비스나 애플리케이션에 통합 가능

5. 프롬프트 라이브러리 활용
- 자주 사용하는 프롬프트는 저장해두고 재사용 가능

처음에는 단순히 생계를 위한 창업이었지만,
이제는 모두가 함께 꿈을 이뤄가는
여정이 되어가고 있었다.

제 5장

브랜드 정하기

인천의 한 카페 안. 테이블 위에는 노트북과 태블릿, 스케치북과 여러 장의 출력물이 어지럽게 널려 있었다. 벽에 걸린 시계는 오후 3시를 가리키고 있었지만, 테이블에 둘러앉은 네 사람의 분위기는 이미 저녁의 피로감을 담고 있었다.

"아니, 그러니까 내 말은..." 김만수가 자신 앞에 놓인 종이를 손가락으로 톡톡 두드리며 목소리를 높였다. "중식당은 중식당다워야 한다는 거야. '황룡성', '대가방', '만리장성' 이런 이름이 사람들한테 익숙하고 믿음이 가잖아."

"아버지, 그런 이름은 70년대에나 어울리죠. 요즘 트렌드에 맞는 이름이 필요해요." 준호는 한숨을 내쉬며 노트북 화면을 들여다봤다. "특히 우리가 하고자 하는 콘셉트가 전통과 현대의 결합인데, 이름부터 너무 올드한 느낌이면 메시지가 안 맞잖아요."

이들의 논쟁은 어느새 30분째 이어지고 있었다. 가게 이름 하나 정하는 일이 이토록 어려울 줄은 아무도 예상하지 못했다.

"왕 사부님은 어떻게 생각하세요?" 준호가 자리 맞은편에 앉은 왕쉐린에게 동의를 구했다.

왕쉐린은 찻잔을 내려놓으며 말했다. "이름 중요합니다. 하지만 결국 음식이 중요합니다. 이름 때문에 싸울 필요 없습니다."

"그래, 음식이 중요하지." 만수가 즉시 맞장구쳤다. "음식이 맛있으면 손님은 알아서 오게 되어 있어."

"그건 20년 전 생각이에요, 아버지." 준호가 노트북 화면을 돌렸다.

"요즘은 SNS에서 유명세를 타야 성공할 수 있어요. 보세요, 이 카페는 오픈 첫 달부터 인스타그램에서 화제가 됐고, 한 달 만에 대기 줄이 생겼대요.

본래 맛집이었던 이 식당은 특별할 것 없는 이름과 인테리어 때문에 계속 어렵다가 리브랜딩 후 매출이 3배 늘었고요."

"근데 실패하는 가게는 더 많잖아. 겉만 번지르르하고 맛은 형편없는."

"그렇지만 아버지, 일단 손님이 들어와야 음식을 맛볼 기회라도 생기는 거잖아요." 두 사람이 열띤 논쟁을 이어가는 동안, 지수는 조용히 스케치북에 무언가를 그리고 있었다. 준호의 부탁으로 이 프로젝트의 브랜딩을 맡게 되었지만, 첫 미팅부터 이렇게 팽팽한 대립을 목격하게 될 줄은 몰랐다.

"저... 제 생각을 말해도 될까요?" 지수가 조심스럽게 입을 열었다.

"그럼요, 말씀해보세요." 만수가 고개를 돌렸다.

"사실 두 분 다 맞는 말씀을 하고 계시는 것 같아요. 전통성도 중요하고, 현대적인 감각도 필요하죠. 요즘 가장 성공하는 브랜드들은 이 둘을 적절히 조화시키는 곳들이에요." 만수와 준호는 잠시 말을 멈추고 지수를 바라봤다.

"그럼 타협안이 뭐가 있을까요?" 준호가 물었다.

"전통적인 의미를 담되, 발음이 현대적이고 기억하기 쉬운 이름이 좋을 것 같아요. 아니면 한자어 이름에 현대적인 로고를 결합한다든지..." 만수는 고개를 저었다.

"말은 좋은데, 그런 이름이 뭐가 있는지 모르겠네."

"AI의 도움을 받아보면 어떨까요? ChatGPT에게 이름 추천을 요청해보죠."

"AI? 뭐 그런 것까지..." 만수가 미심쩍은 표정을 지었다.

"한번 해보세요. 놀랄 거예요."

준호가 ChatGPT를 열고 프롬프트를 입력하기 시작했다. 준호는 노트북 키보드를 두드려 다음과 같은 질문을 입력했다.

한국에서 오픈할 현대적이면서도 전통적인 감성을 담은 중식당 이름을 5개 추천해주세요. 각 이름에 대한 의미와 브랜딩 방향성도 함께 설명해주세요.

잠시 후, ChatGPT가 응답하기 시작했다.

1. **자향루(滋香樓)**
   '맛과 향이 가득한 집'이라는 뜻으로, 전통적인 중식 요리의 풍미를 강조하면서도 세련된 발음이 매력적입니다. 로고는 현대적인 서체로 디자인하되 전통 건축물의 실루엣을 활용할 수 있습니다.

2. **모던루(Modern 루)**
   동서양의 조화를 이름에서부터 표현한 사례로, 현대적이면서도 '루(樓)'라는 전통적 요소를 결합했습니다. 젊은 층에게 친근하게 다가갈 수 있습니다.

3. **오향명가(五香名家)**
   '다섯 가지 향신료'와 '명가(유명한 집)'의 의미를 담아, 정통 중식의 깊은 맛을 강조합니다. 숫자 '5'의 시각적 요소를 로고에 활용할 수 있습니다.

4. **운하(運河)**
   중국 고대 운하를 의미하며, 짧고 기억하기 쉬운 이름입니다. 중국 문화와 역사적 요소를 모던하게 재해석한 브랜딩이 가능합니다.

5. **차이나익스프레스**
   직관적이고 현대적인 이름으로, 빠르고 품질 좋은 중식을 연상시킵니다. 영문과 한글을 함께 사용하면 세련된 느낌을 줄 수 있습니다.

"이름들이 정말 괜찮은데요?" 지수가 감탄했다. "특히 저는 '자향루'랑 '운하'가 마음에 드네요. 간결하면서도 의미가 있어요."

왕쉐린도 고개를 끄덕였다.

"자항루(滋香樓)…아주 좋은 뜻입니다. 맛과 향기의 집… 좋아요."

"저는 '모던루'가 마음에 들어요." 준호가 말했다.

"전통과 현대의 결합이 이름에서부터 느껴지잖아요."

만수는 여전히 의심스러운 표정이었지만, 리스트를 자세히 살펴봤다.

"그래도 '오향명가'나 '운하' 같은 건 괜찮네. 막 영어 섞인 것보단…"

"아버지, 이걸 보면 아시겠지만 우리가 모두 원하는 걸 찾을 수 있어요. 더 구체적으로 물어볼게요." 준호는 다시 질문을 입력했다.

> 중식당 이름으로 전통적 요소와 현대적 감각이 조화된 이름 중에서 가장 기억에 남으면서도 모든 연령대에 호감을 줄 수 있는 것은 무엇일까요? 또한 이러한 브랜드에 어울리는 슬로건도 제안해주세요.

ChatGPT의 응답이 화면에 나타났다.

> 여러 요소를 고려했을 때, '자향루(滋香樓)'가 전통과 현대를 아우르면서 모든 연령층에게 어필할 수 있는 좋은 옵션입니다.
>
> [이유]
>   1. 의미가 직관적: '향이 가득한 집'이라는 의미
>   2. 발음이 부드럽고 기억하기 쉬움
>   3. 전통적 요소(한자)와 현대적 발음의 조화
>   4. 다양한 시각적 표현 가능
>
> [슬로건 제안]
>   - "전통의 맛, 미래의 방식"
>   - "오천 년 맛의 여정, 이곳에서 만나다"
>   - "향기로운 전통, 세련된 경험"

> [브랜딩 방향성]
> - 로고: 간결한 현대적 서체로 '자향루'를 표현, 미묘한 붓글씨 요소 가미
> - 컬러: 전통적인 레드와 블랙을 기본, 딥 블루와 그린 색상을 포인트
> - 인테리어: 중국 전통 요소를 미니멀하게 재해석한 모던 디자인

방 안의 분위기가 미묘하게 바뀌었다. 만수도 이제는 관심을 보이며 노트북 앞으로 몸을 기울였다.

"해봐야 알겠지만... 생각보다 괜찮네." 만수가 머뭇거리며 말했다.

지수의 눈이 반짝였다. "자향루... 이름도 좋고, 슬로건도 너무 맘에 들어요. '전통의 맛, 미래의 방식'이라는 슬로건은 딱 우리가 지향하는 컨셉을 담고 있어요."

"발음도 좋고, 의미도 좋습니다." 왕쉐린이 말했다.

"손님들이 기억하기 쉬울 것 같습니다." 준호는 만족스러운 표정으로 아버지를 바라봤다.

"어때요, 아버지? 충분히 전통적이면서도 모던한 감각이 있잖아요." 만수는 고민하는 표정이었다. '자향루'... 발음은 좋은데, 너무 고급스러워 보이진 않을까? 우리가 하려는 건 동네 중화 요리집이잖아."

"아니에요, 아버지." 준호가 급하게 말을 이었다. "우리가 계획하는 건 그냥 평범한 중화요리집이 아니라, 전통과 현대가 조화된 프리미엄 중식당이잖아요. 가격대도 일반 짜장면집보다는 조금 더 높게 책정할 거고요."

"흠..." 만수는 여전히 확신이 없어 보였다.

지수가 스케치북을 들어 보였다. "이런 식으로 로고를 디자인할 수 있을 것 같아요. 전통적인 붓글씨체에 현대적인 감각을 더하는 거죠."

"그럼 미드저니로 네이비 블루를 활용한 로고를 한번 만들어볼까요?"

준호는 다시 프롬프트를 입력했다.

> A logo for '자향루' Chinese restaurant using deep navy blue as main color with gold accents, inspired by traditional blue and white Chinese porcelain, elegant and high-end, minimalist modern design with subtle traditional elements. --ar 3:2

<자향루 로고 - 미드저니>

잠시 후, 네 개의 새로운 로고 디자인이 나타났다. 네이비 블루를 베이스로 한 디자인들은 모두 세련되고 고급스러운 느낌을 주었다.

"와, 이거 진짜 멋있는데?" 준호가 감탄했다.

"이거... 정말 괜찮네요." 지수도 동의했다.

왕쉬린도 고개를 끄덕였다.

"좋습니다. 고급스럽고 기억에 남을 것 같습니다."

만수는 살짝 머뭇거리며 화면을 살폈다.

"음... 생각보다 괜찮긴 하네. 근데 이게 진짜 중식당 느낌이 날까?"

"아버지, 그게 바로 차별화죠. 모두가 빨간색을 쓸 때 우리는 네이비 블루를 사용함으로써 '프리미엄 중식당'이라는 이미지를 강조할 수 있어요."

지수가 손가락으로 하나의 디자인을 가리켰다.

"저는 이 버전이 가장 좋은 것 같아요.

"이제 슬로건도 결정해볼까요?" 준호가 제안했다.

"ChatGPT가 추천해준 것 중에 '전통의 맛, 미래의 방식'이 눈에 띄는데요."

"그게 제일 좋은 것 같아요." 지수가 말했다. "우리 콘셉트를 정확히 담고 있어요."

"저도 그 슬로건이 마음에 듭니다." 왕쉐린이 동의했다.

만수는 고개를 갸웃거리며 생각에 잠겼다.

"'전통의 맛, 미래의 방식'... 괜찮긴 한데..."

"아버지는 어떤 게 좋으세요?" 준호가 물었다.

만수는 잠시 침묵하다가 이야기했다. "사실... 이 슬로건이 우리 관계 같기도 하네."

"네?" 준호가 의아한 표정을 지었다.

"내가 전통이고, 네가 미래니까." 만수가 쑥스러운 듯 말했다.

"우리가 함께 이 일을 하는 거잖아."

준호는 놀란 표정으로 아버지를 바라봤다. 아버지의 감성적인 말에 어떻게 반응해야 할지 몰랐다. 이런 말을 들은 건 처음이었다.

"그... 그렇네요." 잠시 어색한 침묵이 흘렀다.

"자, 그럼 그걸로 정한 거죠?" 지수가 분위기를 바꾸며 말했다. "자향루,

네이비 블루 로고에 '전통의 맛, 미래의 방식' 슬로건."

"그래, 그걸로 하자." 만수가 고개를 끄덕였다. 그리고는 살짝 멋쩍은 표정으로 덧붙였다. "저... 솔직히 말하면 처음에 이런 AI 기술에 회의적이었는데, 생각보다 도움이 많이 되네."

"그렇죠? 이제 더 활용해볼까요?" 준호의 얼굴에 웃음이 번졌다.

"네, 제가 나중에 로고와 메뉴판, 명함 디자인을 좀 더 세련되게 다듬어볼게요. 오늘 나온 아이디어와 방향성을 바탕으로요." 지수가 응답했다.

"자, 그럼 이제는 다시 업무 분담을 확실히 해볼까?" 만수가 활기찬 목소리로 말했다.

"좋은 생각이에요." 준호가 동의했다.

"브랜딩 부분은 지수 씨와 준호가 담당하고, 메뉴와 요리는 나와 왕 사부가 맡자. 그리고 위치 선정이나 인테리어 같은 건 함께 논의하는 거야."

"제가 Canva로 메뉴판과 명함 디자인을 다듬고, 로고도 완성해서 다음 미팅 때 보여드릴게요." 지수가 말했다.

"저는 온라인 마케팅 전략을 구상해볼게요." 준호가 덧붙였다. "SNS 계정 개설부터 시작해서, 홍보 컨텐츠 제작 방향 같은 걸요."

"나와 왕 사부는 실제 메뉴를 확정하고, 테스트 요리를 해볼게." 만수가 말했다.

"이럼 이제 다음은 뭘 하면 될까요?" 만수가 물었다.

"공간 디자인이요." 지수가 대답했다. "인테리어 콘셉트를 정하고, 매장 분위기를 구상해야 해요."

"그것도 AI로 할 수 있어?" 만수가 호기심 어린 표정으로 물었다.

"물론이죠! Midjourney로 인테리어 콘셉트 이미지를 만들어볼 수 있어요." 지수가 대답했다.

"재밌겠네. 내가 상상하던 식당 내부를 실제로 볼 수 있다니."

"이 공간에 대한 사항은 다음 모임에서 해보죠." 준호가 제안했다.

"오늘은 많이 하셨으니 쉬세요."

"그래, 그럼 다음 미팅은 언제로 할까? "

"이틀 후에 보는 건 어떨까요? 모두 각자 맡은 일을 진행해보고요." 모두가 동의했다. 지수는 태블릿으로 달력을 확인하며 약속을 잡았다.

"그럼 이틀 후 같은 시간, 같은 장소에서 뵙겠습니다."

'자향루... 전통의 맛, 미래의 방식.'

이 슬로건이 단순한 문구가 아니라 자신과 아버지의 관계, 그리고 앞으로 그들이 함께 만들어갈 이야기의 상징처럼 느껴졌다.

준호는 방향성을 정하는 단계에서부터 AI가 큰 도움이 되었다는 사실이 뿌듯했다. 하지만 더 중요한 것은, 최종 결정은 사람들 사이의 공감과 합의를 통해 이루어졌다는 점이었다.

제 6장

디자인과 AI

"이게 중국집이야, 아니면 그냥 카페야?"

김만수는 지수가 보여준 인테리어 참고 이미지를 보며 목소리를 높였다. 비가 내리는 늦은 오후, 그들은 계약한 가게 공간에 모여 인테리어 회의를 하고 있었다. 텅 빈 50평 공간은 그들의 목소리를 울리게 했다.

"아버지, 요즘은 이런 스타일이 트렌드라고요. 미니멀하면서도 동양적 감성이 느껴지는." 준호가 노트북 화면을 가리키며 말했다.

"너무 클리셰 중국집 스타일로 하면 MZ세대는 발길을 돌릴 거예요."

"클리셰라고? 그게 중국집의 아이덴티티야! 중국집에 가면 붉은 등이 있고, 골드 장식이 있어야 사람들이 중국집이라고 인식한다고!"

만수는 자신의 손바닥으로 전체 공간을 훑어보며 계속했다.

"여기 들어오는 순간 '이곳은 중국집'이라는 느낌이 팍 들어야 한다고. 그게 브랜딩이야."

"그건 90년대 생각이에요. 요즘은 그런 과한 장식보다는 세련된 미니멀리즘이 트렌드라고요. 아버지 생각처럼 하면 그냥 동네 중국집이랑 다를 바가 없어져요."

"동네 중국집이 뭐가 어때서? 동네 중국집도 장사 잘되는 데 많아!"

지수는 이 논쟁을 듣고 있다가 조심스럽게 끼어들었다.

"두 분 다 좋은 의견이신데, 타협점을 찾아보는 건 어떨까요? 너무 현대적이지도, 너무 전통적이지도 않은..."

"그러니까 내 말이 맞잖아!" 만수가 단호하게 말했.

"중국집은 중국집다워야지."

왕쉐린은 지금까지 말없이 공간을 둘러보고 있었다. 갑자기 그가 입을 열었다.

"사장님, 너무 정형화된 중국집은 좋지 않아요. 요즘 중국에서도 그런 인테리어는 촌스럽다고 생각해요."

모두가 왕쉐린을 바라봤다. 그는 평소 말이 적었기에, 이런 직접적인 의견 표명은 드문 일이었다.

"내가 중국 산둥성에서 왔잖아요. 거기도 요즘 레스토랑은 모던해요. 전통과 현대 믹스하는 거죠."

만수는 당황한 기색이 역력했다. 왕쉐린이 준호 편을 들 줄은 예상하지 못했던 것이다. "그래도... 그래도 말이야..."

만수는 더 이상 반박할 말을 찾지 못하고 허공을 바라봤다.

"아버지, 제가 보여드린 이미지들 좀 더 살펴봐요. 완전히 서양식은 아니에요. 중국 감성이 있으면서도 현대적인 거예요."

만수는 고개를 저었다.

"아니야, 난 그냥 내 방식대로 하고 싶어. 아들이라고 다 맞는 건 아니야."

분위기가 다시 험악해지자 지수가 중재자 역할을 맡았다.

"ChatGPT에게 의견을 물어보는 건 어떨까요? 객관적인 제3자의 시각으로 좋은 아이디어를 얻을 수 있을 것 같은데요."

"AI한테 인테리어를 묻는다고?" 만수가 코웃음을 쳤.

"그게 무슨 도움이 돼?"

"제가 질문해볼게요." 준호는 ChatGPT를 열고 질문을 입력했다.

> **우리는 현대적인 중식당 '자향루'의 인테리어를 계획 중입니다. 50대 아버지는 전통적인 붉은색 랜턴, 골드 장식과 같은 클래식한 중국 레스토랑 스타일을 원하고, 20대 아들은 미니멀하고 모던한 분위기를 원합니다. 두 세대가 만족할 수 있는 인테리어 컨셉을 제안해주세요. 예산은 중간 정도이고, 공간은 약 50평입니다.**

🟢 **챗GPT 답변**

"현대적 중국 미학(Modern Chinese Aesthetics)" 전통과 현대의 균형을 맞춘 세련된 디자인으로, 중국 문화의 본질을 존중하면서도 현대적 감각을 더하는 방식을 제안합니다.

[컬러 팔레트]
- 메인 컬러: 딥 네이비 블루, 차분한 그레이
- 액센트 컬러: 버건디 레드(전통적인 붉은색의 세련된 버전), 골드(소량)
- 자연 요소: 우드톤, 돌 질감

[입구 및 리셉션 영역]
- 현대적 재해석된 중국 전통 문양의 파티션
- 세련된 서예 작품 또는 수묵화 디스플레이
- 전통 붉은색 대신 버건디 컬러의 작은 포인트 장식

[메인 다이닝 공간]
- 미니멀한 테이블과 의자 (깔끔한 라인의 목재 가구)
- 천장에 현대적으로 재해석된 랜턴 조명 (전통 랜턴 형태를 단순화)
- 벽면에 중국 풍경이나 문화를 표현한 모던 아트워크

[프라이빗 다이닝 룸]
- 좀 더 전통적인 요소를 강조한 공간 (기존 세대 만족)
- 현대적 해석의 중국식 칸막이와 전통 문양
- 품격 있는 골드 액센트가 있는 장식품

[바/카운터 영역]
- 청화백자 패턴을 활용한 모던한 타일 디자인
- 세련된 조명이 있는 바 카운터
- 전통 술병을 현대적으로 디스플레이

왕쉐린이 고개를 끄덕였다. "이거 괜찮네요. 특히 프라이빗 룸은 좀 더 전통적으로, 메인 공간은 모던하게 하는 것… 좋은 생각이에요."

지수도 동의했다.

"이런 방식이면 다양한 고객층을 만족시킬 수 있을 것 같아요. 어르신들은 프라이빗 룸에서 편안함을 느끼실 수 있고, 젊은 손님들은 메인 공간의 세련된 분위기를 좋아할 거예요."

만수는 여전히 확신이 없어 보였다.

"근데 이게 실제로 어떻게 생겼는지 알 수 없어. 말로만 들으니까 감이 안 와."

준호는 눈을 빛냈다.

"그럼 미드저니로 이미지를 생성해볼까요? 지금 ChatGPT가 제안한 내용을 바탕으로 실제 인테리어가 어떻게 보일지 시각화할 수 있어요."

Modern Chinese restaurant interior design with traditional elements, using navy blue and deep green color scheme instead of traditional red, warm wooden elements, elegant lighting, spacious seating area, sophisticated atmosphere --ar 16:9

<외부 조감도 – 미드저니>

수십초만에 인테리어 이미지가 생성되었다. 모두가 화면을 들여다봤다.

"와..." 만수의 입에서 탄성이 나왔다.

"이거 진짜 내가 생각하던 거랑 비슷한데?"

모던한 디자인에 전통적인 중국 요소가 절묘하게 조화를 이루고 있었다. 의자는 고급스러운 나무 소재로, 공간은 개방적이며 아늑한 느낌이었다.

"자 그럼 내부 인테리어도 한 번 해 볼까요?"

준호는 미드저니 앱을 열고 프롬프트를 입력했다.

> Modern Chinese restaurant interior with a balance of traditional and contemporary elements. Deep navy blue and neutral tones with burgundy red accents. Minimalist wooden furniture, subtle Chinese patterns, modern interpretation of lanterns, elegant indirect lighting. Clean lines with traditional Chinese art elements. Sophisticated atmosphere.

< 레스토랑 내부 인테리어 현대적 감각 추가 - 미드저니 >

"제가 말한 건 이런 거였어요. 완전히 모던하게만 하자는 게 아니라, 전통 요소를 현대적으로 재해석하자는 거였는데."

"더 구체적인 부분을 볼 수 있을까?" 만수가 물었다.

"예를 들어 입구는 어떻게 생겼고, 주방은 어떻게 배치되고…"

"물론이요! "

준호는 다시 미드저니에 새로운 프롬프트를 입력했다.

Modern Chinese restaurant entrance area with reception. Contemporary interpretation of traditional Chinese design elements. Deep blue walls with subtle gold accents, elegant signage for 'Jahyanglu' restaurant, minimalist wooden furniture, and soft indirect lighting. Clean, sophisticated atmosphere.

<레스토랑 내부 인테리어 입구쪽 - 미드저니>

몇 초 후, 입구 영역의 이미지가 생성되었다. 우아한 리셉션 데스크와 현대적으로 재해석된 중국식 파티션, 그리고 세련된 '자향루'의 모습이 보였다.

"이거 좋은데?"

만수가 놀란 듯 말했다.

"우리 예산으로 가능할까?"

지수가 웃으며 대답했다.

"완전히 똑같이는 어렵겠지만, 이런 느낌을 저예산으로 구현하는 방법은 있어요. 재료 선택과 디테일 조정으로요."

준호는 계속해서 식당의 다른 영역들도 이미지로 생성해 보여주었다. 다이닝 공간, 바 카운터, 프라이빗 룸까지. 각 이미지에서 전통과 현대의 조화를 보여주는 요소들이 눈에 띄었다.

왕쉐린이 주방 배치에 관한 의견을 내놓았다.

"주방은 반 오픈 컨셉으로 하면 어떨까요? 손님들이 요리하는 과정을 볼 수 있게…"

준호는 다시 미드저니에 프롬프트를 입력했다.

> Semi-open kitchen concept for a modern Chinese restaurant, showcasing noodle-making process. Sleek design with traditional elements, good visibility from dining area, professional kitchen equipment, clean aesthetic.

< 오픈형 주방 인테리어-미드저니 >

이미지가 생성되자 모두 감탄했다. 반 오픈된 주방에서 세련된 주방 설비와 조명이 어우러진 모습이었다.

"이거 진짜 멋있다." 만수가 진심으로 말했다.

"이런 식으로 하면 정말 차별화될 것 같아."

"그럼 여기까지 나온 방향성을 가지고 인테리어 콘셉트를 정리해볼까요?" 지수가 제안했다.

준호는 ChatGPT에 다시 질문을 입력했다.

> 지금까지 논의한 인테리어 방향성을 정리해주세요. 네이비 블루와 우드톤을 기본으로, 버건디 레드와 골드 액센트를 사용한 모던 중식당 컨셉입니다. 반 오픈 주방으로 수타면 제작 과정이 보이게 하고, 전통적인 요소를 현대적으로 재해석한 디자인을 적용합니다.

ChatGPT의 답변이 화면에 나타났다.

'자향루' 인테리어 컨셉 정리

[기본 방향성]
- 컬러 : 네이비 블루 + 우드톤 베이스, 버건디 레드 + 골드 액센트
- 디자인 철학: "현대적 중국 미학" - 전통 요소의 현대적 재해석
- 분위기: 세련되고 따뜻한 아늑함과 고급스러움의 공존

1. 입구 및 리셉션
- 우아한 '자향루' 간판 (골드 한자와 네이비 배경)
- 현대적으로 재해석된 중국식 파티션
- 간접 조명으로 아늑한 첫인상 제공
- 제안 자재: 짙은 색 목재, 브러쉬드 골드 금속 장식, 네이비 페인트/벽지

2. 메인 다이닝 공간
- 미니멀한 목재 테이블과 현대적 의자 배치
- 천장에 재해석된 랜턴 모티프 조명 설치
- 테이블당 조도 조절 가능한 다운라이트 적용
- 일부 벽면에 현대적 중국 아트워크 또는 수묵화 설치
- 제안 자재: 내추럴 오크 테이블, 네이비/버건디 패브릭 의자, 맞춤형 조명

3. 반 오픈 주방
- 수타면 제작 과정이 보이는 투명 파티션
- 주방 인테리어도 컨셉에 맞게 정돈된 디자인
- 주방 장비는 스테인리스 스틸 중심, 일부 우드 액센트
- 주방 내부 조명은 밝게, 외부에서 봤을 때 퍼포먼스처럼 보이도록 연출
- 제안 자재: 내열 강화유리, 고급 주방 설비, 스팟 조명

4. 프라이빗 룸
- 좀 더 전통적인 요소를 강조한, 네이비와 버건디의 조화
- 전통 문양을 현대적으로 재해석한 벽지 또는 패널
- 더 아늑하고 따뜻한 조명 계획
- 고급스러운 질감의 가구와 식기 세팅

> - 제안 자재: 고급 직물 벽지, 맞춤형 파티션, 프리미엄 목재 가구
>
> **5. 바/카운터 영역**
> - 청화백자 모티프의 현대적 타일 사용
> - 백라이트 선반으로 주류 디스플레이 강조
> - 바텐더의 움직임이 잘 보이는 배치
> - 제안 자재: 대리석 또는 쿼츠 카운터, 커스텀 타일, LED 백라이트
>
> **실제 시공 전에 전문 인테리어 디자이너와 이 컨셉을 공유하여 실현 가능한 계획으로 구체화하시길 권장합니다.**

"이거 꽤 구체적이네." 만수가 감탄했다.

"이런 정보만 있으면 인테리어 업체한테 주문하기도 쉽고 비용도 저렴할 것 같아요."

"맞아요." 지수가 동의했다.

"이런 명확한 방향성이 있으면 업체와 소통할 때도 훨씬 수월해요. 오해의 여지가 줄어들죠."

"저도 마음에 들어요." 왕쉐린이 말했다.

"고급스럽지만 친근한 느낌. 좋아요."

만수는 준호를 바라봤다. "너 의견은 어때? "

"저도 마음에 들어요." 준호가 웃으며 말했다.

"아버지가 원하는 중국 감성도 있고, 제가 원하는 모던함도 있고… 완벽한 타협점인 것 같아요."

만수는 여전히 망설이는 기색이었다.

"근데 이렇게 하면 비용이 얼마나 들지? 우리 예산에 맞을까? "

준호는 다시 ChatGPT에 질문했다.

위에 설명된 인테리어 컨셉을 50평 규모의 식당에 적용할 때, 예상 비용 범위를 알려주세요. 중간 정도의 예산을 가정하고, 절약 가능한 부분과 꼭 투자해야 할 부분을 구분해서 설명해주세요.

ChatGPT의 답변이 곧 화면에 나타났다.

 챗GPT 답변

'자향루' 인테리어 예상 비용 분석 (50평 기준)

[총 예상 비용 범위]
- 중간 예산 기준: 약 8,000만원 ~ 1억 2,000만원
- 최소화 예산 기준: 약 5,000만원 ~ 7,000만원
- 프리미엄 예산 기준: 약 1억 5,000만원 이상

[항목별 비용 (중간 예산 기준)]
1. 기본 공사 (약 3,000만원 ~ 4,500만원)
   - 철거, 바닥, 벽체, 전기·조명, 설비 등
2. 주방 설비 (약 2,000만원 ~ 3,000만원)
   - 주방 가구 및 기기, 반 오픈 주방 특수 설비
3. 인테리어 마감 (약 2,000만원 ~ 3,000만원)
   - 목공, 도장, 타일, 장식 요소 등
4. 가구 및 집기 (약 1,000만원 ~ 1,500만원)
   - 테이블, 의자, 조명 등

[꼭 투자해야 할 항목]
1. 주방 설비: 식당의 핵심인 주방 품질은 타협하지 않는 것이 좋습니다
2. 바닥재: 내구성과 유지관리가 용이한 고품질 바닥재
3. 조명 설계: 공간 분위기를 좌우하는 조명에 충분한 투자 필요
4. 방음 처리: 쾌적한 식사 환경에 필수적인 요소
5. 주요 시선 영역: 입구, 메인 벽면 등 손님들이 가장 많이 보는 곳

[절약 가능한 항목]
1. 비주요 공간 마감: 손님 눈에 잘 띄지 않는 공간은 저렴한 마감재 사용
2. 가구 혼합 구성: 일부 중요 위치만 고급 가구 사용, 나머지는 기성품 활용

> 3.장식 요소: 고가 아트워크 대신 창의적인 DIY 장식이나 포스터 활용
> 4.단계적 시공: 핵심 영역 완공 후 운영하면서 추가 영역 공사 진행
> 5.직접 참여: 도색, 장식 등 간단한 작업에 직접 참여하여 인건비 절감
>
> [현실적 예산 조정 팁]
> -8,000만원 예산: 기본 공사 완벽 진행 + 필수 주방 설비 + 핵심 디자인
> -1억원 예산: 전반적으로 균형 잡힌 퀄리티 구현 가능
> -1억 5,000만원 이상: 맞춤형 자재로 고급 인테리어 가능
>
> [예산 절약을 위한 실질적 제안]
> 1.여러 업체 견적 비교 (최소 3곳 이상)
> 2.인테리어 업체가 아닌 개별 시공업체들과 직접 계약 고려
> 3.자재 직접 구매로 중간 마진 절감
> 4.비수기에 공사 진행
> 5.시공 전 3D 시뮬레이션으로 사전 확인하여 변경 비용 최소화
>
> **실제 계약 전 여러 전문업체의 상세 견적을 받아보시길 권장합니다.**

"1억에서 1억 5천?" 만수의 눈이 커졌다.

"역시 지수가 예상했던 비용과 비슷하네."

"그래도 절약할 수 있는 방법도 많이 제시해줬어요." 준호가 말했다.

"전체 예산 중에서 집중 투자할 부분과 아낄 부분을 잘 나눠서 8천만원 정도로도 가능할 것 같아요."

만수는 깊은 한숨을 내쉬었다.

"큰 결심이 필요하네... 이렇게 투자하면 회수할 수 있을까?"

왕쉐린이 만수의 어깨를 두드렸다.

"사장님, 좋은 공간은 손님을 부릅니다. 첫인상이 중요해요."

지수도 거들었다.

"요즘은 인스타그래머블한 공간이 마케팅 포인트가 되기도 해요. 이런 분

위기라면 SNS에서 화제가 될 가능성이 높아요. 그리고 저도 비용은 최소한으로 해 볼께요."

만수는 고개를 끄덕였다.

"고마워... 아무튼 이왕 시작한 거 제대로 해보자고."

"그럼 음악과 같은 배경 요소는 어떻게 할까요?" 준호가 화제를 바꿨다.

"음악?" 만수가 물었다.

"네, 식당 분위기에 음악도 중요하잖아요. 어떤 음악을 틀지, 볼륨은 어느 정도로 할지..."

왕쉐린이 말했다.

"중국 전통 악기 연주 어때요? 얼후(二胡)나 구정(古箏) 같은 악기... 잔잔하게 틀면 분위기 좋아요."

준호는 고개를 저었다.

"그건 좀 진부하지 않을까요? 요즘 MZ세대는 그런 음악 들으면 이목 식당이나 영화 속 장면 같다고 생각할 거예요."

"그럼 뭘 틀자는 거야?" 만수가 한숨을 쉬었다.

"요즘 Lo-fi 음악이 인기 있어요. 편안하지만 세련된 느낌의 음악이죠. 중국 전통 악기 소리를 샘플링한 Lo-fi 비트도 있어요."

"로파이? 그게 뭐야?" 만수가 물었다.

준호는 스마트폰을 꺼내 로파이 힙합 채널을 틀었다. 잔잔한 비트와 편안한 멜로디가 흘러나왔다.

"이런 거요. 배경 음악으로 들으면 편안하고 공부하거나 일할 때 집중하기 좋아서 젊은 층에 인기가 많아요." 만수는 귀를 기울여 들었다.

"음... 나쁘진 않은데, 이게 중국 식당에 어울릴까?"

"AI한테 물어볼까요?"

준호가 다시 ChatGPT에 질문을 입력했다.

> 현대적인 중식당 '자향루'에 어울리는 배경 음악 추천이 필요합니다. 50대 세대는 중국 전통 악기 연주를 선호하고, 20대는 Lo-fi 음악을 제안했습니다. 두 세대가 모두 만족할 수 있는 음악 해결책을 제안해주세요. 시간대별 다른 음악을 틀거나 두 스타일을 결합하는 방법도 고려해주세요.

ChatGPT의 답변이 곧 화면에 나타났다.

 챗GPT 답변

'자향루' 레스토랑을 위한 세대 통합형 배경 음악 전략

[시간대별 음악 구성]
1. 점심 시간 (11:00-15:00)
    - 스타일: 밝고 활기찬 분위기, 중간 템포
    - 추천 장르: 현대적으로 편곡된 중국 전통 음악, 재즈 편곡 포함
    - 볼륨: 중간~낮음 (대화가 편안한 수준)
    - 예시 곡: "Chinese Traditional Music Jazz Remix"

2. 저녁 시간 초반 (17:00-19:00)
    - 스타일: 세련되고 트렌디한 분위기, 식욕을 돋우는
    - 추천 장르: 중국 악기 샘플링된 Lo-fi 비트, 차이니즈 칠아웃
    - 볼륨: 중간 (활기찬 분위기 조성)
    - 예시 곡: "ChilledCow's Asian Lo-fi Beats", "Chinese Instrumental Lo-fi"

3. 저녁 시간 후반 (19:00-마감)
    - 스타일: 차분하고 고급스러운 분위기
    - 추천 장르: 어쿠스틱 커버된 차이니즈 클래식, 모던 뉴에이지
    - 볼륨: 낮음 (로맨틱하고 친밀한 대화 가능한 수준)
    - 예시 곡: "Modern Chinese Piano Classics", "Guzheng & Cello Duets"

> 이러한 전략은 다양한 세대의 고객들에게 익숙하면서도 새로운 경험을 제공하여, '자향루'의 "전통과 현대의 조화" 콘셉트를 청각적으로도 완성할 수 있습니다.

"이거 정말 좋은 아이디어네!" 만수가 감탄했다.

"시간대별로 다른 음악을 트는 것... 이전엔 생각해보지 못했어."

"맞아요, 점심에는 밝고 가벼운 음악, 저녁에는 좀 더 차분한 음악... 식사 경험을 더 풍부하게 만들 수 있을 것 같아요." 지수가 동의했다.

준호는 기분 좋게 웃었다.

"그리고 요즘 이런 AI 음악 생성 도구들도 있어서, 우리 가게만의 독특한 배경음악을 만들 수도 있어요. Suno AI 같은 도구는 프롬프트만 입력하면 노래까지 만들어줘요."

"정말?" 만수가 놀란 눈으로 물었다.

"해볼까요?" 준호가 Suno AI 웹사이트를 열고 프롬프트를 입력했다.

> Create a fusion track that combines traditional Chinese instruments like guzheng and erhu with modern lo-fi beats. The mood should be relaxing yet sophisticated, perfect for a modern Chinese restaurant. Title it 'Jahyanglu - House of Flavor and Fragrance'.

< 매장 BGM - Suno >

잠시 후, AI가 생성한 4분 길이의 음악이 재생되었다. 구정의 맑은 음색과 현대적인 로파이 비트가 조화롭게 어우러진 멜로디였다.

"와, 이거 진짜 괜찮은데?" 만수가 놀라워했다.

"정말 우리 가게에 어울릴 것 같아."

왕쉐린도 만족스럽게 고개를 끄덕였다.

"이거 좋아요. 중국 전통 느낌도 있고, 현대적인 느낌도 있고..."

"이런 식으로 우리만의 테마곡을 만들어서 브랜드 아이덴티티로 활용할 수도 있을 거예요." 준호가 설명했다.

"홈페이지 배경음악이나 인스타그램 릴스 BGM으로도 쓸 수 있고요."

"너 정말 대단하다." 만수가 아들을 자랑스럽게 바라봤.

"이런 생각들은 어떻게 다 해내는 거니?"

준호는 쑥스러운 듯 미소지었다. "그냥... 요즘 트렌드를 많이 봐서요."

밤이 깊어가는 가운데, 네 사람은 자향루의 미래 모습에 대해 더 깊이 논의했다. 모두가 흥분된 상태로 아이디어를 쏟아냈다.

"뭐 이런 것도 생각해봤는데," 만수가 말했다.

"식당 안에 작은 무대를 만들어서 주말에는 라이브 공연 같은 것도 할 수 있지 않을까? 구정이나 얼후 연주자를 초청한다든지..."

"좋은 생각이에요!" 준호가 눈을 빛냈다.

"그런데 매주 라이브 공연은 비용이 많이 들 수 있어요. 대신 월 1회 특별 이벤트로 하면 어떨까요? '자향루의 음악이 있는 밤' 같은 컨셉으로요."

"그거 괜찮네." 만수가 동의했다.

"음악뿐 아니라 중국 차 시음회나 요리 시연 같은 이벤트도 할 수 있겠다."

왕쉐린도 흥미롭게 들었다.

"제가 손님들에게 수타면 만드는 법 가르쳐 줄 수도 있어요. 체험 클래스처럼요."

"그것도 정말 좋은 아이디어네요!" 지수가 눈을 빛내며 말했다.

"요즘 MZ세대는 체험형 콘텐츠를 좋아해요. 그런 모습을 SNS에 올리면 자연스러운 홍보도 될 거고요."

준호는 노트북을 열고 열심히 기록하고 있었다.

"이런 아이디어들 정말 좋네요. AI에 물어볼까요? 음식점에서 할 수 있는 특별 이벤트나 체험 프로그램 아이디어를..."

"아, 잠깐!" 만수가 준호를 제지했다.

"이번엔 우리끼리 생각해보자. AI한테 다 물어보는 것보다, 우리 머리로 직접 생각한 아이디어도 필요하지 않을까?"

잠시 놀란 표정을 짓던 준호는 곧 미소를 지었다.

"네, 아버지 말씀이 맞아요. 우리만의 아이디어가 필요하죠."

네 사람은 각자 종이에 자신만의 아이디어를 적어보기로 했다.

5분 후, 그들은 자신의 아이디어를 공유했다.

- **만수의 아이디어 '중국 명절 특별 이벤트'**
  - 춘절, 중추절 등 중국 명절마다 특별 메뉴와 간단한 문화 체험

- **준호의 아이디어 'AI 메뉴 추천 시스템'**
  - 고객이 태블릿에 선호도를 입력하면 AI가 맞춤형 메뉴 추천

- **왕쉐린의 아이디어 '비밀 메뉴'**
  - 단골손님만 주문 가능한 스페셜 메뉴, 입소문 마케팅 효과

- **지수의 아이디어 '푸드 포토그래피 존'**
  - 음식을 더 예쁘게 찍을 수 있는 특별 조명과 배경이 있는 공간

"와, 다들 좋은 아이디어네요!" 준호가 감탄했다.

"네 아이디어도 참신하다." 만수가 아들을 바라보며 미소 지었다.

"AI 메뉴 추천이라... 어떻게 구현하는 거야?"

"ChatGPT API를 태블릿 앱에 연동해서, 고객이 좋아하는 맛이나 식재료, 알러지 정보 등을 입력하면 최적의 메뉴를 추천해주는 시스템이에요. 요즘은 이런 기술 구현이 어렵지 않아요."

"그거 진짜 좋은데?" 만수가 눈을 크게 떴다.

"기존 식당에서는 본 적 없는 서비스잖아."

"맞아요. 이런 식으로 기술과 음식을 결합하면 차별화된 경험을 제공할 수 있어요."

"우리 로고와 인테리어 콘셉트가 정해졌으니, 직원 유니폼도 맞춰서 디자인하면 어떨까요? 네이비 블루와 버건디 컬러를 활용한..." 지수가 제안했다.

"좋은 생각이야." 만수가 동의했다.

"음식점은 시각적인 경험도 중요하니까."

"미드저니로 유니폼 디자인도 해볼까요?" 준호가 제안했다.

"그래, 한번 해보자." 만수가 대답했다.

지수가 웃으며 프롬프트를 작성했다.

> Modern elegant uniforms for Chinese restaurant staff, navy blue and gold color scheme, sophisticated and practical design, both male and female versions —ar 16:9

<직원 유니폼 - 미드저니>

세련된 유니폼 디자인이 화면에 나타났다. 네이비 블루 바탕에 금색 액센트가 있는 현대적이면서도 동양적인 느낌의 유니폼이었다.

"이거 진짜 멋있다! " 지수가 감탄했다.

"특히 첫 번째 디자인... 중국 전통복의 요소를 현대적으로 재해석했네요."

"나도 마음에 들어." 만수가 동의했다. "세련되면서도 정체성이 느껴져."

"왕 사부님의 요리사 유니폼도 특별히 디자인해볼까요? "

준호가 제안했다.

왕쉐린은 고개를 끄덕였다. "좋아요. 주방용이니까 실용적이어야 해요."

준호는 다시 미드저니에 입력했다.

> Professional chef uniform for a modern Chinese restaurant's open kitchen. Modern design with traditional Chinese elements. Focus on functionality while maintaining aesthetic appeal. Navy blue and white color scheme with burgundy accents. The uniform should look good when the chef is visible to customers.

< 주방장 유니폼 – 미드저니 >

생성된 이미지들 중에서 특히 하나가 눈길을 끌었다. 네이비 블루 색상의 셰프 재킷에 버건디 파이핑 디테일이 있는 디자인으로, 중국 전통 의상의 특징적인 매듭 단추가 모던하게 재해석되어 있었다.

"이거 좋아요!" 왕쉐린의 눈이 반짝였다.

"멋있으면서도 일하기 편해 보여요."

"오픈 키친에서 이런 유니폼을 입고 수타면 만드는 모습이 보이면 정말 멋질 것 같아요." 지수가 말했다.

만수는 감탄했다. "이런 디테일까지 다 생각하다니... 우리 식당 정말 특별해질 것 같다."

시간이 흘러 이제 자정이 가까워오고 있었다. 그들은 오늘 논의한 내용을 정리했다.

"그럼 지금까지 결정된 사항들을 정리해보자." 만수가 말했다.

"인테리어는 네이비 블루와 우드톤을 기본으로, 버건디와 골드 액센트를 활용한 모던 중식당 콘셉트로 진행하기로 했고..."

"반 오픈 주방으로 수타면 제작 과정이 보이게 하고요."

준호가 이어받았다.

"음악은 시간대별로 다르게 해서, 점심엔 밝은 음악, 저녁엔 차분한 로파이나 중국 전통 악기 퓨전 음악을 틀기로 했고..." 지수가 덧붙였다.

"유니폼도 콘셉트에 맞게 디자인하고요." 왕쉐린이 말했다.

만수는 만족스러운 표정으로 고개를 끄덕였다.

"전체적인 방향성이 잡힌 것 같네. 다음 단계는 실제 인테리어 업체 미팅이겠군."

"맞아요. 내일 제가 미팅 가능한 업체들을 알아볼게요." 준호가 말했다.

갑자기 왕쉐린이 입을 열었다.

"잠깐만요, 제가 생각해보니까 하나 더 논의할 게 있어요. 냄새..."

"냄새요?" 지수가 물었다.

"네, 식당 향기요. 중식당은 향신료 냄새가 강하잖아요. 그걸 어떻게 관리할지도 생각해야 해요."

"아, 맞아요!" 준호가 눈을 크게 떴.

"요즘 식당들은 센트 마케팅도 중요하게 생각한다고 들었어요. 특히 중식당은 냄새 관리가 정말 중요하죠."

만수도 고개를 끄덕였다.

"그래, 그건 정말 중요한 포인트다. 우리가 원하는 고급스러운 분위기를 위해서는 향도 신경 써야지."

준호는 다시 ChatGPT에 질문했다.

> 현대적인 중식당에서 향기와 냄새를 효과적으로 관리하는 방법에 대해 알려주세요. 중식 조리 과정에서 발생하는 강한 향신료 냄새가 식당 분위기를 해치지 않으면서도, 식욕을 돋울 수 있는 방법을 찾고 있습니다.

ChatGPT의 답변:

현대적 중식당을 위한 향기 관리 전략

[주요 냄새 관리 시스템]
1. 첨단 환기 시스템
    - 고효율 후드 시스템: 주방 상부에 성능 좋은 후드 설치 (소음 최소화 모델)
    - 열 회수 환기장치(HRV): 에너지 효율적인 환기 시스템
    - 공기 청정 필터: HEPA + 활성탄 필터 조합으로 냄새 및 유해물질 제거

2. 조리 방식 최적화
    - 반 밀폐식 조리 방법: 향신료를 볶을 때 뚜껑 사용
    - 중요 향신료 사전 준비: 피크 타임 전에 주요 향신료 준비 작업 완료
    - 오픈 주방 특별 설계: 유리 파티션과 국소 환기구로 시각적 개방감 유지
    - 인덕션 쿡탑 활용: 가능한 요리는 인덕션으로 전환하여 연기/냄새 감소

3. 센트 마케팅(향기 마케팅) 도입
    - 시그니처 향 개발: 재스민, 우롱차나 계피, 팔각 등을 활용한 맞춤향 개발
    - 디퓨저 전략적 배치: 입구와 다이닝 공간에 은은한 향 디퓨저 배치
    - 자연 향 요소: 차, 드라이 플라워, 감귤류 등 자연스러운 향 요소 활용
    - 시간대별 향기 변경: 점심/저녁 시간대별로 다른 향 프로필 적용

[세부 실행 방안]
1. 공간별 향기 전략
    - 입구: 환영감을 주는 따뜻한 향 (예: 가벼운 계피나 감귤 향)
    - 메인 다이닝: 식욕을 자극하지만 지나치게 강하지 않은 향

>   -프라이빗 룸: 고급스러운 우드 향이나 차 향 (예: 샌달우드, 우롱차)
>   -화장실: 깨끗하고 기분 좋은 향 (예: 감귤계 향)
>
>   **2. 냄새 중화 자연 방법**
>   -식물 활용: 공기 정화 식물 전략적 배치 (스파티필럼, 산세베리아 등)
>   -천연 탈취제: 베이킹 소다, 활성탄 등 자연 소재 탈취제 비치
>   -오존 발생기: 영업 시간 외 짧은 시간 사용으로 잔류 냄새 제거
>
>   **3. 기술적 솔루션**
>   -공기질 모니터링 시스템: 실시간 공기질 측정 센서 설치
>   -자동화 향기 시스템: 타이머로 작동하는 자동 디퓨저 시스템
>   -나노 향기 기술: 나노 입자 기반 향기 분사 시스템 (고급 옵션)

"와, 센트 마케팅이라는 게 있구나." 만수가 놀라워했다.

"식당마다 고유한 향기가 있으면 기억에 더 오래 남을 것 같아."

"맞아요." 지수가 동의했다.

"특히 '자향루'라는 이름 자체가 '향기가 가득한 집'이라는 뜻이니, 향기 관리는 더욱 중요할 것 같아요."

왕쉐린이 말했다. "중국 차 향이 좋을 것 같아요. 재스민차나 우롱차... 중국 느낌도 나고 불쾌하지 않으니까요."

"그거 좋네요!" 준호가 눈을 빛냈다.

"입구에 들어서면 은은한 차 향이 나고, 그게 우리 브랜드의 시그니처가 되는 거죠."

만수도 흥미롭게 들었다.

"근데 디퓨저 같은 거 설치하면 음식 맛에 영향 안 줄까?"

"너무 강하지 않게 은은하게 하면 괜찮을 거예요." 준호가 말했다.

"그리고 입구나 로비 쪽에만 집중적으로 배치하고, 식사 공간은 더 미묘하

게 처리하면 되고요."

"그럼 이거도 우리 인테리어 계획에 추가하자." 만수가 결정했다.

"와, 오늘 정말 많은 것들을 결정했네요." 지수가 말했다.

"이렇게 철저히 계획하니까 성공할 것 같은 느낌이 들어요."

"그래, 나도 그런 기분이야." 만수가 웃으며 말했다.

"네, 아버지. 저도 그렇게 생각해요."

함께 공간을 나서며, 만수는 빈 식당 공간을 둘러봤다.

이제 이곳은 단순한 빈 공간이 아니었다. 그들의 꿈과 비전이 담긴 '자향루'의 미래가 그려지는 캔버스였다.

"여기 정말 멋진 식당이 될 것 같아." 만수가 말했다.

"네, 우리만의 특별한 공간이 될 거예요." 준호가 동의했다.

네 사람은 어두워진 공간을 뒤로하고 밖으로 나왔다.

"우리 성공할 수 있을까?" 만수가 문득 불안한 목소리로 물었다.

"당연하죠." 준호가 확신에 찬 목소리로 대답했다.

"우리는 좋은 팀이잖아요." 왕쉐린과 지수도 고개를 끄덕였다.

네 사람은 서로를 바라보며 미소지었다.

"그럼 이제 다음은?" 만수가 물었다.

"다음은 메뉴 개발이죠." 준호가 씩 웃으며 대답했다.

"왕 사부님과 함께 자향루만의 특별한 맛을 만들 차례예요. 오늘은 늦었으니 이 정도로 하고 내일 다시 하죠."

"기대되는걸." 만수의 얼굴에도 미소가 번졌다.

그들은 각자의 집으로 향하며, 내일의 도전을 기다렸다.

AI직원 사용설명서 l 마케팅담당

05. Suno

Suno는 인공지능을 활용해 텍스트 프롬프트만으로 가사, 멜로디, 화성, 보컬까지 완성된 음악을 생성할 수 있는 AI 음악 플랫폼입니다. 별도의 음악 지식이 없어도 누구나 쉽게 다양한 장르와 스타일의 고품질 음악을 만들 수 있어, 일반인부터 전문 음악가까지 폭넓게 활용되고 있습니다.

· 주요 기능

Suno로 다양한 음악을 쉽게 만들 수 있어요.

텍스트로 음악 만들기
간단한 텍스트 설명으로 완성도 있는 곡 제작 가능

다양한 장르 지원
팝, 록, 힙합, 일렉트로닉, 재즈, 클래식 등 다양한 음악 장르를 제작 가능

AI 보컬 생성
가사를 입력하면 AI 보컬이 생성되며, 다양한 음색과 스타일 선택 가능

음악 구조 설정
인트로, 벌스, 코러스 등 음악의 구조를 지정하거나 자동으로 생성

빠른 생성 속도
단 몇 분 만에 완성된 곡을 생성

여러 버전 생성
같은 프롬프트로 여러 버전의 곡을 생성하고 선택이 가능

다운로드 및 공유
만든 음악을 다운로드하거나 친구들과 공유 가능

저작권 사용
구독 플랜에 따라 생성된 음악의 상업적 사용 권한이 제공

커뮤니티 기능
다른 사용자들의 작품을 들어보고 영감을 얻기

다국어 가사 지원
영어뿐만 아니라 한국어, 일본어 등 다양한 언어로 가사 지원

· 가입 방법

1. 공식 웹사이트 방문 : https://suno.ai에 접속

2 회원가입 진행 : 오른쪽 상단의 "Sign up" 버튼을 클릭

3. 가입 방법 선택

· 이메일, Google, Discord 계정 중 원하는 방법으로 가입

4. 필요한 정보 입력

· 이메일, 비밀번호 등 기본 정보를 입력하고 사용자 이름을 설정

5. 이용 약관 확인 및 동의

· 서비스 이용 약관과 개인정보 처리방침을 읽고 동의

6. 무료 사용 시작

· 기본으로 무료 플랜으로 시작할 수 있으며, 유료로 업그레이드 가능

플랜	가격	주요 특징
Free	무료	매월 제한된 크레딧, 기본 모델 접근, 개인 사용 라이센스
Plus	월 $10	더 많은 크레딧, 향상된 모델 접근, 제한적 상업적 사용 가능
Pro	월 $30	최대 크레딧, 최신 모델 우선 접근, 완전한 상업적 사용 라이센스
Enterprise	문의 필요	맞춤형 사용량, API 접근, 전용 지원, 팀 관리 도구

*가격과 주요특징은 관련 회사 사정에 따라 변경될 수 있습니다.

· 사용 방법

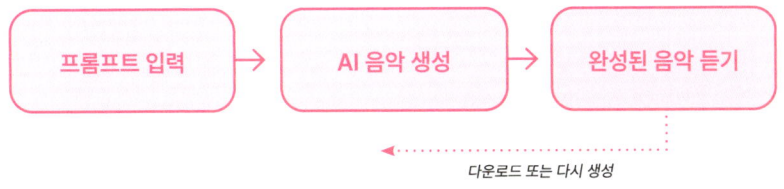

구체적인 장르, 악기, 분위기, 템포를 입력하면 더 원하는 음악을 얻을 수 있어요

© 2025 ChatGPT AI직원 사용설명서 | OpenAI의 공식 문서를 기반으로 작성되었습니다.

· 기본 사용법

1. Suno 웹사이트에 로그인합니다.
2. "Create" 또는 "New Creation" 버튼을 클릭합니다.
3. 프롬프트 입력창에 원하는 음악에 대한 설명을 입력합니다.
   (예: "밝고 경쾌한 팝 음악, 사랑에 관한 가사와 여성 보컬")
4. 필요에 따라 장르, 악기, 보컬 스타일 등 추가 옵션을 선택합니다.
5. "Generate" 버튼을 클릭하여 음악 생성을 시작합니다.
   생성된 음악을 듣고 마음에 들면 저장하거나 다운로드합니다.
6. 마음에 들지 않으면 같은 프롬프트로 다시 생성하거나 프롬프트를
   수정하여 재시도할 수 있습니다.

· 효과적인 프롬프트 작성법

1. 구체적인 장르 명시

· 원하는 장르를 명확히 언급하면 정확한 결과를 얻을 수 있습니다.

2. 악기 지정하기

· 특정 악기를 언급하면 원하는 사운드를 얻을 수 있습니다.

3. 분위기 설명하기

· "밝고 경쾌한", "어둡고 서정적" 등 원하는 분위기를 설명하세요.

4. 참조 아티스트 언급

· "아델 같은 보컬의" 등 참조할 아티스트를 언급하면 유사한 스타일
  을 얻을 수 있습니다.

5. 템포와 리듬감 표현

· "빠른 템포의 댄스곡", "느린 발라드" 등 템포에 관한 힌트를 주세요.

6. 가사 테마 제시

· 가사의 주제나 스토리를 간략히 설명하거나 직접 가사의 일부를
  제공할 수 있습니다.

[예시]
청량한 여름 분위기의 팝 음악, 미디엄 템포, 기타와 신스 위주의 편곡, 해변에서의 즐거운 추억에 대한 가사, 밝고 경쾌한 여성 보컬

· 장점과 한계

장점
- 음악 전문 지식 없이도 사용 가능
- 빠른 생성 속도로 결과 확인
- 완성도 높은 음악 생성 가능
- 다양한 장르와 스타일 구현 가능
- 지속적인 모델과 품질 업데이트

한계
- 특정 복잡한 편곡의 제어는 제한적
- 가사 맥락의 부자연스러움 가능성
- 저작권 문제
- 무료 버전은 사용량 제한이 있음
- 완전히 전문적인 구현은 제한적

· 특별한 Tip!

1. 레퍼런스 트랙 활용
- 좋아하는 음악을 참조하여 "~와 비슷한 느낌의" 식으로 프롬프트를 작성하면 맞춤형 결과 제공

2. 여러 버전 생성하기
- 같은 프롬프트로 여러 번 생성해 최선의 결과물을 선택

3. 가사 직접 제공
- 원하는 가사를 직접 입력하면 맞춤형 결과를 제공

4. 생성된 음악 편집
- 생성된 음악을 다른 음악 프로그램에서 추가 편집이 가능

5. 커뮤니티 탐색
- Suno 커뮤니티에서 다른 사용자들의 작품과 프롬프트를 참고

이제 이곳은 단순한 빈 공간이 아니었다.
그들의 꿈과 비전이 담긴 '자향루'의
미래가 그려지는 캔버스였다.

제 7장

메뉴 개발과 시련

"제가 20년 넘게 만든 짜장면을 고친다고요?"

왕쉐린의 목소리가 실험용 주방을 가득 채웠다. 임시로 빌린 요리학원의 주방은 넓고 깨끗했지만, 지금은 긴장감으로 가득했다. 왕쉐린은 준호의 노트북 화면을 노려보며 주걱을 꽉 쥐었다.

준호는 당황한 기색이 역력했다. "아... 그게 아니라요, 사부님. 그냥 AI가 제안한 몇 가지 변형 아이디어를 같이 시도해보면 어떨까 싶었어요."

"변형? 이거 짜장면이야, 분자요리 아니야!"

만수는 두 사람 사이에 끼어 한숨을 내쉬었다. 원래 오늘은 '자향루'의 시그니처 메뉴를 정하는 중요한 날이었다. 지난 회의에서 왕쉐린이 "전통 메뉴부터 완벽하게 만들자"고 제안했고, 만수도 그 의견에 동의했다. 그런데 준호가 아침에 ChatGPT로 검색한 "혁신적인 중화요리 레시피"를 들고 나타난 것이다.

"왕 사부, 우리 준호 말도 한번 들어봅시다. 어차피 지금은 실험 단계니까요." 만수가 중재에 나섰다.

왕쉐린은 웃으며 말했다.

"김 사장님, 내가 중국에서 태어나 한국에서 20년 넘게 일했어요. 이런 기계보다 경험이 더 중요해요. 기계가 맛을 알아요?"

준호는 자신의 노트북 화면을 다시 들여다보았다. ChatGPT에서 제안한 '현대식 짜장면 업그레이드 방법'이라는 제목의 문서가 열려 있었다. 그는 입술을 깨물며 반박하고 싶은 충동을 억눌렀다.

"한번 들어보자, 준호야." 만수가 격려했다.

준호는 심호흡을 하고 설명을 시작했다.

"제가 ChatGPT에 '짜장면 맛을 극대화하는 과학적 방법'에 대해 물어봤어요. 그랬더니 몇 가지 흥미로운 제안을 해줬어요."

"무슨 제안?" 왕쉐린이 팔짱을 끼며 물었다.

"예를 들어, 춘장을 볶을 때 소량의 코코아 파우더를 넣으면 깊이감이 더해진대요. 실제로 이탈리아 요리에서도 초콜릿을 고기 소스에 넣는 경우가 있다고..."

"뭐라고?" 왕쉐린의 얼굴이 붉어졌다. "짜장면에 초콜릿? 미쳤어?"

만수도 미심쩍은 표정이었다. "준호야, 그게 정말 맞는 거야? 초콜릿이랑 춘장이면..."

"코코아 파우더예요, 초콜릿이 아니라." 준호가 고개를 저었다.

"아주 소량만 넣는 거고, 단맛을 위한 게 아니라 풍미를 깊게 하기 위한 거래요. 멕시코 요리 몰레 소스에서도 비슷한 원리를 사용한대요."

준호는 화면을 아래로 스크롤했다. "그리고 면 삶는 물에 약간의 베이킹소다를 넣으면 면발의 탄력과 쫄깃함이 증가한다고 해요. 이건 실제로 많은 고급 중식당에서 사용하는 방법이라는데..."

왕쉐린이 갑자기 웃음을 터뜨렸다. "그거는 우리도 써. 베이킹소다는 기본이야. 그런데 초콜릿은... 말도 안 돼."

"한 번 실험해보는 건 어떨까요?" 준호가 조심스럽게 제안했다. "아주 소량만 넣어서... 안 맞으면 그냥 버리면 되잖아요."

왕쉐린은 잠시 고민하다가 마지못해 고개를 끄덕였다. "알았어. 내 전통 방식 하나, 컴퓨터 방식 하나, 두 가지로 만들어보자. 누가 더 맛있는지 직접 비교하자고."

준호의 얼굴이 밝아졌다. "좋아요! 공정한 비교를 위해 나머지 재료와 과정은 동일하게 가져가면 될 것 같아요."

왕쉐린이 앞치마를 단단히 매며 말했다. "그럼 시작하자."

주방은 이제 전쟁터가 되었다. 왕쉐린은 자신의 영역에서 숙련된 솜씨로 재료를 손질하고 있었다. 그의 칼질은 신속하고 정확했다. 양파, 감자, 돼지고기가 순식간에 균일한 크기로 변했다.

왕쉐린은 이미 팬을 달구고 있었다. 그는 자신만의 방식으로 춘장과 재료를 볶기 시작했다. 그 모습은 마치 춤을 추는 것 같았다. 손과 팔의 움직임이 리드미컬하고 자연스러웠다.

"춘장은 센 불에서 빠르게 볶아야 향이 살아나!" 왕쉐린이 설명했다.

그렇게 첫 번째 짜장면이 완성되었다. 첫 번째 짜장면을 시식한 후 만수는 "오, 정말 맛있네요! 제가 어릴 때 먹던 그 맛이에요. 깊고 고소하고..."

왕쉐린의 표정이 밝아졌다. 그는 만수를 향해 알겠다는 듯 고개를 끄덕였다.

두 번째 짜장면은 AI가 뽑아준 방식으로 요리를 하기로 했다.

앞 단계까지는 같았으나 ChatGPT 화면을 보니 춘장을 볶는 부분부터 조금씩 방법의 차이가 나기 시작했다.

준호는 왕사부에게 이야기를 했다. "여기서 AI는 춘장을 중불에서 조금 더 오래 볶으라고 하네요. 캐러멜화를 더 촉진해서 단맛과 깊이를 더하기 위해서..."

"캐러멜화? 그건 디저트야, 짜장면이 아니라고." 왕쉐린이 짜증은 났으나 그대로 실행을 했다.

다음은 소량의 파우더를 춘장에 넣으라고 지시를 했다.

"정말 넣어? 미쳤네."

"아주 소량이에요, 한 티스푼도 안 되게요."

왕쉐린은 전통적인 오향분(五香粉)을 사용했지만, ChatGPT는 코코아파우더와 약간의 시나몬을 추가하라고 적혀 있었다.

"너무 복잡하면 안 되는데... 짜장면은 단순해야 해." 왕쉐린이 지적했다.

"복잡함이 아니라 다층적인 풍미를 위한 거예요." 준호가 대답했다.

요리가 진행될수록 주방에는 처음과는 다른 향이 퍼졌다. 왕쉐린의 짜장은 익숙하고 고소한 향이 났었고, 이번 AI가 지시한 대로 만든 짜장면은 묘하게 깊고 복합적인 향이 났다.

만수는 두 냄새를 번갈아 맡으며 미소 지었다. "둘 다 맛있을 것 같은데?"

"맛은 먹어봐야 알죠." 왕쉐린은 긴장된 얼굴로 말했다.

"자, 이제 면을 삶자." 왕쉐린이 대형 냄비에 물을 올렸다.

이 단계에서도 차이가 있었다. 왕쉐린은 자신의 방식대로 물이 팔팔 끓을 때 면을 넣고 정확히 1분 30초 후에 건져냈는데 Chatgpt는 거기에 소량의 베이킹소다를 물에 넣고, 면을 건진 후 찬물에 한번 빠르게 헹구라고 지시가 되어 있었다.

"왜 헹구라는거야? 면의 전분이 다 빠지잖아." 왕쉐린이 놀라서 물었다.

"여기서는 면의 쫄깃함을 유지하면서 불필요한 점성을 제거하기 위해서라고 해요. 그래야 소스와 더 잘 어울린다고..."

왕쉐린은 고개를 저었다. "너무 복잡해. 중국 사람들은 3000년 동안 면을 만들었는데, 갑자기 컴퓨터가 더 잘 안다고?"

"AI는 수천 개의 레시피와 조리법을 분석했어요. 과학적인 근거가 있다고요."

드디어 두 번째 짜장면이 완성되었다. 하얀 접시 위에 놓인 짜장면은 외양상으로는 첫 번째와 크게 다르지 않았다.

만수는 짜장면을 보며 침을 삼켰다. "이제 맛을 봐야겠네요."

세 사람은 테이블에 앉았다. 준호가 긴장한 표정으로 만수를 바라봤다.

"아버지, 두 짜장면에 대해 솔직하게 평가해주세요."

만수는 고개를 끄덕이고 두 번째 짜장면을 맛보았다. 첫 입을 먹고 그의 눈이 커졌다.

"이건... 와, 이것도 정말 맛있는데? 뭔가 익숙하면서도 새로운 맛이야."

준호의 얼굴에 희미한 미소가 떠올랐다. 그러나 왕쉐린의 표정은 다시 어두워졌다.

"그럼 어떤 게 더 좋아요?" 왕쉐린이 직설적으로 물었다.

만수는 난처한 표정이 되었다. "둘 다 각자 장점이 있어요. 왕사부의 것은 정통 중화요리의 풍미가 살아있고, Chatgpt가 알려준 레시피의 짜장면은 뭔가 색다른 깊이가 있어요."

"그건 대답이 아니에요. 어떤 게 더 좋냐고요." 왕쉐린이 고집했다.

준호도 긴장한 눈빛으로 아버지를 쳐다봤다.

만수는 한숨을 내쉬었다. "솔직히 말하자면... chatgpt레시피로 만든 두 번째 것이 약간 더 인상적이에요. 익숙한 맛에 새로운 맛이 더해진 느낌이라..."

왕쉐린의 얼굴이 굳었다. 그는 자리에서 벌떡 일어나 앞치마를 풀었다.

"그럼 됐네요. 컴퓨터가 이겼어요. 이제 요리사는 필요 없네요." 그의 목소리에는 상처와 분노가 섞여 있었다.

"왕사부!" 만수가 당황해서 따라 일어났다. "그게 아니라..."

"됐어요. 나 잠깐 바람 좀 쐬고 올게요."

왕쉐린은 뒤돌아서 주방을 나갔다. 문이 쾅 하고 들렸다.

준호는 가방에서 사과하려고 했지만, 말이 나오지 않았다. 예상치 못한 상황에 당황한 표정이었다.

"이제 어떡하죠..." 준호가 힘없이 물었다.

만수는 머리를 감싸쥐었다. "아, 이런..."

밖으로 나간 왕쉐린은 요리학원 뒷마당 벤치에 홀로 앉아 있었다. 그는 담배를 한 개비 꺼내 물었지만, 라이터가 없어 그냥 입에 물고만 있었다.

"담배 피세요?"

만수가 불쑥 나타나 라이터를 내밀었다. 왕쉐린은 잠시 망설이다가 불을 붙였다.

"가끔요. 스트레스 받을 때."

만수는 그의 옆에 앉았다. 두 사람은 한동안 말없이 앉아 있었다.

"20년 넘게 짜장면 만들었어요." 왕쉐린이 담배 연기를 내뿜으며 말을 꺼냈다. "내 인생의 절반이에요. 그런데 하루아침에 컴퓨터가 나보다 낫다니..."

만수는 조심스럽게 말했다. "왕사부, 그게 아니라... 둘 다 훌륭해요. 단지 새로운 시도가 신선하게 느껴진 것뿐이에요."

"김 사장님은 이해 못해요." 왕쉐린이 고개를 저었다. "요리는 내 정체성이에요. 기계가 대체할 수 없는 거라고 생각했는데..."

만수는 자신도 비슷한 감정을 느꼈던 때를 떠올렸다. 회사에서 자신의 업무가 AI로 대체될 거라는 말을 들었을 때의 그 무력감.

"이해해요. 사실 나도 비슷한 경험이 있어요. 30년 가까이 일한 회사에서

AI가 내 자리를 대체할 거라고 했을 때..." 만수의 목소리가 떨렸다.

왕쉐린이 만수를 바라봤다.

"근데 나중에 깨달았어요." 만수가 계속했다. "기술은 결국 도구일 뿐이라는 걸. 경험과 직관을 완전히 대체할 순 없더라고요."

"그럼 왜 ChatGPT 요리가 더 좋다고 했어요?"

만수는 솔직하게 대답했다. "새로움 때문이었을 거예요. 하지만 생각해보세요. ChatGPT 한 건 결국 왕사부의 기본 레시피에 약간의 변화를 준 것뿐이잖아요. 왕사부의 경험 없이는 불가능한 일이었어요."

왕쉐린은 잠시 생각에 잠겼다. "그건 그렇네요."

"게다가 아직 한 번의 테스트로 뭘 결정하기엔 이르지 않나요? 오늘은 운이 좋았을 수도 있고."

왕쉐린은 담배를 비벼 끄며 미소를 지었다. "그건 그래요. 한 번으로 판단하면 안 되죠."

"이봐요, 왕사부. 우리가 하는 일은 AI와 경쟁하는 게 아니라, AI를 도구로 활용하는 거예요. 왕사부의 경험과 AI의 제안이 만나면, 더 놀라운 결과가 나올 수 있지 않을까요?"

왕쉐린은 깊은 한숨을 내쉬었다. "김 사장님 말이 맞아요. 내가 너무 자존심 상했나 봐요."

"같이 들어가서 이야기 계속해봅시다. 준호도 많이 미안해하고 있어요."

두 사람은 함께 일어나 주방으로 향했다.

주방으로 돌아오자, 준호는 노트북 앞에 앉아 무언가를 열심히 타이핑하고 있었다. 그의 표정은 진지했다.

"무슨 일이야?" 만수가 물었다.

준호는 고개를 들었다. "Claude에게 물어보고 있었어요."

"'전통 중화요리와 현대 요리 기법의 균형점을 찾는 방법'에 대해 물어봤어요. 그랬더니 정말 좋은 답변이 왔어요."

화면에는 Claude의 자세한 답변이 표시되어 있었다.

> ※ **Claude 답변**
>
> **전통 중화요리와 현대 조리법의 균형 찾기**
>
> **[핵심 원칙 존중]**
> - 전통 요리의 근본(화력 조절, 재료 손질, 맛의 균형)은 유지하되 개선점 모색
> - "과거를 이해해야 미래를 혁신할 수 있다"는 접근법 채택
>
> **[점진적 실험]**
> - 한 번에 한 가지 요소만 변경하여 그 영향을 정확히 평가
> - 맹목적 혁신보다 의도적인 개선에 집중
>
> **[문화적 맥락 존중:]**
> - 현지 식문화와 고객 기대치 고려
> - 완전한 변형보다 친숙함을 유지하면서 놀라움 제공
>
> **[협업적 접근]**
> - 전통적 기술과 현대적 지식의 조합이 가장 혁신적인 결과 도출
> - 각 접근법의 장점을 인정하고 단점을 보완하는 협력 모델
>
> **[구체적 제안]**
> - 전통 조리법의 핵심 단계는 유지하되 과학적 근거가 있는 개선점 적용
> - 예: 전통적인 춘장 볶음 기법 + 깊은 맛을 위한 현대적 향신료 조합
> - 면 반죽 과정은 전통방식 유지 + 삶는 물에 베이킹소다 첨가로 식감 개선
>
> **종합적으로, 성공적인 요리 혁신은 전통에 대한 깊은 존중과 열린 마음의 균형에서 비롯됩니다. 경험 많은 요리사의 직관과 AI의 데이터 기반 제안이 만날 때 가장 뛰어난 결과가 나올 수 있습니다.**

왕쉐린은 진지하게 내용을 읽었다. 그의 표정이 차츰 풀어졌다.

"이건... 꽤 이해가 되네요."

준호가 조심스럽게 말했다. "사부님, 제가 잘못 생각한 것 같습니다. 너무 AI에만 의존하려고 했던 것 같아요. 사부님의 경험을 존중하지 않은 것 같아 죄송해요."

왕쉐린은 잠시 침묵했다가 고개를 끄덕였다. "아니에요. 나도 고집 좀 부렸어요. 새로운 방식을 너무 거부했네요."

만수는 두 사람을 번갈아 보며 미소 지었다.

"이제 어떻게 할까요?" 준호가 물었다.

"다시 해볼까요?" 왕쉐린이 제안했다. "이번엔 함께요. 내 경험과 AI의 제안, 둘 다 활용해서."

준호의 얼굴이 밝아졌다. "정말요? 그럼 좋겠어요!"

세 사람은 다시 주방으로 향했다. 이번에는 다른 분위기였다. 왕쉐린은 준호의 노트북을 자신의 옆에 두고, 함께 ChatGPT와 Claude의 제안을 검토했다.

"이 부분은 좋은 생각이네요." 왕쉐린이 코코아 파우더 부분을 가리키며 말했다. "하지만 양을 줄이자고요. 너무 많으면 맛이 이상해질 거예요."

"네, 맞아요. 제가 아까 좀 과하게 넣은 것 같아요."

"그리고 면 삶는 방법... 베이킹소다는 좋아요. 하지만 찬물에 헹구는 건... 음, 한번 해보자고요. 근데 빨리 해야 해요. 면이 식으면 안 돼요."

준호는 왕쉐린의 지시에 따라 재료를 준비했다. 이번엔 모든 과정을 왕쉐린이 직접 지도하되, 준호의 제안도 선별적으로 받아들였다.

"춘장은 이렇게 볶아야 해요. 보세요, 향이 올라오는 거 느껴져요?"

준호는 진지하게 관찰하며 배웠다. "이제 코코아 파우더를 넣을까요?"

"그래, 아주 조금만. 티스푼 절반 정도로."

만수는 두 사람의 협업을 지켜보며 흐뭇해했다. 그는 스마트폰으로 그 과정을 살짝 촬영하기도 했다.

이번에 만들어진 짜장면은 이전의 두 가지와는 또 다른 모습이었다. 깊고 윤기 있는 검은 색의 소스는 보기만 해도 식욕을 자극했다.

"자, 맛을 봅시다." 왕쉐린이 말했다.

세 사람은 다시 테이블에 앉았다. 만수가 첫 입을 먹고 눈을 크게 떴다.

"와... 이건 정말 대단한데?"

준호도 맛을 보고 감탄했다. "정말 맛있어요! 전통적인 맛이 느껴지면서도, 뭔가 더 깊은 풍미가..."

왕쉐린도 맛을 보고 고개를 끄덕였다.

"음... 괜찮네요. 전통 방식으로는 나올 수 없는 맛이에요."

만수는 기쁜 표정으로 말했다. "이거다! 우리 자향루의 시그니처 메뉴로 딱이야."

"아직 완벽하진 않아요." 왕쉐린이 말했다. "몇 번 더 실험해야 해요. 하지만 방향은 좋아요."

준호는 노트북에 메모를 시작했다. "오늘의 레시피를 정확히 기록해둘게요. 다음에는 어떤 부분을 더 개선할 수 있을까요?"

왕쉐린은 생각에 잠겼다가 말했다. "면발도 좀 더 개선하고 싶어요. 그리고 채소 비율도 조정해볼까..."

만수는 두 사람의 대화를 보며 미소 지었다.

"이제 우리 팀이 제대로 작동하는 것 같네."

"전체 메뉴 종류는 어떻게 할까요?" 준호가 물었다.

"내가 기본 메뉴는 구상해 놨어." 만수가 가방에서 노트를 꺼냈다. "짜장면, 짬뽕, 탕수육 같은 기본적인 건 당연히 있어야 하고, 특별 메뉴로 몇 가지를 생각했어."

"저도 특선 요리 몇 가지 있습니다." 왕쉐린이 말했다. "제 고향 특별 레시피인데, 한국 사람들도 좋아할 것 같습니다."

"이번엔 AI에게 물어볼 필요는 없을 것 같은데요?"

만수가 웃으며 말했다.

"잠깐, 이런 일에도 도움을 받을 수 있을지도 몰라요." 준호가 말했다. "ChatGPT에게 한번 물어볼게요."

준호는 ChatGPT에 새로운 질문을 입력했다.

> 프리미엄 중식당 '자향루'의 다양한 메뉴 구성을 제안해주세요. 전통적인 중식 메뉴와 현대적으로 재해석한 퓨전 메뉴를 균형 있게 포함시키고 싶은데, 각 메뉴의 간단한 설명과 가격대도 함께 제안해주세요.

ChatGPT의 응답이 나왔다.

 챗GPT 답변

자향루 메뉴 제안:

[전통 중식 메뉴]
  1. 자향루 특제 짜장면 - 12,000원
  24시간 숙성시킨 춘장에 고급 돼지고기와 8가지 채소를 넣고 직접 뽑은 수제면과 함께 제공합니다.

  2. 황제 탕수육 - 28,000원
  엄선된 등심을 사용해 두 번 튀겨 바삭함을 극대화하고, 석류 과즙과 산초가 더해진 특제 소스를 곁들인 프리미엄 탕수육입니다.

3. 북경식 오리구이 - 45,000원
72시간 숙성한 오리를 전통 방식으로 구워 바삭한 껍질과 부드러운 육질의 조화를 선사합니다. 수제 만두피와 특제 소스 포함.

4. 사천식 마라탕 - 22,000원
엄선된 향신료로 우려낸 얼얼한 맛이 특징인 정통 사천 마라탕으로, 신선한 해산물과 고기, 버섯, 채소를 취향에 맞게 선택할 수 있습니다.

5. 대게 샤오롱바오 - 25,000원
대게살을 넣어 고급스러움을 더한 특제 샤오롱바오로, 한 입 베어 물면 풍부한 육즙이 입안에 퍼집니다.

[모던 퓨전 메뉴]
1. 트러플 소고기 볶음밥 - 14,000원
와규 소고기와 계절 채소를 고슬고슬한 쌀과 함께 볶고 트러플 오일로 향을 더한 프리미엄 볶음밥입니다.

2. 김치 군만두 크림 리조또 - 16,000원
김치로 속을 채운 군만두를 크림 리조또 위에 올려 동서양의 맛을 조화시킨 창의적인 퓨전 요리입니다.

3. 유자 칠리 새우 - 32,000원
바삭하게 튀긴 대형 새우에 한국 유자와 중국 칠리소스를 결합한 특제 소스를 곁들여 상큼함과 매콤함이 어우러진 한중 퓨전 요리입니다.

4. 블랙 갈릭 랍스터 누들 - 38,000원
통 랍스터에 마늘을 흑마늘로 숙성시켜 만든 특제 소스를 곁들이고, 수제 중화면과 함께 제공하는 고급 퓨전 누들입니다.

5. 아보카도 크림 딤섬 플래터 - 35,000원
전통 딤섬에 아보카도 크림을 더해 부드러운 식감과 고소함을 더한 모던 딤섬 모둠으로, 5가지 다양한 맛을 즐길 수 있습니다.

[시그니처 디저트]
1. 흑임자 두부 판나코타 - 9,000원
중국 전통 두부 디저트에서 영감을 얻어 부드러운 판나코타로 재해석하고 고소한 흑임자 크림을 곁들인 디저트입니다.

> 2. 우롱차 티라미수 - 8,000원
> 이탈리아 티라미수에 고급 우롱차를 입혀 동양적 풍미를 더한 퓨전 디저트입니다.

"와, 이거 음식 이름이 진짜 마음에 드네요." 왕쉐린은 감탄했다.

왕쉐린은 진지한 표정으로 메뉴 리스트를 읽어내려갔다. "흠... 특히 퓨전 메뉴는 참신한데요."

"근데 이 가격..." 만수가 눈살을 찌푸렸다. "짜장면이 12,000원? 너무 비싼 거 아냐?"

"프리미엄 콘셉트니까요." 준호가 말했다. "일반 중식당보다는 가격대가 높아야 우리가 추구하는 이미지에 맞을 것 같아요."

"그래도 너무 비싸면 손님들이 안 올 텐데..."

"그건 나중에 다시 논의하죠." 준호는 제안했다. "일단 메뉴 구성 자체는 어떤가요? 전통 메뉴와 퓨전 메뉴의 조합이 좋은 것 같은데요."

왕쉐린이 고개를 끄덕였다. "네, 균형이 좋습니다. 모든 메뉴를 처음부터 다 제공할 필요는 없어요. 소수의 메뉴로 시작해서 점차 확장하는 게 좋습니다."

"맞아요." 준호가 동의했다. "처음부터 너무 많은 메뉴를 준비하면 재고 관리도 어렵고 품질 유지도 힘들어요. 전통 메뉴와 퓨전 메뉴 각 3개 정도로 시작하는 건 어떨까요?"

"그게 현실적일 것 같네." 만수도 고개를 끄덕였다.

"전통 메뉴는 특제 짜장면, 황제 탕수육, 대게 샤오롱바오 정도로 하고, 퓨전 메뉴는 트러플 소고기 볶음밥, 김치 군만두 크림 리조또, 유자 칠리 새우 정도면 어떨까요?" 준호가 제안했다.

"그 정도면 충분할 것 같아요." 왕쉐린이 말했다. "그리고 계절에 따라 스페셜 메뉴를 추가하는 방식으로 확장해나가면 좋을 것 같아요. 그럼 새로운 퓨전 메뉴들의 레시피를 뽑아주면 제가 한 번 만들어 보도록 하겠습니다."

"좋아, 그렇게 하자." 만수가 결정했다.

이런 실험은 계속되었다. 한 주 동안 왕쉐린과 준호는 거의 매일 만나 다양한 변주를 시도했다.

"Perplexity에서 소비자 트렌드를 조사해봤어요." 준호가 어느 날 말했다. "요즘 젊은 층에서는 건강에 대한 관심이 높아서, 기름기가 적고 채소가 많은 메뉴를 선호한대요."

왕쉐린은 고개를 끄덕였다. "그럼 유린기를 개선해보자고요. 튀김 옷을 더 얇게 하고, 소스에 더 많은 채소를 넣는 방향으로."

준호는 ChatGPT에 '더 건강한 유린기 만드는 방법'을 검색했고, 다양한 제안을 받았다.

"튀김옷에 전분 대신 쌀가루를 섞어서 더 가볍게 만들 수 있대요. 그리고 두 번 튀기는 방식으로 기름 흡수를 줄일 수 있다고…"

왕쉐린은 흥미롭다는 듯 고개를 끄덕였다. "한번 해보자고요."

이제 두 사람의 협업은 자연스러워졌다. 왕쉐린은 더 이상 AI의 제안에 반감을 갖지 않았고, 준호도 왕쉐린의 경험을 더 존중하게 되었다.

실패했던 이유 중 하나가
변화를 거부한 거였어요.
옛날 방식만 고집하다 망했죠.

제 8장

홍보 전략 세우기

오픈을 일주일 앞둔 '자향루' 내부는 마무리 공사가 한창이었다. 벽면에는 이미 디자인된 로고가 붙었고, 테이블과 의자도 대부분 배치가 끝난 상태였다. 작업자들이 조명을 설치하는 동안 만수와 준호는 홍보 전략 회의를 위해 자리를 잡았다.

"아버지, 오늘 4시부터 전체 회의 있잖아요. 홍보계획안 준비는 하셨어요?"

만수는 준호를 흘겨보았다. "뭘 준비해? 그냥 가게 열었다고 동네에 전단지 돌리면 되지."

"지금 농담하시는 거죠?"

"농담이지! 그런데 전단지 말고 뭘로 홍보하지? 맛이 있으면 홍보가 되지 않을까?" 만수는 이야기 했다.

준호는 지난 몇 주간의 협업이 무색하게, 홍보 방식에 있어서는 세대 차이가 있다는 것이 여전히 크게 느껴졌다.

"아버지, 음식이 아무리 맛있어도 사람들이 모르면 소용없어요. 요즘은 SNS 마케팅이 기본이라고요."

"첫 달에는 오픈하면 지인들도 좀 오고 해서 좀 북적거리면 주변에 입소문이 나서 손님들이 하나둘씩 늘어날 거야. 원래 동네 장사라는게 다 그런 거야."

"아버지~ 지인들만으로는 턱없이 부족해요! 투자한 돈 회수하려면 최소한 월 매출이 어느 정도는 나와야 해요!"

"준호야, 우리 돈 얘기는 그만해자. 처음부터 너무 욕심내지 마."

신경이 좀 날카로워진 준호는 마침내 참았던 말을 내뱉었다.

"욕심이 아니라 생존이에요! 지금 시대에 SNS 마케팅 없이 식당이 살아남는 건 거의 불가능하다고요."

"그래? 그럼 넌 그렇게 SNS 마케팅을 잘 아는 녀석이 그동안 그렇게 혼자 방에만 살았어?"

준호의 얼굴이 굳었다. 최근 조금씩 회복하던 아버지와의 관계가 다시 얼어붙는 느낌이었다.

"지금 저 깎아내리시는 거예요?"

만수는 한숨을 쉬었다. "그게 아니라... 그냥 너무 복잡하게 생각하지 말자는 거야."

"복잡한 게 아니라 기본이에요. 요즘은 초등학생 장사도 SNS로 홍보해요."

그때 왕쉐린이 주방에서 나왔다. 그는 두 사람의 언쟁을 들었는지 머쓱한 표정이었다.

"저... 음료 가져왔습니다."

그는 녹차 두 잔을 테이블에 놓고 주방으로 돌아갔다. 방금 전까지의 긴장감이 잠시 누그러졌다.

"아버지~ 제발 한 번만 제 말 들어보세요. 제가 준비한 홍보 전략 발표가 있어요. 회의 전에 먼저 보여드릴게요."

만수는 차를 한 모금 마시고 고개를 끄덕였다. "그래, 알았다. 보여줘봐."

준호는 노트북을 열었다. 배터리가 방전되어 있었다.

"아, 충전기 안 갖고 왔네."

"내가 전에도 말했지? 항상 대비하라고. 예전에 나는~ "

"알아요, 알아. 아버지 회사 다닐 때 항상 충전기 두 개씩 갖고 다녔다는 거..."

만수는 준호의 반응에 한숨을 쉬었다. "툭하면 짜증내지 말고, 내 말도 좀 들어라."

"늘 듣고 있잖아요. 근데 매번 같은 말만 반복하시니까―"

"내가 언제 같은 말만 했어? 그러지 말고..."

분위기가 다시 격해지려는 찰나, 지수가 가게로 들어왔다. 그녀는 두 사람의 표정을 보고 상황을 짐작한 듯했다.

"안녕하세요! 회의 준비하러 일찍 왔어요."

지수의 등장에 두 사람은 잠시 말을 멈췄다. 준호는 노트북을 덮고 일어났다.

"지수야, 노트북 충전기 혹시 갖고 있어?"

오후 4시, '자향루'의 첫 홍보 전략 회의가 시작되었다. 만수, 준호, 왕쉐린, 지수뿐만 아니라 최근 채용된 서빙 아르바이트생 민재까지 모두 모였다. 준호는 벽에 프로젝터로 화면을 띄우고 발표를 시작했다.

"자, 오늘은 저희 가게의 홍보 전략에 대해 이야기하려고 합니다."

그는 준비한 발표 자료를 열었다. 첫 슬라이드에는

'자향루(滋香樓): 전통의 맛, 미래의 방식'

이라는 슬로건과 함께 세련된 로고가 있었다.

"저희 가게는 일주일 후에 오픈하게 됩니다. 이제 어떻게 홍보할지 결정할 때예요."

준호는 다음 슬라이드로 넘겼다. 여러 SNS 플랫폼 아이콘이 화면에 나타났다.

"요즘 소비자들은 주로 소셜미디어를 통해 새로운 맛집을 발견합니다. 특히 젊은 층은 인스타그램, 틱톡, 유튜브 쇼츠 같은 짧은 영상 플랫폼을 많이 활용하죠."

"그런 걸로 동네 중국집을 홍보한다고?"

"네, 실제로 많은 성공 사례가 있어요." 준호가 반박했다. "통계에 따르면 소셜미디어를 통한 홍보가 전통적인 광고보다 ROI가 3배 이상 높다고 합니다."

"ROI가 뭔데?" 만수가 물었다.

"투자 대비 수익률이요. 쉽게 말해서 쓴 돈 대비 얼마나 효과가 있는지를 말해요."

지수가 손을 들었다. "제가 아는 한 카페는 인스타그램만으로 오픈 첫날부터 줄 서게 만들었어요. 특별한 디저트 하나가 SNS에서 인기를 끌면서요."

"그게 다 운이지." 만수가 고개를 저었다. "그런 거 믿고 있다가 돈만 날리는 거야."

왕쉐린은 조용히 듣고만 있었다. 그는 한국의 SNS 문화에 익숙하지 않았지만, 중국에서도 비슷한 트렌드가 있다는 것을 알고 있었다.

"저도 말 좀 해도 될까요?" 막내 민재가 조심스레 입을 열었.

"솔직히 저희 또래는 맛집 찾을 때 네이버 검색보다 인스타나 틱톡부터 봐요. 특히 짜장면 같은 비주얼 음식은 영상이 잘 먹혀요."

만수는 무언가 말하려다가 참았다. 모두가 자신과 반대 의견인 것 같아 더 이상 고집을 부리기 어려웠다.

준호는 발표를 계속했다. "제가 생각한 전략은 이렇습니다. 첫째, 인스타그램과 틱톡 계정을 개설해서 메뉴 사진과 짧은 요리 과정 영상을 올립니다. 둘째, 유튜브에 자향루 채널을 만들어 조금 더 긴 형태의 콘텐츠를 제공합니다. 셋째, 왕 사부님의 요리 비하인드나 비법을 소개하는 특별 콘텐츠로 차별화합니다."

왕쉐린이 놀란 표정을 지었다. "저요? 제가 카메라 앞에 서야 한다고요?"

"네, 사부님의 전문성을 보여주는 게 중요해요. 물론 편하신 만큼만 하시면 됩니다."

"난... 카메라 앞에서 말을 잘 못해요." 왕쉐린이 머뭇거렸다.

"괜찮아요. 처음엔 간단하게 요리하는 모습만 찍고, 나레이션은 따로 넣을 수 있어요."

만수가 끼어들었다. "그래서, 이런 SNS 작업을 누가 다 하는데? 우리는 요리하고 가게 운영하기도 바쁠 텐데."

"제가 주로 담당할 거예요. 그리고 민재가 도와주기로 했고요."

이민재가 고개를 끄덕였다. "제가 대학에서 영상 동아리 활동도 했어서, 촬영이나 편집은 도울 수 있어요."

"SNS 콘텐츠는 매일 올려야 효과가 있다던데." 만수가 꼬집듯 말했다. "그렇게 시간이 있어?"

준호는 깊은 한숨을 내쉬었다. "아버지, 저희가 지금 가게 운영만으로는 살아남기 힘들어요. 이건 선택이 아니라 필수라고요."

방 안에 침묵이 내려앉았다. 만수는 아들의 진지한 표정을 바라보다가 마지못해 고개를 끄덕였다.

"알았어. 근데 내 생각도 좀 들어봐. 온라인만으로는 부족해. 특히 우리 타겟 중에는 중장년층도 있잖아. 그 사람들은 SNS를 잘 안 봐."

준호는 아버지의 말에 잠시 생각해보았다. 그가 말하는 것도 일리가 있었다.

"그럼… 온라인과 오프라인을 병행하는 전략은 어떨까요? 아버지가 오프라인 홍보를 맡고, 제가 온라인을 담당하는 걸로요."

회의가 한창 진행 중이었다. 벽면의 화이트보드에는 이미 다양한 홍보 아이디어가 빼곡히 적혀 있었다.

"그럼 온라인과 오프라인 전략을 모두 활용하기로 했으니, 이제 구체적인 방법을 정해봅시다." 준호가 말했다.

만수는 생각에 잠겼다가 입을 열었다. "내 지인들 중에 동네 자영업자 모임 회장이 있어. 거기 소개시켜달라고 하면 좋은 홍보가 될 거야."

"좋은 생각이에요!" 준호가 동의했다. "지역 커뮤니티와의 연결은 중요하죠."

지수가 손을 들었다. "그리고 요즘 식당들이 많이 하는 건 '프리 오프닝'이에요. 오픈 전에 지인들이나 영향력 있는 사람들을 초대해서 음식을 맛보게 하는 거죠."

"맞아요," 준호가 고개를 끄덕였다. "인스타그래머나 맛집 블로거들을 초대하면 효과가 클 거예요."

왕쉐린이 의아한 표정을 지었다. "공짜로 음식을 주는 건가요?"

"네, 투자라고 생각하면 됩니다. 그분들이 SNS에 올리면 수천, 수만 명이 볼 수 있으니까요."

만수는 인상을 찌푸렸다. "돈도 안 받고 음식 주는 게 맞아? 그런 사람들 초대하면 진짜 손님들한테 돌아갈 자리가 없을 텐데."

"아버지," 준호가 인내심을 갖고 설명했다. "그건 오픈 전에 하는 거예요.

그리고 모든 테이블을 다 그렇게 하는 게 아니라, 일부만 마케팅 비용으로 생각하면 돼요."

그 때 민재가 자신의 경험을 공유했다.

"제가 알바하던 카페도 그렇게 했는데, 효과 진짜 좋았어요. 오픈 첫날부터 줄 서서 기다리는 손님들이 많았어요."

만수는 여전히 확신이 없어 보였지만, 더 반박하지는 않았다.

"좋아요, 그럼 프리 오프닝 이벤트를 기획해볼게요." 준호가 화이트보드에 메모했다. "이제 홍보 콘텐츠 제작에 대해 얘기해 볼까요?"

그는 노트북을 열고 ChatGPT를 실행했다.

"제가 ChatGPT를 이용해서 홍보 시나리오를 작성하는 모습을 보여드릴게요."

화면을 모두가 볼 수 있도록 돌린 후, 준호는 타이핑을 시작했다.

> 중국 요리 전문점 '자향루'의 30초 홍보 영상 시나리오를 작성해주세요. 우리 가게는 전통 중식과 현대적 퓨전 요리를 모두 제공하며, 특히 '전통의 맛, 미래의 방식'이라는 슬로건을 강조하고 싶습니다. 왕쉐린 셰프의 25년 경력과 특제 소스, 그리고 아늑한 인테리어 분위기도 포함해주세요.

잠시 후 ChatGPT가 응답했다.

자향루(滋香樓) 30초 홍보 영상 시나리오

[씬 1: 주방 내부, 불꽃이 오르는 웍]
 화면에 "전통의 맛"이라는 텍스트 오버레이)25년 경력의 왕쉐린 셰프가 숙련된 손놀림으로 웍을 다루며 불꽃이 오른다.

[씬 2: 특제 소스 준비 장면]

> 왕 셰프가 비밀 레시피의 특제 소스를 정성스럽게 준비하는 클로즈업.
>
> [씬 3: 현대적인 인테리어]
> 화면에 "미래의 방식"이라는 텍스트 오버레이)카메라가 자향루의 세련된 인테리어를 훑으며 아늑한 분위기를 보여준다.
>
> [씬 4: 다양한 메뉴 쇼케이스]
> 전통 중식 요리부터 창의적인 퓨전 요리까지 테이블 위에 차례로 등장한다.
>
> [씬 5: 만족스러운 손님들]
> 다양한 연령층의 손님들이 음식을 즐기며 미소 짓는 모습.
>
> [씬 6: 로고와 정보]
> 화면 가운데 자향루 로고가 나타나며, 주소와 오픈일, 소셜미디어 계정 정보가 표시된다.
>
> [내레이션]
> "25년 노하우를 담은 전통의 맛, 현대적 감각으로 재해석한 미래의 방식. 자향루에서 새로운 중식 경험을 만나보세요. 5월 15일 그랜드 오픈."

"와, 이거 진짜 좋은데요?" 지수가 감탄했다. "이런 구성이면 촬영하기도 편할 것 같아요."

민재도 고개를 끄덕였다. "이 시나리오대로 찍으면 꽤 그럴싸한 영상이 나올 것 같아요."

왕쉐린은 머쓱한 표정으로 웃었다.

"저... 제가 진짜 카메라 앞에 서야 하나요?"

"네, 사부님이 꼭 필요해요." 준호가 장난스럽게 미소 지었다.

"셰프는 가게의 얼굴이니까요."

만수는 팔짱을 끼고 있다가 말했다. "영상에 나오는 건 왕 사부님만 아니고, 다 나와야 하는 거 아냐?"

준호는 화면을 다시 ChatGPT로 돌리고 타이핑했다.

> 좋은 시나리오입니다. 여기에 '자향루'의 특별한 스토리를 추가하고 싶습니다. 50대 가장과 20대 아들이 함께 창업한 스토리를 감동적으로 담아주세요. 세대를 넘어선 협업의 가치를 보여주는 내용으로요.

ChatGPT가 추가 시나리오를 제공했다.

추가 시나리오: 감동적인 스토리텔링 버전

[씬 1: 과거 회상 느낌의 흑백 필터]
  50대 가장이 사무실에서 퇴직 짐을 정리하는 모습.

[씬 2: 색감 돌아옴]
  아들과 함께 메뉴를 연구하는 장면, 두 사람이 웃으며 이야기를 나눈다.

[씬 3: 몽타주]
  부자가 함께 인테리어를 고르고, 요리를 맛보고, 로고를 디자인하는 장면들이 빠르게 전환.

[씬 4: 주방 장면]
  왕 셰프와 함께 세 사람이 요리하는 모습, 세대를 초월한 팀워크가 돋보인다.

[씬 5: 가게 앞]
  완성된 자향루 간판 앞에 전 팀원이 모여 자랑스럽게 서 있는 모습.

[내레이션(아버지 목소리)]
  "새로운 시작은 쉽지 않았습니다. 하지만 세대를 뛰어넘는 협업을 통해…"

[내레이션(아들 목소리)]
  "우리는 전통의 가치와 새로운 아이디어를 하나로 만들었습니다."

> **[함께 말하는 내레이션]**
> "자향루, 전통의 맛, 미래의 방식으로 여러분을 초대합니다."

준호는 화면에서 눈을 떼고 아버지를 바라봤다.

"이건 어때요? 우리 스토리를 담은 버전이에요."

만수의 표정이 변했다. 그의 얼굴에 미소가 번졌다.

"이거도... 괜찮은데?"

"그렇죠? AI가 만든 시나리오지만 진정성이 느껴지잖아요."

준호가 자신감 있게 말했다.

"근데..." 만수가 머뭇거렸다.

"내가 카메라 앞에 서야 한다고? 난 연기 같은 거 못하는데."

"연기가 아니라 그냥 자연스럽게 하면 돼요. 아버지가 직접 나오는 게 가장 진정성 있게 보일 거예요."

만수는 고개를 가로젓다가 마침내 어깨를 으쓱했다.

"한번 해볼게. 근데 이상하게 나오면 안 써."

"감사합니다, 아버지!" 준호가 활짝 웃었다.

"이렇게 두 개 버전을 다 만들어서 플랫폼별로 맞춰 올릴게요."

며칠 후 오전, 준호와 이민재는 가게에서 홍보 영상을 촬영하기 위해 일찍 모였다. 준호는 삼각대를 설치하고 있었고, 민재는 조명 세팅을 하고 있었다.

"진짜 전문가처럼 준비하네." 만수가 놀란 표정으로 말했다.

민재가 웃으며 대답했다.

"요즘은 스마트폰으로도 완전 프로 수준의 영상을 찍을 수 있어요. 장비보다는 구도와 조명이 더 중요하거든요."

준호는 아버지를 보며 물었다. "아버지, 준비됐어요? 대본 외우셨죠?"

만수는 손에 든 종이를 내려다보았다.

이걸 다 외워야 돼? 그냥 봐도 안 돼?"

"자연스럽게 보이려면 외우는 게 좋아요. 아니면 핵심 포인트만 기억하고 즉흥적으로 말씀하셔도 됩니다."

만수는 불안한 표정으로 옷매무새를 다듬었다. 지수가 고른 네이비 블루 셔츠와 베이지색 바지 차림이었다.

"괜찮아요, 사장님." 왕쉐린이 주방에서 나오며 말했다.

그도 요리사 유니폼을 깔끔하게 차려입고 있었다.

"저도 처음에는 긴장했지만, 준호씨가 잘 이끌어줬어요."

"왕 사부님도 이미 촬영했어요?" 만수가 놀라 물었다.

"네, 어제 저녁에요. 요리하는 장면만 찍었어요." 왕쉐린이 미소지었다.

준호가 카메라를 체크하며 말했다.

"자, 이제 시작해볼게요. 아버지, 저기 메인 테이블에 앉으시면 됩니다."

만수는 카메라 앞에 앉았다. 긴장한 나머지 등이 꼿꼿이 펴져 있었다.

"조금만 더 편하게요. 친구랑 대화하듯이 자연스럽게요."

"쉽게 말하네." 만수가 툴툴거렸다.

"누가 카메라 앞에서 자연스러울 수 있어."

민재가 웃으며 제안했다. "그럼 제가 카메라 뒤에서 질문을 드릴게요. 그냥 대답하시듯이 말씀하시면 됩니다."

촬영이 시작되었다. 처음에는 만수의 말투가 어색했지만, 몇 번의 시도 끝에 점점 자연스러워졌다.

"자향루를 시작하게 된 계기가 무엇인가요?" 이민재가 물었다.

만수는 잠시 생각하더니 진심 어린 목소리로 대답했다.

"30년 회사 생활을 마치고 새로운 도전을 하고 싶었어요. 사실... 처음에는 막막했죠. 하지만 아들 준호가 AI 기술을 활용한 창업 아이디어를 제안했고, 전통과 혁신을 접목한 중식당이라는 콘셉트가 흥미로웠어요."

준호는 카메라 모니터를 보며 미소 지었다. 아버지의 솔직한 이야기가 영상에 진정성을 더하고 있었다.

"자향루만의 특별한 점은 무엇인가요?"

이민재의 다음 질문이 이어졌다.

"우리는 25년 경력의 왕쉐린 셰프와 함께 전통 중식의 깊은 맛을 살리면서도, 현대적인 감각을 더했어요. 특히 자향루의 특제 소스는 왕 셰프의 비법이 담긴 자랑거리죠. 그리고..." 만수가 잠시 망설이다 웃으며 말했다.

"사실 제 아들 덕분에 AI 기술을 활용해서 메뉴도 개발하고 서비스도 개선했어요. 50대 아버지와 20대 아들의 협업이 만들어낸 특별한 공간이죠."

촬영이 계속되는 동안, 준호는 아버지의 자연스러운 모습에 감탄했다. 만수는 예상보다 훨씬 카메라 앞에서 편안해 보였고, 진솔한 이야기가 영상의 퀄리티를 높이고 있었다.

한 시간 정도의 촬영이 끝나고, 모두가 모니터로 영상을 확인했다.

"와, 생각보다 잘 나왔는데?" 만수가 자신의 모습을 보며 말했다.

"아버지, 진짜 잘하셨어요!" 준호가 기쁜 표정으로 말했다.

"이대로 편집하면 정말 좋은 영상이 나올 것 같아요."

만수는 쑥스러운 듯 웃었다. "덕분에... 생각보다 재미있네."

그날 오후, 준호는 편집된 영상의 초안을 팀원들에게 보여주기로 했다. 모두가 가게 안에 모여 노트북 화면을 주시했다.

"제가 아직 최종 편집은 아니지만, 대략적인 구성을 해봤어요."

화면에는 ChatGPT가 제안한 시나리오대로 편집된 30초짜리 홍보 영상이 나타났다. 왕쉐린의 요리 장면과 만수의 인터뷰가 교차되며, 자향루의 인테리어와 메뉴가 매력적으로 소개되었다.

"오, 생각보다 훨씬 프로페셔널하게 나왔네요!" 지수가 감탄했다.

"동영상 편집도 Miricanvas라는 AI의 도움을 받았어요."

준호가 설명했다. "기본 구성은 제가 했지만, 색보정이나 전환 효과는 AI 도구를 활용했습니다."

만수는 화면 속 자신의 모습을 어색하게 바라보았지만, 전체적인 결과물에는 만족하는 표정이었다.

"근데 이거 어디에 올릴 거야?" 만수가 물었다.

"인스타그램, 틱톡, 유튜브에 각각 형식에 맞게 편집해서 올릴 예정이에요. 그리고 지역 카페와 동네 맘카페에도 공유하고요."

"맘카페? 그게 뭐야?"

"주로 동네 엄마들이 모이는 온라인 커뮤니티예요. 지역 맛집 정보가 많이 공유되는 곳이라 홍보 효과가 좋아요."

지수가 덧붙였다. "맞아요. 제 언니도 맘카페 보고 맛집 많이 찾아다녀요. 특히 가족 모임이나 외식할 때 참고한대요."

만수는 고개를 끄덕였다.

"그렇구나... 생각보다 복잡하네, 요즘 마케팅은."

"이제 오픈 전까지 매일 콘텐츠를 올릴 계획이에요." 준호가 말했다. "오늘은 메인 홍보 영상, 내일은 왕 사부님의 요리 과정, 그 다음날은 인테리어 하이라이트... 이런 식으로요."

홍보 전략 회의가 끝나고, 준호와 만수는 가게 앞 벤치에 나란히 앉았다. 해가 지고 있었고, 거리는 퇴근하는 사람들로 분주했다.

"아버지," 준호가 조심스럽게 물었다.

"오늘 촬영할 때 느낌이 어땠어요?"

만수는 생각에 잠겼다가 대답했다.

"처음엔 정말 어색했지. 30년 가까이 회사 다니면서도 그렇게 카메라 앞에 서본 적은 없었거든. 근데 말하다 보니까... 내가 정말 이 일을 하고 있다는 게 실감 나더라."

"어떤 의미에서요?"

"그냥... 퇴직하고 집에만 있을 때는 내가 쓸모없어진 것 같았어. 그런데 오늘 카메라 앞에서 자향루에 대해 이야기하면서 '아, 나는 새로운 일을 시작하고 있구나' 라는 생각이 들었어."

준호는 아버지의 솔직한 마음을 들을 수 있어 기뻤다.

"아버지가 영상에서 진짜 자연스러웠어요. 진심이 느껴졌달까..."

만수는 웃음을 터뜨렸다. "뻥치지 마, 어색해 죽겠더라."

"진짜예요! 사실 저는 아버지가 그렇게 카메라 앞에서 편안해할 줄 몰랐어요."

"그게..." 만수가 말을 이었다.

"사실 내가 회사에서 발표 같은 거 많이 했거든. 사람들 앞에서 말하는 건 익숙해. 카메라만 익숙하지 않았을 뿐이지."

"아..." 준호가 고개를 끄덕였다. "그렇군요. 전 몰랐어요."

"네가 아직 모르는 내 모습이 많을 거야." 만수가 의미심장하게 말했다.

준호는 문득 깨달았다. 그동안 아버지를 단지 완고하고 고루한 '꼰대'로만 여겼지만, 사실 보지 못한 다른 면도 많았던 것이다.

"혹시..." 준호가 조심스럽게 물었다. "다음엔 같이 출연해볼래요? 아버지와 아들이 함께 나오는 영상이면 더 좋을 것 같은데."

만수는 놀란 표정을 지었다. "너? 너도 카메라 앞에 설 거야?"

"저도 도전해볼게요. 아버지가 그렇게 용기를 내셨는데, 저라고 못할 이유가 없잖아요."

만수의 눈이 반짝였다. "그래, 좋지! 우리 부자가 함께 나오면 더 진정성 있어 보일 거야."

준호는 웃으며 고개를 끄덕였다. "내일부터는 오픈 전 마지막 점검들도 해야 해요. 메뉴 가격 확정, 인테리어 마무리, 직원 교육..."

"하나씩 차근차근 하자. 우리가 여기까지 잘 해왔으니, 남은 것도 잘할 수 있을 거야."

두 사람은 자향루의 간판을 올려다봤다. 'COMING SOON' 글자 아래 네이비 블루 바탕에 황금색으로 빛나는 '자향루(滋香樓)' 로고가 저녁 노을에 반짝였다.

"정말 곧 오픈하는 거네요." 준호가 감회에 젖어 말했다.

"그래, 드디어 시작이다." 만수가 깊은 숨을 내쉬었.

"처음에는 그저 퇴직 후 막막한 미래를 잠시 잊으려고 시작한 일인데... 이제는 진짜 내 일이 됐어."

"우리 일이요." 준호가 정정했다.

만수는 미소를 지으며 준호의 어깨를 가볍게 두드렸다.

"그래, 우리 일이지."

그 순간, 준호의 휴대폰이 울렸다. 민재의 메시지였다.

"방금 편집 완료된 영상을 SNS에 올렸어요! 벌써 좋아요가 20개 넘게 달렸네요!"

준호는 메시지를 아버지에게 보여줬다. "우리 홍보가 이미 시작됐어요."

만수는 놀라면서도 기뻐하는 표정이었다. "벌써? 어떻게 이렇게 빨리?"

"디지털 세상은 빠르니까요." 준호가 웃었.

"이제 정말 돌아올 수 없는 강을 건넜네요."

"그래도 괜찮아. 함께니까." 만수가 장난스럽게 미소 지었다. "네가 알려준 AI 친구들도 있고."

준호는 웃음을 터뜨렸다. 아버지가 AI를 친구라고 부르는 것이 아직도 신선했다.

"자, 내일은 오프라인 홍보를 위해 내 인맥을 총동원할 차례야." 만수가 결의에 찬 목소리로 말했다. "우리 동창회 단체 채팅방에 소식 전하고, 옛 직장 동료들도 초대하고... 오픈 날에는 문전성시를 만들어 줄게."

"기대할게요, 아버지."

두 사람은 나란히 선 채, 자향루의 간판을 바라보며 앞으로의 여정을 생각했다. 처음에는 서로 너무 다른 생각과 방식으로 충돌했지만, 이제는 각자의 강점을 인정하고 조화를 이루기 시작했다. 전통과 혁신, 경험과 기술, 아날로그와 디지털이 만나 시너지를 내는 순간이었다.

오픈 3일 전, 자향루의 분위기는 한층 더 긴박해졌다. 준호가 만든 홍보 콘텐츠는 소셜미디어에서 예상보다 더 큰 반응을 얻고 있었고, 만수의 오프라인 네트워킹도 성과를 내고 있었다.

"준호야, 좋은 소식이 있어!" 만수가 가게로 들어서며 외쳤다.

그의 표정은 자랑스러움으로 가득했다.

"무슨 일이에요?" 준호가 노트북에서 고개를 들었다.

"동창회 단체 채팅방에 우리 가게 소식 올렸더니, 오픈일에 20명이 단체 예약하겠다고 했어. 그리고 내 옛 직장 부서에서도 환송회 겸 10명이 온대."

"와, 대박이네요!" 준호가 감탄했다.

"첫날부터 30명이면 엄청난 거예요."

만수는 자랑스러운 표정으로 덧붙였다.

"그리고 지역 자영업자 모임 회장이 블로그에 우리 가게를 소개해준대. 그 블로그가 지역에서는 꽤 영향력이 있거든."

"아버지 인맥이 대단하네요. 저도 좋은 소식이 있어요."

준호는 노트북 화면을 아버지에게 보여주었다. 인스타그램에 올린 홍보 영상의 조회수가 3,000회를 넘어가고 있었다.

"오, 이게 다 우리 영상 본 사람들이야?"

"네! 그리고 틱톡에 올린 왕 사부님 요리 과정 영상은 만 명이 넘게 봐서 바이럴 효과가 나고 있어요."

"바이럴?"

"입소문이 퍼지는 거요. 사람들이 서로 공유하고 있어요."

만수는 고개를 끄덕였다.

"역시 우리 팀이 잘하고 있네. 너의 온라인과 내 오프라인 전략이 딱 맞아 떨어지고 있어."

준호는 웃으며 말했다.

"이제 오픈 전 프리 이벤트도 준비해야 해요. 인플루언서들을 초대할 명단은 만들어 놨고, 내일 초대장을 보낼 거예요."

"초대장은 뭘로 보내게?"

"디지털 초대장이요. Miricanvas AI로 만들었어요."

준호는 태블릿으로 디자인된 초대장을 보여주었다. '자향루 프리 오프닝 초대장'이라는 제목 아래 세련된 디자인의 카드가 있었다.

"오, 이거 그럴듯하게 만들었네."

"AI의 도움을 받았어요. 그리고 아버지가 초대하실 분들을 위한 종이 초대장도 만들었어요."

<자향루 오픈 초대장 – 미리캔버스>

준호는 책상 서랍에서 인쇄된 초대장을 꺼내 보여주었다. 디지털 버전과

동일한 디자인이었지만, 고급스러운 종이에 인쇄되어 있었다.

"이건 정성이 느껴지네." 만수가 감탄했다. "아날로그의 매력이 있어."

"그죠? 저도 디지털만이 답은 아니라고 생각해요. 때로는 이렇게 종이에 인쇄된 초대장이 더 특별하게 느껴질 수 있으니까요."

만수는 아들의 말에 놀랐다. 준호가 이런 전통적인 방식의 가치를 인정하는 것이 새로웠다.

"우리가 서로에게 배우고 있는 것 같네." 만수가 감회에 젖어 말했다.

"네, 저도 그렇게 느껴요. 아버지의 경험에서 배울 점이 많더라고요."

두 사람은 잠시 미소를 교환했다. 그때 왕쉐린이 주방에서 나왔다.

"두 분, 새로운 메뉴 맛보러 오세요. 오픈 스페셜로 준비했어요."

만수와 준호는 주방으로 향했다. 왕쉐린이 준비한 요리는 트러플 오일을 곁들인 소고기 볶음밥이었다.

"이거 새로 개발한 메뉴인가요?" 준호가 물었다.

"네, ChatGPT가 추천한 레시피에 제 노하우를 더했어요."

왕쉐린이 자랑스럽게 대답했다.

만수는 한 입 맛보고 감탄했다.

"와, 이거 정말 맛있네! 기존 볶음밥하고는 차원이 다른데?"

"트러플 오일의 풍미가 소고기의 깊은 맛과 어우러져서 그래요."

왕쉐린이 설명했다.

"처음에는 AI 추천을 의심했는데, 시도해보니 좋은 조합이더라고요."

준호는 이 순간을 놓치지 않고 휴대폰으로 사진을 찍었다.

"이거 SNS에 올리면 반응 좋을 것 같아요. '곧 공개될 자향루의 시크릿 메뉴' 이런 식으로요."

"좋은 생각이야." 만수가 동의했다.

"호기심을 자극하는 거지."

준호는 인스타그램에 사진을 올리고 아버지에게 보여주었다.

"이렇게 올라갔어요. 보통은 좋아요나 댓글이 조금씩 생기는데... 어? 벌써 좋아요가 50개 넘게 달렸네요! "

만수는 놀라 화면을 들여다봤다. "이렇게 빨리 반응이 오는 거야? "

"네, 그동안 꾸준히 콘텐츠를 올려서 팔로워가 생겼거든요. 벌써 500명이 넘어요."

만수는 감탄의 눈빛으로 아들을 바라봤다.

"네가 이런 걸 잘하는구나. 솔직히 처음에는 SNS가 그냥 시간 낭비라고 생각했는데..."

"많은 어른들이 그렇게 생각하세요." 준호가 웃었.

"근데 이제는 필수적인 비즈니스 도구가 됐어요."

왕쉐린도 준호의 말에 동의했다.

"중국에서도 지금은 소셜미디어 마케팅이 정말 중요해요. 옛날에 제 식당이 망한 이유 중 하나도 이런 트렌드를 따라가지 못했기 때문이에요."

만수는 생각에 잠겼다가 말했다.

"그럼 이제 우리는 양쪽 다 준비가 됐네. 오프라인 네트워크도 있고, 온라인 마케팅도 하고..."

"맞아요. 균형이 중요한 거죠." 준호가 고개를 끄덕였다.

AI직원 사용설명서 | 디자인담당

06. Miricanvas

Miricanvas는 국내에서 개발된 온라인 그래픽 디자인 툴로, 웹 기반으로 누구나 쉽게 디자인을 만들 수 있도록 돕는 서비스입니다. 직관적인 인터페이스를 제공하여 디자인 초보자도 프레젠테이션, 소셜 미디어 콘텐츠, 인포그래픽, 배너, 명함 등 다양한 디자인물을 손쉽게 제작할 수 있습니다.

• 주요 기능

미리캔버스로 다양한 디자인을 쉽게 만들 수 있어요.

한국형 템플릿
국내 디자인 트렌드와 사용 목적에 맞춘 다양한 한국형 템플릿을 제공

무료 디자인 소스
수많은 무료 이미지, 아이콘, 일러스트, 배경 등을 검색하고 활용 가능

AI 디자인 기능
AI를 활용한 자동 디자인 추천과 배경 제거 등의 편리한 기능

영상 제작 기능
움직이는 GIF나 간단한 동영상 콘텐츠를 제작 가능

한국형 인포그래픽
데이터를 시각화하는 다양한 차트와 인포그래픽 요소 제작 가능

쉬운 편집 기능
마우스로 끌어다 놓는 방식의 간편한 편집 도구

한글 폰트 다양성
다양한 한글 전용 폰트와 글꼴 효과로 감각적인 텍스트 디자인이 가능

다양한 크기 변환
하나의 디자인을 다양한 소셜 미디어 규격에 맞게 자동으로 변환

팀 협업 도구
여러 사람이 함께 작업하고 디자인을 공유할 수 있는 협업 기능

· 가입 방법

1. 공식 웹사이트 방문 : https://www.miricanvas.com에 접속

2 회원가입 진행 : 오른쪽 상단의 "회원가입" 버튼을 클릭

3. 가입 방법 선택

- 이메일, Google, Discord 계정 중 원하는 방법으로 가입

4. 필요한 정보 입력

- 이메일, 비밀번호 등 필요한 정보를 입력하고 이용약관에 동의

5. 이메일 인증 (이메일 가입 시)

- 이메일로 받은 인증 링크를 클릭하여 계정 인증을 완료

6. 무료 사용 시작

- 기본으로 무료 플랜으로 시작할 수 있으며, 유료로 업그레이드 가능

플랜	가격	주요 특징
Free	무료	기본 템플릿, 제한된 요소, 브랜드 워터마크 포함, 기본 저장 공간
Pro	월 13,400원	워터마크 제거, 모든 템플릿 접근, 프리미엄 요소, 더 많은 저장 공간
Edu	월 14,900원	프리미엄 기능, 팀 협업 도구, 공유 폴더, 브랜드 키트, 관리자도구
기업	문의 필요	맞춤형 브랜딩, SSO 로그인, 전용 지원, VIP 서비스, 대규모 팀 지원

*가격과 주요특징은 관련 회사 사정에 따라 변경될 수 있습니다.

· 사용 방법

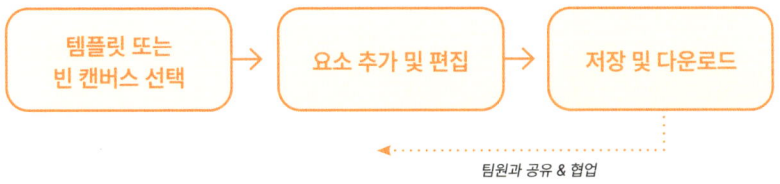

왼쪽 사이드바의 요소들을 캔버스로 드래그하여 쉽게 디자인을 만들 수 있어요!

© 2025 ChatGPT AI직원 사용설명서 | OpenAI의 공식 문서를 기반으로 작성되었습니다.

· 기본 사용법

1. 미리캔버스 웹사이트에 로그인합니다.
2. "디자인 시작하기" 버튼을 클릭하고 원하는 디자인 유형 (SNS, 프레젠테이션, 인포그래픽 등)을 선택합니다.
3. 마음에 드는 템플릿을 선택 또는 빈 캔버스에서 시작할 수 있습니다.
4. 왼쪽 메뉴에서 텍스트, 이미지, 도형, 일러스트, 배경 등 다양한 요소를 선택하여 추가합니다.
5. 원하는 요소를 드래그하여 위치를 조정하고, 크기 조절, 회전, 색상 변경 등이 가능합니다.
6. 작업이 완료되면 오른쪽 상단의 "저장" 버튼을 클릭
7. "다운로드" 버튼을 클릭하여 JPG, PNG, PDF 등 원하는 형식으로 보낼 수 있습니다.

· 디자인 팁

1. 글꼴 조합 활용하기
· 제목용 굵은 글꼴과 본문용 가독성 좋은 글꼴을 함께 사용하세요.

2. 색상 조화 고려하기
· 색상 팔레트를 활용하여 조화로운 색상 조합을 선택하세요.

3. 여백 활용하기
· 모든 공간을 채우기보다 여백을 두어 시각적으로 편안한 디자인을 만드세요.

4. 정렬 기능 사용하기
· 요소들을 깔끔하게 정렬하면 전문적인 느낌의 디자인이 완성됩니다.

5. 이미지 마스킹 기능
· 도형 안에 이미지를 넣는 마스킹 기능으로 독특한 디자인 효과를 만들 수 있습니다.

6. 한국형 콘텐츠 활용
· 한국 문화와 트렌드에 맞는 일러스트와 아이콘을 활용하세요.

· 장점과 한계

장점
- 한국어 최적화 콘텐츠 제공
- 직관적인 인터페이스
- 다양한 한글 폰트와 템플릿
- 국내 플랫폼에 최적화된 크기
- 합리적인 가격의 구독 플랜

한계
- 해외 서비스에 비해 일부 고급 기능 제한적
- 무료 버전의 경우 워터마크 포함
- 고해상도 작업 시 속도 저하 발생
- 고급 그래픽 편집 기능은 제한적
- 일부 기능은 프리미엄만 이용 가능

· 특별한 Tip!

1. 내 브랜드 저장
- 자주 사용하는 로고, 색상, 폰트를 저장해 일관된 디자인을 유지

2. 팀 폴더 활용
- 팀 구독 시 공유 폴더를 활용해 팀원들과 효율적인 디자인 관리

3. GIF 애니메이션
- 정적인 디자인에 움직임을 추가하여 GIF로 내보내기

4. 모바일 앱 활용
- 모바일 앱을 사용하면 언제 어디서나 디자인 확인과 수정 가능

5. 배경 제거 기능
- 이미지 배경 제거 기능으로 더 전문적인 디자인

6. 템플릿 저장
- 자주 사용하는 디자인은 템플릿으로 저장해 재사용 가능

© 2025 ChatGPT AI직원 사용설명서 | OpenAI의 공식 문서를 기반으로 작성되었습니다.

각자의 강점을 인정하고 조화를 이루기 시작했다.
전통과 혁신, 경험과 기술, 아날로그와 디지털이
만나 시너지를 내는 순간이었다.

제 9장

프리 오프닝 이벤트

정식 오픈 이틀 전, 자향루는 프리 오프닝 이벤트를 위해 분주했다. 테이블마다 작은 꽃장식이 놓였고, 종업원들은 유니폼을 입고 마지막 서비스 리허설을 하고 있었다.

"긴장되네요." 준호가 마지막 점검 체크리스트를 확인하며 말했다.

"나도 마찬가지야." 만수가 인정했다.

"하지만 우리가 할 수 있는 건 다 했어. 이제 손님들의 반응을 보면 되는 거지."

왕사부가 준호에게 소식을 전했다.

"내 지인 20분께 보낸 초대장 중에서 15분이 참석하겠다고 의사를 보내줬어."

"좋았어요!" 준호가 기뻐했다. "그리고 아버지가 초대한 분들은요?"

만수가 자랑스럽게 말했다.

"내 지인들 30명은 다 온다고 했어. 거기다 지역 자영업자 모임 회장님과 동네 유지 몇 분도 오시기로 했고."

"와, 대박이네요." 준호가 감탄했다.

"저도 오늘 인플루언서 몇 분을 초대했어요. 오늘 저녁이 정말 중요해요. 이 분들의 첫인상과 음식에 대한 피드백이 무척 중요할 거에요."

오후 4시, 왕쉐린은 말했다.

"주방은 모든 준비가 끝났습니다. 오늘 저녁 메뉴 8가지를 시식용으로 제공할 준비가 됐어요."

만수가 긴장한 표정으로 물었다. "다들 준비는 됐지? 특히 서빙하는 친구들?"

민재가 자신감 있게 대답했다. "네, 어제 리허설도 했고, 메뉴 설명이나 응대 방법도 다 숙지했습니다."

"AI 메뉴 추천 시스템도 테스트 완료했어요." 준호가 태블릿을 들어 보이며 말했다. "손님들이 선호하는 음식 스타일을 선택하면 맞춤형 메뉴를 추천해주는 기능이에요."

만수는 고개를 끄덕였다. "이런 기술적인 요소가 우리 가게의 차별점이 될 수 있겠구나."

"맞아요. 전통적인 맛에 현대적인 서비스를 더하는 거죠."

시간이 흘러 저녁 6시, 프리 오프닝 이벤트가 시작되었다. 초대받은 손님들이 하나둘 도착하기 시작했고, 곧 가게는 활기찬 대화와 웃음소리로 가득 찼다.

만수는 입구에서 손님들을 맞이하며 일일이 인사를 나눴다. 그의 오랜 친구들과 전 직장 동료들은 만수의 새로운 도전을 응원하러 왔다.

"야, 만수야, 정말 근사한 가게네!" 오랜 친구 철호가 감탄했.

"명퇴하고 이런 멋진 일을 시작할 줄이야."

"고마워. 사실 아들 덕분이야." 만수가 웃으며 대답했다.

다른 쪽에서는 준호가 왕쉐린 주방장의 지인들과 인플루언서분들을 안내하고 있었다. 그들은 음식이 나올 때마다 열심히 사진을 찍고 영상을 만들었다.

"이 소스는 특별한 비법이 있는 건가요?" 한 인플루언서가 질문했다.

"네, 우리 왕 셰프님의 25년 노하우와 AI 분석을 결합한 특제 소스예요." 준호가 자신감 있게 대답했다.

"AI를 요리에 활용한다고요? 그건 정말 독특한데요!"

인플루언서가 흥미로워하며 메모했다.

손님들 사이를 돌아다니며, 만수와 준호는 서로 다른 스타일로 응대하고 있었다. 만수는 따뜻하고 친근하게 대화를 나누며 오랜 인연을 활용했고, 준호는 전문적이고 세련된 방식으로 음식과 콘셉트를 설명했다. 두 사람의 다른 접근 방식이 오히려 완벽한 조화를 이루고 있었다.

"저 봐." 만수가 준호에게 귓속말로 말했.

"네 설명을 듣고 있는 젊은 손님들이 너무 집중해서 듣고 있어. 네가 정말 잘하고 있어."

"아버지도요." 준호가 미소 지었다.

"아버지 테이블은 웃음소리가 끊이질 않네요."

테이블마다 음식이 나가고, 반응은 대체로 긍정적이었다. 특히 ChatGPT와 왕쉐린의 협업으로 탄생한 트러플 소고기 볶음밥과 유자 칠리 새우는 큰 인기를 끌었다.

"이 볶음밥 정말 대박이에요!" 한 인플루언서가 소리쳤다.

"트러플 향이 너무 좋아요."

"유자 칠리 새우도 정말 특별해요. 새콤달콤한 맛이 중식당에서는 흔치 않거든요."

준호는 살짝 주방으로 들어가 왕쉐린에게 상황을 알렸다.

"사부님, 트러플 볶음밥과 유자 칠리 새우가 대박이에요! 다들 맛있다고 해요."

왕쉐린은 쑥스러운 미소를 지었다. "AI가 제안한 레시피가 꽤 괜찮더라고요. 제가 약간 조정만 했을 뿐이에요."

"이게 바로 우리 가게의 강점이죠. 전통의 맛과 미래의 방식이 만나는 지점이에요!"

행사가 절정에 달했을 때, 준호는 만수에게 윙크를 보냈다. 미리 계획한 대로, 두 사람은 함께 가게 중앙으로 나가 소개 인사를 시작했다.
"안녕하세요, 여러분." 만수가 먼저 말했다. "오늘 저희 자향루의 프리 오프닝에 와주셔서 정말 감사합니다. 저는 자향루의 대표 김만수입니다."
"저는 자향루의 마케팅 및 디지털 전략을 담당하는 김준호입니다."
준호가 이어 말했다.
"저희 아버지와 함께 이 가게를 오픈하게 되어 매우 기쁩니다."
만수가 진심 어린 목소리로 계속했다.
"자향루는 제가 30년 직장 생활을 마치고 시작한 새로운 도전입니다. 처음에는 두렵고 막막했지만, 제 아들 준호와 함께 하면서 용기를 얻었습니다."
준호가 미소 지으며 덧붙였다. "저희는 '전통의 맛, 미래의 방식'이라는 슬로건 아래, 왕쉐린 셰프님의 전통 요리 기술과 AI 기술을 접목해 새로운 경험을 제공하고자 합니다."
두 사람의 소개에 손님들은 박수를 보냈다. 많은 사람들이 세대를 뛰어넘는 부자의 협업 스토리에 감동한 듯했다.
"저희 가게는 내일부터 정식 오픈합니다." 만수가 말했다. "여러분의 소중한 피드백을 바탕으로 더 발전해 나가겠습니다. 오늘 와주셔서 진심으로 감사드립니다."
프리 이벤트가 성공적으로 마무리되며, 손님들은 하나둘 떠나기 시작했다. 대부분은 가게에 다시 올 것을 약속했고, 인플루언서들은 이미 자신의

SNS에 자향루 사진과 영상을 올리기 시작했다.

"아버지, 오늘 정말 잘 됐어요." 준호가 기쁜 표정으로 말했다.

"그래, 생각보다 훨씬 좋았어." 만수도 기뻐했다.

"특히 음식 반응이 좋았던 게 가장 중요하지."

모든 손님들이 돌아가고 정식 오픈 전날 밤, 자향루 팀은 마지막 총괄 점검을 위해 모였다. 만수, 준호, 왕쉐린, 지수, 민재가 둘러앉은 가운데, 만수가 회의를 시작했다.

"내일이 드디어 정식 오픈이네요. 모두 고생 많았습니다. 오늘은 최종 점검을 하고 각자 맡은 역할을 확인하려고 해요."

준호가 태블릿으로 체크리스트를 열었다.

"시스템 점검부터 할게요. POS 시스템은 완벽하게 작동 중이고, 메뉴 페이지도 문제없이 접속됩니다."

만수는 지난 며칠간 열심히 POS 시스템을 연습했다. 이제는 자신감이 생겼다.

"내가 주문 입력은 담당할게. 민재는 홀 서빙과 안내를 맡아줘."

민재가 고개를 끄덕였다.

"네, 알겠습니다. 테이블 배치도 외웠고, 손님 응대 매뉴얼도 숙지했습니다."

왕쉐린이 주방 준비 상황을 보고했다.

"주방은 모든 준비 완료했습니다. 재료 모두 신선하게 준비됐고, 주요 메뉴는 미리 준비해두었습니다."

지수는 마케팅 상황을 설명했다.

"SNS 예약 상황 확인했는데, 내일 점심과 저녁 모두 예약이 80% 찼어요. 지역 인플루언서 세 명도 방문 예정이고요."

만수는 어깨가 긴장으로 굳는 것을 느꼈다.

"그렇게 많이...?"

준호가 아버지의 긴장을 눈치채고 격려했다.

"걱정 마세요, 아버지. 우리 시스템이 이제 완벽하게 작동하고 있잖아요. 게다가 왕 사부님의 요리 실력은 이미 검증됐고요."

만수는 마른 침을 삼켰다.

"그래, 네 말이 맞아. 다들 열심히 준비했으니까 잘될 거야."

지수가 중간에 끼어들었다.

"그리고 혹시 문제가 생겨도 우리가 다 함께 해결할 수 있어요. 팀워크가 중요한 거죠."

만수는 팀원들을 둘러보며 미소 지었다. 이제 그들은 단순한 직원들이 아니라 함께 도전하는 동료가 되어 있었다.

"그럼 만약에 시스템이 다운되면 어떻게 할까요?"

준호가 비상 시나리오를 물었다.

"비상용 수기 주문서를 준비해뒀어," 만수가 대답했다.

"이제는 종이에 적는 것도 문제 없어. 그동안 POS 시스템을 써보니, 수기로 할 때도 더 체계적으로 할 수 있겠더라고."

준호는 아버지의 대답에 놀랐다. 시스템이 다운되는 상황에서도 침착하게 대응하려는 준비가 되어 있었다.

"아버지, 정말 많이 성장하셨어요."

만수는 웃음을 터뜨렸다.

"뭐, 나이 들수록 배우는 게 힘들다고 하지만, 마음만 열면 가능하더라고."
왕쉐린도 드물게 미소를 지었다.

"중국 속담에 '백 번 넘어져도 백 한 번 일어나라'는 말이 있습니다. 우리 모두 그런 자세로 임하면 잘될 겁니다."

회의는 계속되어 각 시간대별 인력 배치, 예상 고객 응대 시나리오, 불만 처리 방법 등을 세세하게 검토했다. 준호는 고객 데이터 수집을 위한 간단한 시스템도 준비했다.

"내일모레부터 고객 데이터를 체계적으로 수집할 거예요. 이름, 연락처, 선호 메뉴 같은 기본 정보를 Notion 프로그램에 저장하고, 나중에 ChatGPT로 분석해서 맞춤형 마케팅에 활용할 계획이에요."

만수는 의아한 표정으로 물었다. "개인정보 문제는 없어?"

"물론 동의를 받을 거예요. 태블릿에 간단한 동의 절차를 넣어뒀어요."

만수는 감탄했다.

"네가 정말 모든 걸 다 생각하는구나."

준호는 쑥스러운 듯 웃었다.

"사실 이것도 ChatGPT에게 자문을 구한 거예요. '레스토랑 고객 데이터 수집 시 고려해야 할 법적, 윤리적 사항'이라고 물어봤거든요."

민재가 감탄했다.

"준호 형, 정말 AI 활용을 잘하시는 것 같아요. 저도 배우고 싶어요."

"그래, 나중에 가르쳐줄게. 사실 그렇게 어렵지 않아."

회의는 밤 12시까지 계속됐다.

마지막으로 만수가 모두를 둘러보며 말했다.

"다들 정말 고생 많았어요. 내일은 오늘 피드백 받은 내용들을 기초로 다시 한 번 점검하는 시간을 갖도록 하겠습니다. 내일은 오전 9시까지 출근해주시면 될 것 같습니다. "

모두가 자리에서 일어나 퇴근 준비를 했다. 준호는 잠시 남아 노트북과 태블릿을 정리했다. 만수도 마지막 점검을 위해 남았다.

"준호야."

"네, 아버지? "

"이번 일로… 내가 많이 배웠어."

준호는 아버지를 바라봤다. "저도요. 아버지한테 많이 배웠어요."

"내가 뭘 가르쳐줬다고 그래. 너한테 배운 게 훨씬 많지."

준호는 고개를 저었다.

"아니에요. 아버지는 사람들과 소통하는 방법, 위기 상황에서 침착하게 대처하는 법, 끝까지 포기하지 않는 자세… 이런 것들을 가르쳐주셨어요."

만수는 감동한 표정으로 아들을 바라봤다.

"우리가 서로에게 배우는 거네…"

"네, 우리 가게의 정체성이기도 하죠. '전통의 맛, 미래의 방식' 이잖아요."

만수는 고개를 끄덕였다.

"그래, 맞아. 우리 슬로건이 우리 관계를 잘 담고 있네."

두 사람은 잠시 침묵 속에 서로를 바라봤다. 그 침묵 속에서 무언가 깊은 이해가 오갔다.

"자, 그럼 내일 만나자. 오늘 푹 쉬어."

"네, 아버지도요."

이제 그들은 단순한 직원들이 아니라
함께 도전하는 동료가 되어 있었다.

제 10장

공식 개업

오전 6시, 김만수가 매장에 도착했다. 오늘은 자향루의 공식 오픈일이었다. 엊그제 시범 운영을 끝내고, 드디어 실전이었다. 여전히 어두운 바깥과 달리 매장 안은 이미 불이 환하게 켜져 있었다.

"사부님, 일찍 오셨네요."

만수는 주방으로 들어가며 인사했다. 그는 왕쉐린이 육수에 집착하는 모습을 보고 미소 지었다.

"맛 좀 보세요. 어떤지?"

만수는 국자를 받아 한 모금 마셨다.

"음… 어제보다 낫네요. 깊이가 생겼어요."

"그래요? 나는 아직도 부족한 것 같은데…"

"사부님, 너무 완벽주의 하지 마세요. 손님들은 이미 시범 운영 때 반응이 좋았잖아요."

왕쉐린은 고개를 절레절레 흔들었다.

"시범 때는 가족, 친구들이었잖아요. 오늘은 진짜 손님들이시고요. 첫인상이 제일 중요하잖아요."

만수는 왕쉐린의 어깨를 두드리고 매장 내부로 나왔다. 테이블과 의자는 이미 정돈되어 있었고, 새로 설치한 키오스크와 POS 시스템은 아직 전원이 꺼진 채였다.

"뭐해, 이 시간에?"

만수는 문득 구석 테이블에 앉아 있는 아들을 발견했다. 준호는 노트북에 몰두해 있었다.

"어, 아버지. 일찍 오셨네요."

"넌 집에 안 갔어?"

"네... 솔직히 너무 불안해서 잠이 안 오더라고요. 그래서 시스템 마지막 점검하고 있었어요."

만수는 준호 옆자리에 앉았다. "걱정 마. 문제가 생기면 해결하면 돼. 완벽한 오픈은 없어."

"시스템은 다 됐어?"

준호는 고개를 끄덕였다. "네, 태블릿 주문 앱이랑 POS 시스템 연동 테스트까지 다 끝났어요. 주방 프린터도 잘 작동하고요."

"다행이네. 나 좀 나갔다 올게."

만수는 일어나 밖으로 나갔다. 아침 공기를 마시며 심호흡을 했다.

'왜이렇게 떨리지? 그래 오늘은 중요한 날이니까. 긴장하지 말자! '

오전 9시, 자향루의 직원들이 모두 모였다. 준호와 만수, 왕쉐린과 현수 외에도 홀 매니저 민재와 아르바이트생 한 명이 있었다. 모두 새 유니폼을 입고 분주히 오픈 준비를 하고 있었다.

"다들 모여봐." 만수가 직원들을 불렀다.

"오늘은 우리 자향루의 첫 날이야. 처음이라 긴장될 수도 있지만, 우리가 준비한 모든 것을 보여줄 시간이야."

그는 각 직원을 바라보며 말을 이었다.

"민재와 아르바이트생 한 명은 홀 관리 및 서빙에 집중해 주고. 현수는 주방에서 사부님 보조. 준호는 키오스크와 주문 시스템 관리. 나는 전체 흐름을 보면서 필요한 곳에 투입될게."

모두 고개를 끄덕였다.

"질문 있어? " 만수가 물었다.

"손님이 너무 많이 오면 어떡해요?" 아르바이트생 중 한 명이 물었다.

"그건 좋은 일이지." 만수가 웃으며 말했다.

"만약 정말 그렇게 되면 내가 서빙도 도울 거야. 원래 장사는 바쁠수록 좋은 거야."

준호가 손을 들었다.

"온라인 예약은 지금까지 23팀이에요. 점심 타임에 10팀, 저녁에 13팀. 워크인 손님까지 고려하면 좀 바쁠 것 같아요."

"시간대별로 잘 분산되어 있나?" 만수가 물었다.

"네, 30분 단위로 예약 시스템을 설정해서 한꺼번에 몰리는 일은 없을 거예요."

만수는 고개를 끄덕였다. "좋아, 다들 파이팅하자!"

이 때 지수가 다가왔다. 지수는 오늘 SNS에 올린 영상 촬영을 위해 매장에 나왔다.

"사장님, 오픈 전에 SNS에 라이브 방송 시작할게요. 어제 얘기했던 대로 짧게 인사만 해주시면 돼요."

"아, 그래. 준비됐어."

만수는 넥타이를 바로잡고 머리를 정돈했다.

"고마워, 지수씨."

지수는 태블릿을 들고 인스타그램 라이브를 시작했다.

"안녕하세요, 여러분! 오늘은 드디어 자향루의 공식 오픈 날이에요. 사장님께서 인사 한 말씀 해주시겠습니다."

만수는 카메라를 향해 미소 지었다.

"안녕하세요, 자향루 오너 김만수입니다. 드디어 오늘 공식 오픈하게 되어 정말 기쁩니다. 전통의 맛과 미래의 방식을 모토로, 진심을 담은 중식을 선보이려고 합니다. 많이 찾아주세요."

지수는 카메라를 돌려 매장 내부를 보여주었다.

"여기가 저희 자향루의 내부입니다. 보시는 것처럼 전통적인 요소와 현대적인 감각이 조화된 공간이에요. 특히 주문은 이 태블릿으로 직접 하실 수 있고, AI가 추천 메뉴도 제안해드려요."

그녀는 태블릿을 가리키며 설명했다.

"이 AI 시스템은 저희 IT 담당 준호 님이 직접 개발하셨어요. 준호 님, 인사 한마디 해주세요."

카메라가 준호에게로 넘어갔고, 그는 잠시 당황했다.

"아, 안녕하세요... 자향루의 IT를 담당하고 있는 김준호입니다. 저희 주문 시스템은 손님의 취향을 분석해서 맞춤형 메뉴를 추천해드리니 많은 이용 부탁드립니다."

지수는 주방으로 이동했다.

"그리고 이쪽은 저희의 핵심, 주방입니다! 25년 경력의 왕쉐린 사부님께서 진두지휘하고 계십니다. 사부님, 한 말씀 부탁드려요."

왕쉐린은 잠시 카메라를 바라보다 짧게 말했다.

"맛있는 음식 준비했으니 많이 오세요."

지수는 웃으며 다시 앞쪽으로 돌아왔다.

"오늘 오픈 기념으로 첫 50분 손님께는 특별 서비스도 준비되어 있으니 많이 찾아주세요! 자향루, 오늘 11시부터 영업 시작합니다!"

라이브 방송을 마친 지수는 만족스러운 표정으로 만수에게 다가왔다.

"벌써 50명이 넘게 보고 있었어요. 온라인 마케팅이 효과 있을 것 같아요."

만수는 고개를 끄덕였다.

"고맙다, 지수씨. 덕분에 든든하네."

오전 10시 50분, 자향루 앞에는 이미 손님들이 줄을 서기 시작했다. 온라인 홍보와 시범 운영 때의 입소문 효과였다.

"손님들이 벌써 저렇게 많아요!" 만수가 놀라며 준호에게 말했다.

준호는 태블릿을 확인하며 웃었다.

"온라인 예약자들이 일찍 온 것 같아요. 그리고 우리 오픈 소식을 본 워크인 손님들도 있고요."

만수는 긴장된 표정으로 매장 안을 둘러봤다. 모든 것이 완벽해 보였다. 테이블은 정돈되어 있고, 주방에서는 이미 맛있는 향이 풍겨 나왔다.

"준비됐어?" 만수가 준호에게 물었다.

"네, 다 됐어요."

"그럼... 문 열자!"

정확히 11시, 만수가 웃는 얼굴로 문을 열었다.

"어서 오세요, 자향루에 오신 것을 환영합니다!"

첫 손님들이 들어오기 시작했다. 20대부터 60대까지 다양한 연령층의 고객들이었다. 지수와 아르바이트생들은 손님들을 테이블로 안내했고, 준호는 키오스크 옆에서 주문 시스템 사용법을 설명했다.

"이 태블릿으로 직접 주문하실 수 있습니다. 메뉴를 선택하시면 AI가 추천 조합도 알려드려요."

젊은 손님들은 키오스크와 태블릿 주문 시스템에 쉽게 적응했지만, 연세가 있는 손님들은 약간 어려워했다.

"이거 어떻게 하는 거예요?"

60대로 보이는 여성이 키오스크 앞에서 당황했다.

준호가 다가가 친절하게 설명했다.

"이렇게 화면을 터치하시면 돼요. 메뉴를 고르시고 수량을 선택하신 다음, 여기 '주문하기' 버튼을 누르시면 됩니다."

손님은 여전히 어려워하는 표정이었다.

"그냥 종업원에게 말로 주문하면 안 되나요?"

만수가 재빨리 다가왔다.

"물론 가능합니다! 제가 직접 주문 받을게요. 어떤 메뉴 드시겠어요?"

만수는 손님의 주문을 태블릿에 입력하며 미소 지었다.

"저희가 새로운 시스템을 도입했지만, 편하신 방법으로 주문하셔도 됩니다."

손님은 안도의 표정을 지었다.

"요즘은 다 이런 기계로 하니까 늙은이는 적응하기 힘들어요."

"전혀요! 손님의 편의가 가장 중요합니다."

만수는 손님을 자리로 안내하고 준호에게 돌아왔다.

"연세 있으신 분들은 우리가 직접 주문 받자. 시스템을 강요할 필요는 없어."

준호는 고개를 끄덕였다. "맞아요. 사용자 경험을 고려하지 못했네요."

만수는 준호의 어깨를 두드렸다. "괜찮아. 이런 것도 다 경험이야."

첫 주문이 주방으로 전송되었다. 주방 프린터에서 주문서가 출력되자 왕쉐린이 신속하게 요리를 시작했다.

"첫 주문, 자향루 특제 짜장면 1, 유자 칠리 새우 1!"

주방은 활기찬 에너지로 가득 찼다.

정오가 되자 매장은 완전히 만석이 되었다. 온라인 예약과 워크인 손님들로 자향루는 북적였다.

"생각보다 훨씬 손님이 많네요!" 지수가 만수에게 말했다.

"그러게. 이 동네가 중식당이 부족했나 봐."

만수는 홀을 둘러보며 뿌듯해했다. 손님들은 대체로 만족스러운 표정이었고, 음식에 대한 칭찬도 들려왔다.

"이 짜장면 맛이 정말 깊네요."

"유자 칠리 새우는 처음 먹어보는데, 독특하고 맛있어요!"

준호는 주문 시스템을 모니터링하며 분주히 움직였다. 시스템은 완벽하게 작동하고 있었다. 태블릿으로 주문한 내용이 실시간으로 POS에 반영되고, 주방으로 전달되었다.

"시스템이 정말 잘 돌아가고 있어요." 준호가 만수에게 말했.

"AI 추천 시스템도 효과가 있는 것 같아요. 손님들 중 30%가 AI 추천 메뉴를 선택했어요."

만수는 만족스럽게 고개를 끄덕였다.

"네 아이디어가 맞았어. 기술도 중요하지만, 결국 맛이 좋아야 한다는 내 생각도 틀리지 않았고."

두 사람은 서로를 바라보며 웃었다. 긴장감 속에서도 성공의 기쁨을 느끼고 있었다.

주문이 계속 밀려들어왔지만, 자향루의 시스템은 효율적으로 운영되고 있었다. 특히 AI 기반 태블릿 메뉴는 음식의 사진과 설명, 그리고 추천 조합을 보여주어 손님들의 주문을 도왔다.

"제가 탕수육 시키면 시스템이 흑임자 두부 판나코타를 추천하네요. 왜 그런 거죠?" 한 손님이 궁금해했다.

"저희 AI가 메뉴 간의 조화를 분석해서 추천해 드리는 거예요."

준호가 설명했다.

"매운 탕수육 뒤에 부드러운 디저트가 입맛을 정리하는 데 좋거든요."

"와, 그런 것까지 생각하다니 대단하네요!"

준호는 뿌듯한 표정을 지었다. ChatGPT와 함께 개발한 메뉴 추천 알고리즘이 효과를 보고 있었다.

오후 1시. 점심 피크타임이 한창일 때였다. 자향루의 모든 직원은 정신없이 바빴다.

"주문 밀려요! 특제 짜장면 3, 탕수육 대자 1, 해물짬뽕 2!"

주방에서 왕쉐린의 외침이 들렸다.

"네, 사부님!" 현수가 응답하며 재료를 준비했다.

만수는 홀을 오가며 손님들의 만족도를 확인했다. 대부분의 손님들은 음식과 서비스에 만족하는 듯했다.

"사장님, 음식이 정말 맛있네요." 한 손님이 만수를 불러세웠다.

"감사합니다."

"이런 현대적인 중식당이 동네에 생겨서 좋네요. 자주 올게요."

만수는 감사의 인사를 전하고 주방으로 향했다.

"사부님, 손님들 반응이 아주 좋아요."

왕쉐린은 바쁘게 움직이며 고개를 끄덕였다.

"다행이에요. 하지만 아직 완벽하지는 않아요. 짬뽕 육수가 조금 더 깊었으면 좋겠어."

"사부님이라 그렇게 느끼는 거죠. 손님들은 이미 만족하고 계세요."

왕쉐린은 웃음을 참으며 요리에 집중했다.

준호는 계산대에서 결제를 돕고 있었다. POS 시스템은 원활하게 작동하고 있었고, 카드 결제와 현금 결제 모두 순조롭게 처리되었다.

"정말 시스템이 잘 돌아가네요." 준호가 지수에게 말했다.

"맞아. 준호 니가 고생한 보람이 있네."

갑자기 매장 내 조명이 깜빡였다.

"어? 이게 뭐지?" 준호가 의아해했다.

"그냥 순간적인 현상 아닐까?" 지수가 말했다.

하지만 몇 초 후, 조명이 다시 한번 깜빡이더니 POS 시스템의 화면이 갑자기 검게 변했다.

"어? 이게 왜 이러지?" 준호가 당황하며 화면을 두드렸다.

그때 주방에서 왕쉐린의 외침이 들렸다.

"프린터가 멈췄어! 주문이 안 나와!"

준호는 재빨리 주방으로 달려갔다. 주방 프린터가 멈춰 있었다. 그는 서버룸으로 달려가 메인 시스템을 확인했다. 모든 시스템이 다운된 상태였다.

"아~~" 준호가 머리를 쥐어잡으며 당황해 했다.

그는 급히 매장으로 돌아와 만수에게 상황을 알렸다.

"아버지, 큰일 났어요. 전기 문제인지 전체 시스템이 다운됐어요. 키오스크, POS, 주방 프린터 다 멈췄어요."

만수의 표정이 굳었다.

"복구하는 데 얼마나 걸려?"

"원인을 알아봐야 해요. 최소 30분은 걸릴 것 같아요."

"30분이라고? 지금 주문이 밀리고 있는데!"

만수의 목소리가 높아졌다. 손님들이 쳐다보기 시작했다.

"죄송해요, 제가 최대한 빨리 해결해볼게요."

준호는 진땀을 흘리며 다시 서버룸으로 향했다. 그는 태블릿을 꺼내 전기 회로를 확인했다. 서지 보호기가 과부하로 차단된 것 같았다.

한편, 매장에서는 혼란이 시작되었다.

"주문했는데 언제 나오나요?"

"계산은 어떻게 하죠?"

"태블릿이 안 되는데요?"

손님들의 질문이 쏟아졌다. 직원들은 당황한 표정으로 서로를 바라봤다.

만수는 깊은 숨을 들이마셨다. '자~ 진정하자.'라고 생각했다.

"민재랑 아르바이트생 모여봐."

직원들이 만수 주위로 모였다.

"시스템이 일시적으로 다운됐어. 준호가 해결하는 동안 우리는 아날로그 방식으로 전환할 거야."

만수는 민재에게 종이와 펜을 건넸다.

"민재는 펜과 종이로 주문을 받아. 테이블 번호와 메뉴, 수량을 명확하게 적어서 직접 주방에 전달해. 아르바이트생들은 평소처럼 서빙에 집중해. 계산은 내가 수기로 할게."

"네, 사장님."

만수는 홀 중앙으로 나가 손님들에게 큰 소리로 말했다.

"죄송합니다, 고객 여러분. 일시적인 전기 문제로 시스템이 다운되었습니다. 기술팀이 복구 중이니 조금만 기다려주세요. 그동안 저희는 전통 방식으로 서비스를 계속하겠습니다."

그는 진정성 있는 목소리로 계속했다.

"불편을 드려 정말 죄송합니다. 기다리시는 모든 분들께 서비스로 군만두를 제공해드리겠습니다. 양해 부탁드립니다."

손님들의 표정이 조금 누그러졌다. 일부는 오히려 흥미로운 듯 지켜보고 있었다.

"옛날 방식으로 하는 걸 보는 것도 재밌네요." 한 젊은 손님이 말했다.

만수는 며칠전 준비해 둔 수기 영수증 패드를 꺼냈다.

"민재가 주문부터 받아봐."

민재는 재빨리 테이블을 돌며 주문을 받기 시작했다. 그는 각 테이블의 주문을 종이에 적어 직접 주방으로 가져갔다.

"사부님, 시스템이 다운됐어요. 앞으로는 이렇게 수기로 주문서를 가져올게요."

왕쉐린은 고개를 끄덕였다.

"괜찮아. 예전에는 다 이렇게 했잖아."

그는 주문서를 받아 신속하게 요리를 시작했다. 그의 숙련된 솜씨는 변함이 없었다.

만수는 계산대에서 손님들의 계산을 도왔다. 그는 각 메뉴의 가격을 외우고 있었기 때문에 수기로도 정확하게 계산할 수 있었다.

"총 4만 5천 원입니다. 카드 결제는 이 단말기로 가능합니다."

다행히 카드 단말기는 별도 회선으로 연결되어 있어 작동했다.

준호는 서버룸에서 땀을 흘리며 문제 해결에 집중했다. 전기 과부하로 인한 문제였다. 그는 태블릿으로 전기 회로도를 확인하며 해결책을 찾고 있었다.

"이런, POS와 주방 프린터가 같은 회로에 연결되어 있었네."

그는 회로 차단기를 재설정하고 시스템을 다시 부팅했다. 하지만 시스템이 완전히 복구되기까지는 시간이 필요했다.

"빨리 빨리..."

그때 서버룸 문이 열리고 만수가 들어왔다.

"상황이 어때?"

"회로 과부하 문제였어요. 지금 재부팅 중인데 조금 시간이 걸릴 것 같아요."

만수는 고개를 끄덕였다.

"괜찮아. 홀에서는 우리가 잘 대응하고 있어. 너무 스트레스 받지 마."

"죄송해요, 아버지. 이럴 줄 알았으면 UPS를 설치했어야 했는데..."

"우리 모두 경험이 부족했어. 다음에는 더 잘 준비하면 돼."

만수의 차분한 태도에 준호는 놀랐다. 평소 같으면 화를 냈을 텐데.

"홀 상황은 어때요?"

"생각보다 괜찮아. 손님들이 이해해주시고, 군만두 서비스도 좋은 반응이야. 민재가 수기로 주문 받고, 사부님도 예전처럼 익숙하게 일하고 계셔."

준호는 잠시 생각에 잠겼다.

"아버지, 저 좀 도와주실래요? 이 케이블을 분리해서 다른 콘센트에 연결해야 할 것 같아요."

"그래, 알려줘."

두 사람은 함께 시스템 복구에 착수했다. 만수는 준호의 지시에 따라 케이블을 옮기고 연결했다.

"이제 다시 시도해볼게요."

준호가 메인 서버의 전원 버튼을 눌렀다. 화면이 켜지며 시스템이 부팅되기 시작했다.

"됐다!" 준호가 외쳤다.

만수는 미소를 지었다. "그렇지? 우리가 함께 하면 뭐든 해결할 수 있어."

준호도 웃었다. "네, 정말 그런 것 같아요."

"시스템이 완전히 복구될 때까지 좀 더 수기로 진행하자. 너무 서두르지 말고."

준호는 고개를 끄덕였다.

"네, 아버지."

오후 2시 30분, 시스템이 완전히 복구되었다. 런치 타임이 거의 끝나갈 무렵이었다.

"시스템이 정상화됐습니다." 준호가 직원들에게 알렸.

"이제 다시 태블릿 주문과 POS가 작동해요."

직원들은 안도의 한숨을 내쉬었다. 약 한 시간 반 동안의 수작업 운영은 피곤했지만, 팀워크 덕분에 큰 혼란 없이 넘어갔다.

"수고 많았어, 여러분." 만수가 직원들에게 말했다.

"오늘 첫날부터 위기 상황을 경험했지만, 모두가 훌륭하게 대처했어."

그는 특히 민재를 향해 미소 지었다.

"민재야, 수기 주문 처리 정말 잘했어. 테이블을 효율적으로 관리했어."

"감사합니다, 사장님. 다행히 전에 다른 식당에서 일한 경험이 있어서요."

만수는 주방으로 향했다.

"사부님, 정말 대단하셨어요. 시스템 없이도 완벽하게 요리 타이밍을 맞추셨어요."

왕쉐린은 웃으며 말했다.

"저는 원래 이런 식으로 일했어요. 종이 주문서가 더 편하다니까."

마지막으로 만수는 준호에게 다가갔다.

"준호야, 넌 정말 침착하게 문제를 해결했어. 시스템 복구를 잘 했어요."

준호는 쑥스러운 표정으로 고개를 끄덕였다.

"시스템에 문제가 생겨서 죄송해요."

"아니야, 네 잘못이 아니야. 어떤 시스템도 완벽할 순 없어. 중요한 건 문제가 생겼을 때 어떻게 대처하느냐야."

만수는 잠시 생각하더니 말을 이었다.

"사실... 이번 일로 깨달은 게 있어."

"뭔데요?"

"기술은 좋은 도구지만, 결국 기본이 중요하다는 거야. 우리가 전통적인 방식을 기억하고 있었기에 위기 상황에서도 대응할 수 있었어. 기술에만 의존했다면 완전히 마비됐을 거야."

준호는 고개를 끄덕였다.

"맞아요. 저도 그걸 배웠어요. 백업 계획이 항상 필요하다는 거요."

"그래, 그리고 가장 중요한 건 팀워크야. 우리 모두가 함께 협력했기 때문에 이 상황을 잘 넘길 수 있었어."

두 사람은 서로를 바라보며 웃었다.

저녁 식사 시간 전, 직원들은 잠시 휴식을 취하고 있었다. 만수는 모두를 모아 짧은 미팅을 열었다.

"오늘 점심 서비스에서 배운 걸 정리해보자. 첫째, 시스템 안정성을 위해 UPS 설치가 필요해. 준호, 이건 네가 담당해줄래?"

"네, 아버지. 내일 바로 주문해서 설치할게요."

"둘째, 수기 주문 체계도 항상 준비해두자. 비상상황에 대비해서 모든 직원이 수기 주문 방식을 숙지해야 해."

직원들이 고개를 끄덕였다.

"셋째, 회로 분리 작업이 필요해. 주요 시스템은 별도 회로로 분리해서 한쪽에 문제가 생겨도 다른 쪽이 작동하도록 해야 해."

"제가 전기기사를 알아볼게요." 준호가 말했다.

"좋아. 마지막으로, 오늘 일을 기록해두자. 우리가 겪은 문제와 해결 방법을 문서화해서 나중에 참고할 수 있게."

민재가 손을 들었다.

"제가 정리해볼게요. 그리고 추가로 제안이 있는데, 오늘 위기 대응 과정을 SNS에 올려도 좋을 것 같아요. '첫날부터 위기를 극복한 자향루 이야기'로요. 사람들이 우리의 진정성에 공감할 거예요."

만수는 잠시 생각하더니 고개를 끄덕였다.

"좋은 생각이야. 우리가 완벽하진 않지만 최선을 다한다는 모습을 보여주는 게 좋겠지."

"네, 그리고 AI 시스템과 전통적인 서비스의 조화를 강조하면 좋을 것 같아요. '기술과 전통의 조화'가 우리 콘셉트잖아요."

준호가 말했다.

만수는 창밖을 바라봤다. 저녁이 다가오고 있었고, 곧 다시 손님들이 찾아올 것이다.

"자, 다들 조금 더 쉬다가 저녁 서비스 준비하자. 이번에는 더 잘 할 수 있을 거야."

직원들이 각자의 자리로 돌아간 후, 만수는 준호에게 다가갔다.

"저녁 때는 시스템이 안정적으로 돌아갈 것 같아?"

"네, 추가로 점검했고 문제 없을 거예요. 그래도 만약을 위해 수기 주문서도 준비해뒀어요."

만수는 미소 지었다.

"그래, 이제 배웠으니까. 항상 대비하는 게 좋지."

"아버지, 솔직히 말하면 저는 좀 놀랐어요. 아버지가 그렇게 침착하게 대응할 줄 몰랐거든요."

"그래? 왜?"

"예전에는... 뭔가 문제가 생기면 항상 화부터 내셨잖아요."

만수는 한숨을 쉬었다.

"그랬지. 나도 내 모습이 많이 바뀌었다는 걸 느껴. 전에는 완벽함을 추구하느라 작은 문제에도 화를 냈어. 하지만 이제는 알아. 문제는 항상 생길 수 있고, 중요한 건 그걸 어떻게 해결하느냐는 거야."

"그 변화가 정말 좋아요, "

"고맙다. 사실 네가 많이 도와줬어. 네가 없었으면 오늘 시스템 복구는 불가능했을 거야."

준호의 얼굴에 미소가 번졌다. "아버지와 함께 일하길 잘했네요."
"그래, 나도 그렇게 생각해."

저녁 시간이 시작되었다. 자향루는 다시 손님들로 붐볐다. 이번에는 시스템이 안정적으로 작동했고, 서비스도 훨씬 매끄럽게 진행되었다.
"저녁 타임이 훨씬 수월하네요." 지수가 말했다.
"그래, 오후의 경험이 도움이 됐어." 만수가 대답했다.
준호는 태블릿으로 주문 데이터를 확인하고 있었다.
"저녁 메뉴 추천 패턴이 점심이랑 좀 달라요. 저녁엔 더 고급 메뉴를 선호하는 것 같아요."
"그렇구나. 그런 데이터가 쌓이면 메뉴 개발에도 도움이 되겠네."
왕쉐린은 주방에서 여전히 활기차게 움직이고 있었다. 그의 손놀림은 빨랐지만 정확했다. 요리는 하나하나 예술 작품처럼 완성되어 나갔다.

밤 10시, 마지막 손님이 떠나고 자향루의 첫 영업일이 마무리되었다.
"드디어 끝났네요." 지수가 의자에 몸을 기대며 말했다.
모든 직원이 지쳤지만, 성공적인 첫날을 마친 기쁨에 얼굴에는 미소가 가득했다.
"오늘 매출이 어떻게 됐어?" 만수가 준호에게 물었다.
준호는 POS 시스템을 확인했다.
"총 375만 원이요. 예상보다 훨씬 많네요."
"와, 진짜? 첫날치고는 대박이네!" 만수는 기쁨을 감추지 못했다.
"손님 수는 약 120명이었어요. 온라인 예약이 60%, 워크인이 40%에요."

"메뉴별 인기도는 어때?"

"자향루 특제 짜장면이 1위, 유자 칠리 새우가 2위, 트러플 소고기볶음밥이 3위였어요."

왕쉐린이 다가와 물었다. "김치 군만두 크림 리조또는 어땠어? 그건 내가 처음 도전하는 퓨전 메뉴였는데."

"4위였어요, 사부님! 생각보다 인기 있었어요."

왕쉐린은 뿌듯한 표정을 지었다. "준호가 제안한 아이디어가 맞았네."

준호는 쑥스러운 듯 웃었다.

"사부님의 요리 솜씨가 좋으셔서 그래요."

만수는 테이블 위에 소주와 안주를 놓았다.

"자, 오늘 수고 많았어. 다 같이 한잔하자."

직원들이 모두 테이블에 둘러앉았다. 만수는 소주를 따라 돌렸다.

"첫날부터 위기도 있었지만, 우리 모두 잘 해냈어. 자향루의 성공적인 출발을 위해, 건배!"

모두가 잔을 들어 건배했다.

"사장님, 한 말씀 해주세요." 지수가 말했다.

만수는 잠시 생각하더니 입을 열었다.

"솔직히 말하면, 내가 이 나이에 새로운 사업을 시작할 줄은 몰랐어. 평생 회사에만 있다가 갑자기 퇴직하고 나니 막막했지. 하지만 준호 덕분에 AI를 배우게 됐고, 사부님과 민재, 현수, 그리고 모든 직원들 덕분에 오늘 이렇게 첫날을 무사히 마칠 수 있었어."

그는 준호를 바라봤다.

"특히 너한테 고맙다, 아들. 네가 없었으면 시작도 못 했을 거야."

준호는 감동한 표정으로 고개를 숙였다.

"저도 감사해요. 아버지의 경험과 리더십이 있었기에 오늘 위기를 잘 넘길 수 있었어요."

왕쉐린이 입을 열었다.

"나도 한마디 하자면, 요리는 전통과 혁신이 모두 필요해. 오늘 내가 배운 건, 내 경험만으로는 부족하다는 거야. 준호와 AI의 아이디어로 내 요리가 더 발전했어."

민재도 말을 이었다.

"저는 오늘 진짜 팀워크가 무엇인지 배웠어요. 다양한 세대와 경험을 가진 사람들이 모여 각자의 강점을 살리니 어떤 위기도 극복할 수 있더라고요."

만수는 미소 지으며 다시 잔을 들었다.

"그럼 한 번 더 건배하자. 자향루의 미래를 위해!"

"자향루!"

모두가 함께 외치며 잔을 부딪혔다.

밤늦게까지 이야기를 나누며, 자향루의 첫날은 그렇게 마무리되었다. 시행착오와 위기도 있었지만, 그 과정에서 더 단단해진 팀워크와 깨달음이 있었다.

만수는 마지막으로 가게 불을 끄며 생각했다.

'기술도 중요하지만, 결국 기본이 더 중요하다.'

준호도 고개를 끄덕이며 같은 생각을 했다.

제 11장

입소문과 성장

"어머, 여기봐! 인스타그램에 자향루 사진 올렸더니 하루 만에 좋아요가 100개나 넘었어! "

토요일 오후, 자향루는 개업 한 달 만에 손님들로 가득 찼다.

민재는 주문을 받다 말고 20대 초반으로 보이는 여성 손님의 외침에 고개를 돌렸다. 손님은 친구들에게 자신의 핸드폰 화면을 흔들어 보이며 신이 나 있었다.

"저 사진 언제 찍은 거야? 우리 어제 와서 먹은 건데."

"어젯밤에 올렸지! 유자칠리새우랑 김치군만두크림리조또 사진. 이 가게 음식이 진짜 인스타그램 감성에 최적화 됐더라. 색감이 너무 예쁘잖아."

"맞아! 맞아! , 그런데 맛도 진짜 좋더라. 벌써 맛집으로 소문나는 중인 거 같던데? "

민재는 웃음을 참으며 주방으로 들어갔다.

"사부님, 또 인플루언서가 왔어요. 저쪽 4번 테이블이요."

왕쉐린은 쟁반에 특제 짜장면을 올리며 고개를 들었다.

"요즘 인플루언서들이 진짜 많이 오는 것 같아."

"효과가 있는 거 같아요. 저한테도 인스타 DM으로 '그곳 어디냐'고 물어보는 친구들이 많아졌거든요."

준호가 주방 문을 열고 들어왔다. 검은 앞치마 위에 태블릿을 들고 있었다.

"민재 씨, 지금 예약 현황이 어떻게 돼요? "

"저녁 6시부터 8시까지는 완전 꽉 찼어요. 9시까지도 반 정도 차 있고요."

"이런, 점점 더 바빠지네요." 준호가 태블릿을 내려놓았다.

"아, 그리고 좋은 소식이요. 어제 저희 트러플소고기볶음밥 사진이 지역 맘카페 올라가더니 벌써 공유가 200개 넘었어요."

왕쉐린은 묵묵히 다음 주문을 준비하면서도 얼굴에 미소가 번졌다.

"사장님 어디 계시나요?"

왕쉐린이 물었다.

"아버지는 사무실에서 인터뷰 준비하고 계세요. 월요일에 신문사에서 온대요."

"신문 인터뷰? 대단한데."

"네, '지역 상권에 새 바람 일으키는 신개념 중식당'이라는 주제로요. AI를 활용한 식당 경영에 관심이 많으신가 봐요."

민재가 주방으로 다시 뛰어들어왔다.

"사부님, 저기 7번 테이블이 랍스터 누들 두 개 추가 주문이요!"

"알았어, 곧 나갈 거야."

준호는 왕쉐린의 요리하는 모습을 잠시 바라보다가 사무실로 발걸음을 옮겼다. 좁은 공간에 아버지가 앉아 노트북을 뚫어져라 보고 있었다.

"아버지, 뭐하세요?"

"어, 월요일 인터뷰 질문 예상하고 있어. 내가 이런 거 처음이라 떨려서."

노트북 화면에는 만수가 ChatGPT에 입력한 프롬프트가 보였다.

> 지역 신문사에서 'AI를 활용한 신개념 중식당'이라는 주제로 인터뷰하려고 합니다. 나는 55세 명예퇴직자로 25세 아들과 함께 중식당을 창업했고, AI 도구를 활용해 메뉴 개발, 마케팅, 고객 서비스 등을 혁신적으로 운영하고 있습니다. 인터뷰에서 나올 법한 질문 10가지와 그에 대한 모범 답변을 작성해 주세요.

ChatGPT의 답변이 길게 이어져 있었다.

"아버지, 저녁 서비스 들어가기 전에 같이 연습해볼래요?"

준호가 의자를 끌어다 아버지 옆에 앉았다.

만수는 안경을 벗고 눈을 비볐다.

"그래, 고맙다. 사실 좀 긴장되네. 내가 카메라 앞에서 말을 잘 못해서..."

"아니에요, 아버지는 사람들과 대화하는 게 원래 잘하시잖아요. 그냥 평소처럼 하시면 돼요."

"그럼... 난 어떻게 대답하는 게 좋을까?"

"진솔하게요. 두려움도 있었고, 실패할까 걱정도 했지만, 그래도 도전했다고. 아버지다운 말투로요."

"아버지다운 말투? 그게 뭐지?"

"뭐랄까... 약간 투박하고 솔직한? 억지로 세련되게 말하려고 하지 말고, 그냥 아버지 스타일대로 말하는 거요."

만수는 고개를 끄덕였다.

"알았어. 네 말대로 해볼게."

"대신 답변은 미리 준비하는 게 좋을 것 같아요. 약간의 각본은 필요하니까. 우선 아버지 말투로 답변 다시 작성해 볼까요?"

준호는 Claude를 열었다. 이번에는 ChatGPT가 제안한 답변보다 더 자연스러운 답변을 얻고 싶었다.

> 55세 퇴직자가 AI를 활용한 중식당을 창업한 인터뷰 답변을 작성해주세요. 단, 매우 자연스럽고 진솔한 한국 중년 남성의 말투로, 약간 투박하지만 따뜻한 느낌이 들도록 작성해주세요. 실제 대화처럼 조금 어색한 부분도 있어도 됩니다. 질문은 "퇴직 후 중식당 창업을 결심한 특별한 계기가 있었나요?" 입니다.

잠시 후 Claude의 답변이 화면에 나타났다.

> ※ **Claude 답변**
>
> "글쎄요, 특별한 계기라기보다는... (잠시 웃음) 솔직히 말하면 처음엔 좀 막막했어요. 25년 넘게 한 회사만 다니다가 갑자기 퇴직하게 되니까 '이제 뭐하지?' 싶더라고요. 처음엔 그냥 집에서 쉬면서 낚시나 다니려고 했는데, 하루도 안 지나 미치겠더라고요. (웃음)
>
> 우리 아들놈이 AI니 뭐니 하는 거 보면서 '저게 뭔가' 싶었는데, 어느 날 보니까 그게 요즘 세상 흐름이더라고요. 늙은이라고 박제된 게 아니잖아요? 그래서 도전해봐야겠다 싶었죠.
>
> 실은 중식당은 제가 맛있게 만들 줄 아는 요리가 짜장면이랑 탕수육밖에 없어서... (웃음) 근데 어릴 때부터 요리하는 거 좋아했거든요. 아내가 '니가 무슨 요식업이냐' 했는데, 인생 한 번 뿐이잖아요. 죽기 전에 한번 해보자 그런 마음이었어요.
>
> AI는 처음엔 아들이 알려줬는데, 배워보니까 재밌더라고요. 이 나이에도 새로운 걸 배우는 맛이 있어요. 처음엔 두려웠죠, 솔직히. 근데 한번 시작하니까 오히려 즐겁더라고요. 젊은 사람들만 하는 거라 생각했는데, 늙은이도 할 수 있더라고요. (씩 웃음)"

만수는 화면을 보고 웃음을 터뜨렸다.

"이거 나 같다. 정말 이렇게 말할 것 같아."

"그렇죠? 이렇게 자연스럽게 말하면 돼요. 기술적인 용어 안 써도 되고, 그냥 아버지가 경험한 걸 솔직하게 말하면 되는 거예요."

만수는 고개를 끄덕였다.

"고마워. 근데 사실...난 별로 찍고 싶지는 않는데"

"카메라 말씀하시는 거예요? 사진 촬영도 한다고 들었어요."

"어. 난 사진 찍으면 항상 이상하게 나오거든. 목이 짧아 보이고..."

준호는 키득거렸다.

"아버지, 그건 걱정하지 마세요. 지금 사부님이 만드신 랍스터 누들이 더 중요해요. 저녁 서비스 시작하기 전에 맛보러 가볼까요?"

만수는 답하는 대신 의자에서 일어났다.

"그래, 가자. 오늘 저녁도 전투를 준비해야지."

"자향루 운영진 여러분, 인스타그램 팔로워 2천 명을 달성했습니다!"

월요일 아침, 영업 준비를 위한 미팅 중에 민재가 흥분한 목소리로 외쳤다. 테이블에 둘러앉은 만수, 준호, 왕쉐린이 동시에 그를 바라봤다.

"2천 명이라고?" 만수가 믿기지 않는다는 듯 물었.

"그게 많은 거야?"

"당연하죠! 로컬 식당으론 엄청난 거예요."

민재가 고개를 끄덕였다.

"게다가 개업한 지 한 달 밖에 안 됐잖아요. 인스타그램이나 틱톡에서 인기 많은 식당들도 보통 3~6개월은 걸리는데."

"어떻게 이렇게 빨리 늘었지?" 준호가 궁금해했다.

민재는 자랑스럽게 태블릿을 들어올렸다.

"제가 매일 밤 콘텐츠 전략을 분석했거든요. 가장 반응 좋은 시간대에 업로드하고, SOC(최적화) 작업하고... 근데 무엇보다 음식 자체가 너무 포토제닉해요."

"뭐가 제일 인기 있었어?" 만수가 물었다.

"특제 짜장면이요. 그리고 유자칠리새우가 그 다음이에요. 특히 유자칠리새우는 먹방 유튜버들이 꼭 주문하는 메뉴가 됐어요."

왕쉐린이 무표정한 얼굴로 고개를 끄덕였다.

"좋은 재료가 좋은 사진을 만든다."

"아, 그리고 이것 좀 보세요."

민재가 태블릿을 돌려 다른 화면을 보여줬다.

"네이버 검색에서 '자향루'가 지역 맛집 키워드로 상위권에 올라왔어요. 리뷰 평점도 4.8점이고요."

"오, 대단한데?" 만수의 표정이 밝아졌다.

준호가 자리에서 일어나 달력을 가리켰다.

"그리고 오늘 오후 3시에 지역 신문사 인터뷰 있는 거 잊지 마세요. 그리고 내일은 그 푸드 블로거 10명이 단체로 온다고 했죠?"

"다들 정말 열심히 해주는구나. 너무 좋다"

만수가 감격한 목소리로 말했다.

"아직 방심하긴 이르죠." 왕쉐린이 냉정하게 끼어들었다.

"개업 특수일 수도 있어요. 6개월은 지나야 안정적이라고 할 수 있어요."

"맞아요, 사부님." 준호가 동의했다.

"하지만 지금 추세라면 충분히 긍정적이에요. 무엇보다 입소문이 계속 퍼지고 있어요."

만수는 주머니에서 스마트폰을 꺼내 알림을 확인했다.

"어, 맘카페에 또 누가 글 올렸네. '남편이 자향루 짜장면 먹고 싶대서 줄 서서 먹었는데 기다린 보람 있었어요'... 대박, 이거 좋아요가 327개야."

"가장 기본 메뉴인 짜장면도 인기 있는 거 보면 확실히 맛은 인정받는 거네요." 민재가 미소 지었다.

민재가 시계를 보며 일어섰다. "곧 11시네요. 오픈 준비할게요."

모두가 각자의 자리로 흩어졌지만, 만수는 주저하다가 준호를 불렀다.

"준호야, 잠깐만."

"네, 아버지."

"오늘 인터뷰... 긴장되네."

준호는 미소 지었다.

"걱정 마세요. 어제 연습 많이 했잖아요. 그냥 평소처럼 하시면 돼요."

"질문 중에 네 얘기가 나올 수도 있을 것 같은데..."

"그럼요. 당연히 나올 거예요. 아버지랑 제가 함께 창업한 게 가장 흥미로운 포인트니까요."

만수는 조심스럽게 물었다.

"그럼... 네 과거 얘기도 해도 될까? 아니면 피해야 할까?"

준호는 잠시 침묵했다. 그의 사회 불안과 고립에 대한 이야기, 집에만 틀어박혀 있었던 시간들... 민감한 주제였다.

"솔직하게 말씀하세요." 준호가 결심한 듯 말했다.

"제가 사회 적응에 어려움을 겪었고, 이 사업을 통해 조금씩 변화하고 있다고요. 너무 세부적인 얘기는 안 해도 되지만, 숨길 필요는 없어요."

만수는 아들의 어깨를 가볍게 두드렸다.

"고맙다. 나도 자랑스럽게 얘기할게."

오후 3시, 지역 신문사 '신화일보'의 기자 윤성필이 자향루를 찾았다. 영업 준비 시간이라 손님은 없었고, 특별히 마련된 코너 테이블에 만수와 준호가 앉아 있었다. 왕쉐린은 특별 메뉴 시식 준비로 주방에서 분주했다.

"안녕하세요, 김만수 대표님."

성필이 정중하게 인사했다. "오늘 인터뷰 기회 주셔서 감사합니다."

"아닙니다, 이런 작은 가게에 관심 가져주셔서 오히려 제가 감사하죠."

만수가 악수를 건넸다.

"작은 가게라뇨, 요즘 인천 구월동에서 가장 핫한 맛집이라고 들었습니다." 성필이 웃으며 장비를 꺼냈다. "먼저 사진 몇 장 찍고 시작할게요."

만수는 어색하게 자세를 잡았다.

준호가 대화에 끼어들었다.

"혹시 어제 보내드린 자료는 잘 받으셨나요?"

"네, 잘 봤습니다. AI 활용 사례가 정말 흥미롭더군요. 사실 이런 최신 기술을 식당 운영에 이렇게 다양하게 활용하는 사례는 처음 봐서요."

성필은 만수와 준호를 촬영한 후, 준호에게도 질문했다.

"준호 님은 IT 전문가이신가요?"

"아니요, 독학으로 배웠습니다. 프리랜서 디자이너로 일하면서 AI 도구들을 활용해 왔어요."

성필은 녹음기를 테이블 위에 올려놓았다.

"그럼 본격적으로 인터뷰 시작할게요. 편하게 대답해주시면 됩니다."

만수는 깊게 숨을 들이마셨다.

준호가 조용히 아버지의 손을 잡아주었다.

"김만수 대표님, 퇴직 후 중식당 창업을 결심한 특별한 계기가 있으셨나요?"

만수는 잠시 준호를 바라본 후 시선을 기자에게 돌렸다.

"특별한 계기라기보다는... 솔직히 말하면 처음엔 많이 막막했어요. 30년 가까이 회사 다니다가 갑자기 퇴직하고 나니 '이제 뭐하지?' 싶더라고요."

만수의 목소리가 점점 안정감을 찾아갔다.

"처음엔 그냥 집에서 쉬면서 취미생활이나 할까 했는데, 그러다 준호가 AI 니 뭐니 하는 거 보면서 '저게 뭔가' 싶었는데, 알고 보니 그게 요즘 세상 흐름이더라고요."

"아드님과 함께 창업을 결심하신 건가요?"

"네, 사실 제 아들은..." 만수가 잠시 망설였.

"사회 적응에 어려움을 겪었어요. 외부 활동을 거의 안 하고 집에만 있었거든요. 그런데 AI 프로그램은 정말 잘 다루더라고요. 그래서 '우리가 서로 도우면 어떨까' 그런 생각이 들었죠."

"흥미롭네요. 서로 다른 세대가 협업하는 과정이 쉽지만은 않았을 것 같은데요?"

만수가 소리 내어 웃었다.

"처음엔 정말 많이 싸웠어요. 가게 이름부터 메뉴, 인테리어까지 모든 걸 두고 의견이 달랐으니까요. 제가 '청룡반점' 같은 전통적인 이름을 원했는데, 아들은 그런 거 절대 안 된다고..."

만수는 웃으면서 준호를 바라봤다.

"그런데 AI의 도움을 받아서 절충점을 찾았어요. 자향루라는 이름도 ChatGPT가 추천해준 거였죠."

"AI가 이름까지 지어준다니 놀랍네요. 식당 운영에서 AI를 어떻게 활용하고 계신가요?"

"거의 모든 부분에서 활용하고 있어요. 메뉴 개발에 ChatGPT와 Claude를 사용했고, 로고와 인테리어 디자인에는 Midjourney와 DALL·E를 활용했어요. 마케팅 전략은 Perplexity로 시장 조사를 하고, SNS 콘텐츠와 홍보 브로쉐는 Canva로 영상은 Miricanvas로 만들었...”

준호가 살짝 끼어들었다.

“아버지가 요즘은 이 모든 도구를 직접 사용하실 줄 알아요. 처음에는 컴퓨터 켜는 것도 어려워하셨는데, 이제는 혼자서 SNS 마케팅 전략까지 세우세요.”

성필은 흥미로운 눈빛으로 노트북을 들여다봤다.

“전통 중식당과 첨단 기술의 결합... 매우 독특한 조합인데요. 이런 혁신이 실제 비즈니스에 어떤 영향을 줬나요?”

만수가 자신감 있게 대답했다.

“비용 절감이 가장 큰 장점이었어요. 보통 식당 창업하면 디자인 회사에 로고나 메뉴판 맡기는데 몇백만 원씩 들거든요. 저희는 AI로 직접 만들어서 10분의 1 비용으로 해결했어요. 그리고 마케팅도 비슷해요. 인스타그램 같은 플랫폼에서 요즘 젊은 사람들이 어떤 콘텐츠를 좋아하는지 AI가 분석해주고, 거기에 맞는 이미지도 만들어주니까 별도 마케팅 업체 고용할 필요가 없었죠.”

“손님들의 반응은 어떤가요?”

“처음엔 AI가 어떻게 활용됐는지 모르고 그냥 맛있다고만 하셨어요. 그런데 저희가 운영 방식을 공개하기 시작하니까 더 관심을 갖더라고요. 특히 중장년층 손님들이 '어떻게 하면 나도 AI를 배울 수 있냐'고 많이 물어보세요.”

“그럼 마지막으로, 앞으로의 계획은 어떻게 되시나요?”

만수는 준호를 바라봤다. 준호가 대답했다.

"일단 자향루가 안정적으로 자리 잡는 게 첫 번째 목표예요. 그리고... 나중에는 저희의 경험을 바탕으로 다른 자영업자들에게도 AI컨설팅을 해드리고 싶어요. 많은 분들이 디지털 전환에 어려움을 겪고 계시거든요."

만수가 고개를 끄덕였다.

"맞아요. 나 같은 50대도 할 수 있다면, 누구나 할 수 있거든요. 기술이 사람을 대체하는 게 아니라, 사람의 가능성을 넓혀주는 도구라는 걸 많은 분들이 경험했으면 좋겠어요."

인터뷰가 끝나고 성필 기자에게 특별 메뉴 시식을 제공한 후, 저녁 영업이 시작되었다. 평일 저녁임에도 자향루는 금세 손님들로 가득 찼다.

"저기 6번 테이블 손님이 사장님 뵙고 싶대요."

민재가 주방에서 분주히 일하는 만수에게 다가와 말했다.

"지금? 한창 바쁜데..."

"네, 지역 상가번영회 회장님이래요. 어제 우리 매장과 사장님이 신문사 인터뷰 한다는 소식 듣고 일부러 오셨대요."

만수는 앞치마를 벗고 손을 닦았다.

"알았어, 다녀올게."

테이블로 다가가자 정장 차림의 60대 남성이 일어나 악수를 청했다.

"안녕하세요, 김만수 사장님? 저는 이 지역 상가번영회 회장 박정호라고 합니다."

"반갑습니다, 회장님. 저희 가게에 와주셔서 영광입니다."

박정호는 만수를 자리에 앉히며 말을 이었다.

"요즘 자향루 소문이 자자하더군요. 특히 AI를 활용한다는 얘기에 관심이 갔습니다."

"아, 네... 저희가 조금 특이하게 운영하고 있긴 하죠."

"특이하다기보다는 혁신적이죠. 실은 번영회에서 요청드릴 게 있어서요."

만수는 호기심 어린 표정으로 바라봤다.

"다음 주에 저희가 분기별 상가번영회 미팅을 하는데, 거기서 사장님이 AI 활용 사례에 대해 짧게 발표해주실 수 있을까요? 지역 상인분들이 많이 고민하고 계시거든요."

"저보고 발표를요?" 만수가 놀란 표정을 지었다.

"네, 30분 정도만 말씀해 주시면 됩니다. 요즘 가게마다 경기가 안 좋아서 새로운 돌파구를 찾고 있거든요."

만수는 잠시 생각에 잠겼다가 고개를 끄덕였다.

"알겠습니다. 제가 아직 발표는 익숙하지 않지만, 경험 나누는 건 좋을 것 같네요."

"감사합니다! 자세한 내용은 메일로 보내드릴게요."

대화를 마치고 주방으로 돌아오는 길에 만수는 웃음이 나왔다. 이제 자신이 다른 상인들에게 조언을 해주는 입장이 된다니, 6개월 전만 해도 상상도 못 할 일이었다.

주방에 들어서자 준호가 기다리고 있었다.

"무슨 일이셨어요?"

"상가번영회에서 AI 활용법 좀 알려달래."

"진짜요? 대단하네요, 아버지."

"이제 강사님 소리 들을 일만 남았네."

만수가 웃으며 다시 앞치마를 둘렀다.

준호도 웃었다.

"근데 아까 인터뷰 정말 잘 하셨어요. 솔직하고 진정성 있게 말씀하시니까 기자분도 감동한 것 같더라고요."

"그래? 실은 많이 떨었는데."

"티 안 났어요. 베테랑 같았어요."

왕쉐린이 주문종을 울리며 외쳤다. "여섯 번 테이블 트러플볶음밥 나갑니다!"

만수는 다시 일에 집중했다.

"얘기는 나중에 더 하자. 지금은 손님부터 챙겨야지."

저녁 서비스가 끝나고 문을 닫은 후, 팀은 테이블에 둘러앉아 마무리 미팅을 했다.

"오늘 매출이 개업 이후 최고를 기록했습니다."

준호가 태블릿을 보며 말했다.

"특히 기자님 다녀가신 후에 예약이 세 건이나 더 들어왔어요."

"내일 신문에 기사 나오면 더 바빠질 거예요."

민재가 흥분된 목소리로 말했다.

"대비해야겠네. 사부님, 재료 준비는 괜찮나요?" 만수가 물었다.

왕쉐린이 끄덕였다.

"내일 아침 일찍 시장 다녀올게요. 근데 인력이 부족해질 것 같아요. 서빙 한 명 더 뽑는 게 어떨까요?"

"동의해요." 준호가 말했다. "민재 씨 혼자 홀 감당하기 힘들어질 거예요."

만수는 고개를 끄덕였다.

"그럼 내일부터 알바 공고 올리자. 준호야, 요즘 알바 채용은 어디서 하는 게 좋을까?"

"알바몬이나 알바천국도 좋지만, 요즘은 인스타그램에 직접 공고를 올리는 게 효과적이래요. 저희 팔로워들에게 직접 홍보하는 거죠."

만수는 놀란 표정을 지었다.

"그런 방법도 있구나."

"네, 그리고 공고문도 ChatGPT로 작성하면 반응이 좋대요. 저희 매장 스타일에 맞는 '톤 앤매너'로 작성할게요."

"요즘 세상 참 편리해졌네." 만수가 감탄했다.

지수가 끼어들었다.

"근데 아저씨, 번영회 발표 준비는 어떻게 하실 거예요?"

"아, 맞다. 그것도 생각해봐야겠네." 만수가 뒷머리를 긁적였다.

"Gamma라는 AI 프레젠테이션 도구를 써보시는 건 어떨까요?"

준호가 제안했다. "텍스트만 입력하면 슬라이드를 자동으로 만들어줘요."

"그런게 있니? 그래 그거 좋겠다. 내가 프레젠테이션 만들 줄 모르거든."

"내일 퇴근 후에 같이 준비해봐요."

만수는 문득 이 모든 상황이 꿈같다는 생각이 들었다. 불과 몇 달 전만 해도 자신은 퇴직 후 무기력하게 집에만 있었고, 아들과의 관계도 서먹했다. 그런데 지금은 성공적인 식당의 사장이 되었고, 아들과는 파트너로서 함께 일하고 있었다.

다음 날 아침, 모두가 출근하기 전에 준호가 카카오톡으로 단체 메시지를 보냈다.

"여러분! 신화일보 기사 나왔어요! 링크 첨부합니다."

만수는 침대에서 일어나자마자 링크를 클릭했다.

"전통의 맛과 최첨단 기술의 만남 - 한국형 뉴노멀 자영업의 탄생"이라는 제목의 기사가 화면에 나타났다. 기사 상단에는 만수와 준호가 나란히 서 있는 사진과 함께 자향루의 내부 모습이 실려 있었다. 기사 내용은 매우 호의적이었다.

> "명예퇴직한 50대 김만수 씨와 디지털 네이티브 20대 아들 준호 씨가 만든 '자향루'는 단순한 중식당이 아니다. 이곳은 세대 간 협업과 AI 기술의 힘을 보여주는 현장이다…"

기사는 자향루의 창업 스토리와 AI 활용 사례를 상세히 다루고 있었다. 특히 '실버세대와 신세대' 간 협업에 대한 부분이 크게 강조되어 있었다.

> "김만수 대표는 '기술이 사람을 대체하는 게 아니라, 사람의 가능성을 넓혀주는 도구'라고 강조한다. 그의 말처럼, 자향루는 전통과 혁신이 조화롭게 공존하는 미래형 자영업의 모델을 제시하고 있다."

만수는 기사를 읽으며 미소를 지었다. 자신의 말이 이렇게 멋지게 정리될 줄은 몰랐다. 준호에게 바로 전화를 걸었다.

"준호야, 기사 봤니?"

"네, 방금 봤어요. 정말 좋게 나왔죠?"

"그러게. 내가 이렇게 말 잘하는 줄 몰랐네." 만수가 웃으며 말했다.

"원래 그렇게 말씀하셨잖아요. 기자분이 잘 받아적은 거죠."

"오늘 아침부터 뭔가 바빠질 것 같은 예감이 드는데."

준호의 목소리가 진지해졌다.

"저도요. 그래서 이미 가게에 나와 있어요. 혹시 몰라서 조금 일찍 준비하려고요."

"벌써? 정말 고맙다. 나도 서둘러 갈게."

만수가 서둘러 옷을 입고 집을 나서는데, 휴대폰에 알림이 계속 울렸다. 오랜 지인들이 기사를 보고 축하 메시지를 보내고 있었다.

"만수야, 신문에서 봤다. 대단하구나!"

"김 부장, 퇴직하고 이렇게 멋진 일을 하고 있었네요. 언제 한번 가봐야겠어요."

"만수형, 기사 봤어. 너 완전 스타 됐네!"

만수는 웃으며 메시지들에 답장을 보냈다. 가게에 도착하자 예상대로 전화가 빗발치고 있었다.

"네, 자향루입니다." 민재가 전화를 받고 있었다.

"네, 오늘 저녁 예약 가능합니다. 몇 분이세요? 여섯 분이요? 잠시만요..."

민재는 태블릿을 확인하고 놀란 표정을 지었다.

"죄송합니다만 오늘 저녁 6시에서 9시 사이는 이미 예약이 다 찼네요. 9시 이후는 가능한데... 아, 내일이요? 내일도 지금 거의 찼어요..."

준호가 만수를 발견하고 다가왔다.

"아버지, 상황이 좀 심각해요. 기사 나온 후로 예약 전화가 폭주하고 있어요."

"벌써 오늘 저녁이 다 찼다고?"

"네, 그리고 내일, 모레도 거의 다 찼어요. 이대로 가면 일주일 치 예약이 오늘 안에 다 찰 것 같아요."

만수는 놀란 표정을 감추지 못했다.

"이게 다 기사 효과인가?"

"기사도 있지만 SNS에서도 폭발적으로 퍼지고 있어요. 신화일보 페이스북에 기사가 공유됐는데, 댓글이 300개 넘게 달렸어요."

"세상에..." 만수는 잠시 생각에 잠겼다.

"대비책이 필요하겠는데. 우리 재료나 인력으로 이 수요를 감당할 수 있을까?"

준호가 고개를 끄덕였다.

"이미 생각해봤어요. 인력은 바로 채용 공고를 올려야 할 것 같아요. 그리고 재료는 사부님이 시장에 가 있는데, 제가 전화해서 평소보다 30% 더 준비하라고 말씀드렸어요."

만수는 아들의 선견지명에 감탄했다.

"역시 네가 있어서 다행이다. 나는 생각지도 못했을 거야."

"아버지, 이제 더 체계적인 예약 시스템이 필요할 것 같아요. 지금처럼 전화로 일일이 받기는 힘들어질 거예요."

"그렇겠네. 어떤 방법이 있을까?"

"온라인 예약 시스템을 도입하는 건 어떨까요? 테이블링이나 캐치테이블 같은 서비스요."

"좋은 생각이야. 바로 알아보자."

준호는 태블릿을 들고 와서 보여줬다.

"이미 알아봤어요. 여기 온라인 예약 서비스 비교 자료예요. Perplexity로 조사했거든요."

만수는 자료를 살펴보며 미소 지었다. "AI의 힘이 여기서도 발휘되는구나."

저녁 영업이 시작되고, 예상대로 자향루는 문전성시를 이뤘다. 예약 손님들 외에도 기사를 보고 직접 찾아온 사람들이 많았다. 일부는 줄을 서서 기다리기도 했다.

만수는 주방과 홀을 오가며 손님들을 응대했다. 많은 손님들이 그를 알아보고 반갑게 인사했다.

"김 사장님, 오늘 기사 봤어요. 정말 멋집니다!"

"50대에 이런 도전을 하시다니 존경스러워요. 저도 50세 넘었는데 용기를 얻었어요."

"아드님과 함께 일하시는 모습이 정말 보기 좋습니다."

만수는 긴장했지만 최대한 여유롭게 손님들과 대화를 나눴다. 유명인이 된 듯한 느낌에 어색했지만, 한편으로는 뿌듯하기도 했다.

민재가 정신없이 주문을 받고 음식을 나르는 동안, 준호는 태블릿으로 온라인 예약 시스템을 설정하고 있었다. 지수는 오늘 특별히 출근해서 가게 분위기를 사진으로 남기고 있었다.

"준호야, 어떻게 돼가?"

잠시 주방을 벗어난 만수가 물었다.

"거의 다 됐어요. 테이블링 시스템 설정 끝났고, 내일부터 적용할 수 있을 거예요."

"다행이다. 민재 혼자 감당하기 무리인 것 같아."

"맞아요. 알바 지원도 벌써 열 명 넘게 들어왔어요. 내일 면접 볼까요?"

"그래, 최대한 빨리 뽑아야겠다."

만수가 말을 마치자마자 민재가 다급히 다가왔다.

"사장님, 큰일났어요. 트러플소고기볶음밥 재료가 부족해서 더 이상 주문 못 받을 것 같아요."

"뭐? 벌써?" 만수가 놀랐다.

"네, 평소보다 두 배 이상 나갔어요. 블랙갈릭랍스터누들도 거의 다 떨어져 가고요."

"사부님한테 물어볼게." 만수가 주방으로 향했다.

왕쉐린은 땀을 흘리며 요리하고 있었다.

"알아요, 재료 부족해요. 내일 아침 일찍 시장 가서 더 준비할게요."

"오늘 저녁은 어떻게 할까요?"

"메뉴 몇 개 품절 처리하고, 기본 메뉴로 버티는 수밖에 없어요."

만수는 고개를 끄덕이고 준호에게 돌아갔다.

"품절 메뉴 공지해야 할 것 같아. 어떻게 하면 좋을까?"

"제가 할게요." 준호가 태블릿을 들고 일어났다.

"SNS에도 올리고, 공지문도 만들게요."

"고마워." 만수는 주방으로 돌아가 왕쉐린을 도왔다. 손님들의 계속되는 주문에 정신없이 바쁜 시간이 흘렀다.

저녁 10시, 마지막 손님들이 떠나고 문을 닫았을 때, 모두가 탈진한 상태였다.

"오늘 매출... 역대 최고예요." 민재가 숨을 고르며 말했다.

"평소의 두 배가 넘어요."

"믿기지 않네..." 만수가 의자에 털썩 앉았다.

왕쉐린은 목에 걸쳐둔 수건으로 땀을 닦으며 말했다.

"이렇게 바쁜 건 오래간만이네요. 앞으로 인력 충원 시급해요."

"내일부터 면접 시작하고, 온라인 예약 시스템도 도입할 거예요."

준호가 말했다.

민재가 사진들을 보여주며 말했다.

"오늘 분위기 정말 좋았어요. 이 사진들 SNS에 올리면 더 효과 있을 것 같아요."

"다들 수고 많았어." 만수가 진심 어린 목소리로 말했다.

"오늘같이 바쁜 날을 무사히 넘긴 게 기적이야."

준호가 자리에서 일어나 냉장고에서 맥주를 꺼냈다.

"오늘은 특별히 한잔 할까요? 우리의 성공을 위해서."

만수는 웃으며 고개를 끄덕였다. 모두 지친 상태였지만, 자부심과 성취감에 차 있었다.

"건배!" 다같이 맥주잔을 들고 외쳤다.

한 모금 마시고 나서, 만수가 말했다.

"요즘 자꾸 생각나는 게 있어."

"뭔데요?" 준호가 물었다.

"예전에 회사에서 선배가 해준 얘기야. '사업은 금방 망하는 게 아니라 천천히 망한다'고." 만수가 진지하게 말했다. "그래서 초반에 잘 된다고 방심하면 안 된대."

"그렇죠, 지금은 입소문 효과가 큰 거니까." 왕쉐린이 동의했다.

"맞아요. 하지만 중요한 건 이 기회를 어떻게 활용하느냐죠."

준호가 말했다.

"인터뷰나 기사가 관심을 끌었지만, 결국 손님들이 다시 찾아오게 만드는 건 음식의 맛과 서비스예요."

만수는 고개를 끄덕였다.

"맞아. 그래서 앞으로는 더 체계적으로 가게를 운영해야 할 것 같아. 인력 관리, 재료 수급, 예약 시스템... 모든 게 제대로 돌아가야 이 성공을 유지할 수 있을 거야."

"걱정 마세요. AI 도구로 많은 부분을 자동화할 수 있어요."

준호가 웃으며 말했다. "제가 재고 관리 시스템도 만들어볼게요."

만수는 문득 궁금해졌다.

"근데 준호야, 넌 어떻게 느껴? 갑자기 바빠지니까 힘들지 않아?"

준호는 잠시 생각하다가 대답했다.

"솔직히... 처음에는 많이, 엄청 불안했어요. 사람들 많아지고, 카메라도 들이대고... 그런데 이상하게 일에 집중하다 보니 점점 괜찮아지더라고요."

"다행이구나. 네가 스트레스 받을까 걱정했어."

"가끔은 힘들 때도 있지만... 아버지랑 함께 하니까 든든해요."

만수는 가슴이 따뜻해지는 것을 느꼈다. 아들과 이렇게 마음을 나누며 사업을 함께 키워나간다는 게 꿈만 같았다.

"나도 마찬가지야. 네가 있어서 든든해."

민재가 웃으며 끼어들었다.

"두 분 보기 좋아요. 저도 나중에 아버지랑 같이 일해보고 싶어요."

모두가 웃음을 터뜨렸다. 피로감 속에서도 따뜻한 유대감이 흘렀다.

"이게 바로 우리 성공의 비결 아닐까? " 지수가 말했다.

"단순히 AI 도구를 활용해서가 아니라, 서로 다른 세대가 함께 노력하고 있기 때문에..."

만수가 고개를 끄덕였다.

"그래, 우리는 서로의 부족한 부분을 채워주고 있어. 난 경험을, 준호는 기술을, 왕쉐린은 요리 실력을, 민재는 청년의 감각을, 지수는 디자인 안목을..."

"완벽한 팀이네요." 왕쉐린이 미소 지었다.

"건배! 우리 자향루 팀을 위해! " 만수가 다시 잔을 들었다.

모두가 다시 잔을 부딪치며 웃음 지었다. 힘든 하루였지만, 이들의 여정은 이제 막 시작되고 있었다.

AI직원 사용설명서 | 운영담당

07. Gamma

Gamma는 텍스트 프롬프트만으로 전문적인 프레젠테이션과 문서를 자동 생성해주는 AI 도구입니다. 복잡한 디자인 과정 없이 내용에 집중할 수 있도록 도와주며, AI가 레이아웃과 시각 자료를 자동으로 구성해줍니다. 회의 자료, 피치 덱, 보고서 등 다양한 비즈니스 문서를 빠르게 만들 수 있어 전문가들에게 유용하게 활용됩니다.

· 주요 기능

Gamma로 다양한 프레젠테이션과 문서를 쉽게 만들 수 있어요.

AI 자동 콘텐츠 생성
간단한 프롬프트나 주제를 입력하면 AI가 관련 콘텐츠를 자동생성

다양한 템플릿
비즈니스, 교육, 마케팅 등 다양한 목적에 맞는 전문적인 템플릿

차트 및 데이터 시각화
텍스트나 데이터를 입력하면 자동으로 그래프, 차트 등 시각 자료로 변환

멀티 포맷 지원
프레젠테이션, 웹페이지, PDF, 동영상 등 다양한 형식으로 변환

브랜드 키트
로고, 색상, 폰트 등을 저장하여 일관된 브랜딩을 적용 가능

스마트 레이아웃
콘텐츠에 가장 적합한 레이아웃을 AI가 분석하여 자동으로 배치

이미지 생성 및 검색
AI가 내용에 맞는 이미지를 자동 생성하거나 적합한 스톡 이미지 탐색

웹 기반 협업
팀원들과 실시간으로 문서를 공유하고 편집할 수 있는 협업 기능

AI 스피치 작성
프레젠테이션에 맞는 발표 스크립트를 AI가 자동으로 작성

웹 링크 공유
프레젠테이션을 웹 링크로 쉽게 공유하고 조회 분석도 가능

· 가입 방법

1. 공식 웹사이트 방문 : https://gamma.app에 접속
2. 회원가입 진행 : 오른쪽 상단의 "Sign up" 버튼을 클릭
3. 가입 방법 선택

· 이메일, Google, Discord 계정 중 원하는 방법으로 가입

4. 필요한 정보 입력

· 이메일, 비밀번호 등 필요한 정보를 입력하고 이용약관에 동의

5. 사용 목적 선택 : 비즈니스, 교육, 개인 용도 등 주 사용 목적을 선택
6. 무료 사용 시작

· 기본으로 무료 플랜으로 시작할 수 있으며, 유료로 업그레이드 가능

플랜	가격	주요 특징
Free	무료	기본 기능, 제한된 AI 생성, 워터마크 포함, 5개 프로젝트 저장 공간
Plus	월 $10	무제한 AI 생성, 워터마크 제거, 무제한 저장, 고급 템플릿, 브랜드 키트
Pro	월 $20	Pro 기능 + 팀 워크스페이스, 공유 브랜드 키트, 고급 협업 도구, 관리자 콘솔
Enterprise	문의 필요	맞춤형 솔루션, SSO 로그인, 고급 보안, 전용 지원, 전담 계정 관리자

*가격과 주요특징은 관련 회사 사정에 따라 변경될 수 있습니다.

· 사용 방법

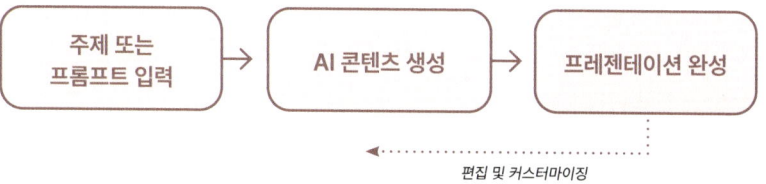

주제와 목적을 명확히 설명할수록 더 적합한 프레젠테이션이 생성됩니다!

© 2025 ChatGPT AI직원 사용설명서 | OpenAI의 공식 문서틀 기반으로 작성되었습니다.

· 기본 사용법

1. Gamma 웹사이트에 로그인합니다.
2. "New" 또는 "Create" 버튼을 클릭하여 새 프로젝트를 시작합니다.
3. 텍스트 입력창에 원하는 프레젠테이션 주제나 내용을 입력합니다.
   (예: 2025년 디지털 마케팅 트렌드에 관한 비즈니스 프레젠테이션)
4. "Generate" 버튼을 클릭하면 AI가 내용을 분석하여 프레젠테이션을 자동으로 생성합니다.
5. 생성된 프레젠테이션을 검토하고 필요에 따라 텍스트, 이미지, 레이아웃 등을 편집할 수 있습니다.
6. 작업이 완료되면 "Share" 버튼을 클릭하여 웹 링크로 공유하거나 다양한 형식으로 내보낼 수 있습니다.

· 프롬프트 작성법

1. 명확한 주제 설정
- 프레젠테이션의 주제와 목적을 구체적으로 설명하세요.

2. 대상 청중 명시
- "투자자 대상" 또는 "마케팅 팀 회의용" 등 대상을 명시하면 더 적합한 콘텐츠가 생성됩니다.

3. 원하는 구조 제안
- "5개 슬라이드로 구성" 또는 "요약, 문제점, 해결책 순서로" 등

4. 시각 자료 요청
- "데이터 차트 포함" 또는 "관련 이미지 추가" 등 시각 요소를 언급

5. 스타일 언급
- "미니멀 디자인" 또는 "밝고 활기찬 스타일" 등 원하는 스타일 제시

6. 키 포인트 나열
- 꼭 포함되어야 할 핵심 내용이나 키워드를 나열하세요.

[예시]
스타트업 투자자 대상 피치덱 생성해주세요. 우리는 AI 기반 헬스케어 앱을 개발하는 스타트업으로, 주요 특징은 개인 맞춤형 건강 분석, 실시간 건강 모니터링, AI 코칭 시스템입니다. 시장 규모, 경쟁 우위, 비즈니스 모델, 팀 소개, 투자 계획을 포함해주세요. 10-12 슬라이드로 구성하고 현대적이고 전문적인 디자인으로 만들어주세요.

· 장점과 한계

장점
- 시간 절약과 생산성 향상
- 전문적 지식 없이도 고품질 결과물
- 다양한 포맷과 스타일 지원
- 직관적인 인터페이스
- 실시간 협업 용이성

한계
- 매우 특수한 분야는 제한적
- 복잡한 디자인에는 세부 조정 필요
- 오프라인 작업 불가
- 무료 플랜의 기능 제한
- 일부 고급 애니메이션 효과 제한적

· 특별한 Tip!

1. 기존 문서 가져오기
- 파워포인트, PDF 등 기존 문서를 가져와 Gamma에서 편집

2. AI 재생성 활용
- 마음에 들지 않는 슬라이드만 선택하여 AI로 재생성

3. 웹 링크 발표 모드
- 웹 링크로 공유 시, 별도 소프트웨어 없이 전문적인 발표모드를 활용

4. AI 발표 요약
- 발표를 AI가 자동으로 요약하여 핵심 포인트만 포함한 축약 가능

5. 애널리틱스 활용
- 공유한 프레젠테이션의 조회수, 평균 시청 시간 등 데이터를 분석

© 2025 ChatGPT AI직원 사용설명서 | OpenAI의 공식 문서를 기반으로 작성되었습니다.

이게 바로 우리 성공의 비결 아닐까?
단순히 AI 도구를 활용해서가 아니라,
서로 다른 세대가 함께 노력하고 있기 때문에

제 12장

위기의 그림자

"사장님, 잠시만요! 이 전표 확인해주세요!"

자향루 주방에서 왕쉐린의 목소리가 큰 방울소리처럼 울렸다. 그러나 평소 같으면 즉시 달려왔을 만수의 모습은 보이지 않았다.

"사장님?" 왕쉐린이 다시 소리쳤지만, 여전히 대답이 없었다.

왕쉐린은 도마에 꽂혀 있던 칼을 잠시 내려놓고 주방 밖으로 고개를 내밀었다. 금요일 저녁, 자향루는 예약으로 가득 찼고 홀은 분주했다. 테이블마다 손님들이 웃고 떠들며 음식을 즐기고 있었다. 민재와 아르바이트생들은 쉴 새 없이 테이블 사이를 오가며 음식을 나르고 있었다.

"민재야~ 사장님 봤니?" 왕쉐린이 지나가던 민재에게 물었다.

"아까 사무실에 계셨는데요." 민재가 두 손에 접시를 들고 대답했다.

"혹시 화장실 가셨나?"

화장실 앞에 서서 기다려도 만수가 나오지 않자 왕쉐린은 결국 사무실 문을 두드렸다.

"사장님?"

대답이 없었다. 조심스럽게 문을 열자 충격적인 광경이 눈에 들어왔다. 만수가 책상에 엎드린 채 의식을 잃은 듯 보였다. 왕쉐린은 급히 다가가 만수의 어깨를 흔들었다.

"사장님! 괜찮아요? 사장님!"

만수의 얼굴은 창백했고, 이마에는 식은땀이 맺혀 있었다. 가까스로 눈을 뜬 만수는 왕쉐린을 흐릿하게 바라봤다.

"쉐린... 아... 가슴이..."

왕쉐린은 즉시 상황의 심각성을 깨달았다. 주머니에서 휴대폰을 꺼내 119에 전화했다. "여보세요? 응급상황입니다. 50대 남성이 가슴 통증으로 쓰러졌어요. 네, 의식은 있습니다. 주소는...”

인천 세인트메리 병원 응급실. 의사와 간호사들이 들것에 실려 온 만수를 둘러싸고 분주히 움직였다. 왕쉐린은 접수대에서 만수의 인적 사항을 입력하고 있었다.

"보호자분이신가요?" 간호사가 물었다.

"아니요, 동업자예요. 가족한테 연락했습니다."

병원 자동문이 열리고 준호가 헐레벌떡 뛰어들어왔다. "아버지!"

왕쉐린이 준호를 향해 손을 흔들었다.

"여기요, 준호야! 지금 검사 중이에요."

준호는 숨을 몰아쉬며 왕쉐린에게 달려갔다.

"왕 사부님, 무슨 일이에요? 전화만 받고 너무 놀라서..."

"갑자기 쓰러졌어요. 사무실에서 일하다가..."

왕쉐린이 걱정스런 표정으로 말했다.

"구급대원이 심장 관련 증상 같다고 했어요."

준호의 얼굴이 창백해졌다. "심장이요? 갑자기 어떻게..."

"최근에 너무 무리하셨어요. 밤낮없이 일하고... 휴일도 없이."

준호는 머리를 감싸쥐었다. 지난 1년간 자향루는 개업 후 입소문을 타며 성공 가도를 달리고 있었다. 하지만 그 이면에는 만수의 끊임없는 노력과 스트레스가 있었다. 아침 일찍부터 밤늦게까지, 주말도 없이 일했다.

"아버지가 계속 피곤해 보이셨는데... 제가 더 신경 썼어야 했는데..."

"자책하지 마라. 사장님이 워낙 고집이 세서..."

왕쉐린이 어깨를 두드리며 위로했.

"저도 몇 번 쉬라고 했는데 듣지 않았어요."

응급실 복도에 앉아 기다리는 동안, 준호는 어머니에게 전화를 걸었다. 만수와 준호의 어머니 미옥씨는 자향루 오픈 이후에도 여전히 보건교사로서 일을 하고 있었다.

"엄마, 아버지가 병원에 입원하셨어. 지금 세인트메리 병원 응급실이야."

전화기 너머로 미옥의 놀란 목소리가 들렸다.

"뭐라고? 무슨 일이야? 심각해?"

"정확히는 모르겠어. 지금 검사 중이시고... 의사 선생님 말씀 들어봐야 해."

"알았어. 지금 당장 갈게."

준호는 전화를 끊고 응급실 입구를 바라봤다. 아직도 아버지에 대한 소식은 없었다.

"물 좀 드세요." 왕쉐린이 종이컵에 물을 담아 건넸다.

"감사합니다." 준호는 떨리는 손으로 컵을 받았다. "가게는요?"

"걱정 마세요. 지수 씨랑 민재가 잘 마무리한다고 했어요. 지수씨가 오늘 마침 홍보물 작업하러 왔다가 제가 병원 간다고 하니까 책임지겠다고..."

그때 응급실에서 의사가 나왔다. "김만수 환자 보호자분?"

준호가 벌떡 일어났다. "네, 제가 아들입니다."

"일단 응급 상황은 아닙니다. 협심증 의심 소견이에요. 심전도 검사와 혈액 검사 결과를 좀 더 봐야 하지만, 현재로선 심근경색은 아닌 것 같습니다."

준호는 안도의 한숨을 내쉬었다. "그럼 괜찮은 거예요?"

"그렇다고 안심하긴 이릅니다. 스트레스와 과로로 인한 협심증 가능성이 높아요. 입원해서 정밀검사를 받아보는 게 좋겠습니다. 며칠간 절대 안정이 필요해요."

"네, 알겠습니다. 감사합니다."

의사가 돌아가고, 준호와 왕쉐린은 서로를 바라봤다.

"다행이네요..." 왕쉐린이 말했다.

"네, 정말 다행이에요." 준호가 동의했지만, 그의 표정은 여전히 걱정스러웠다. "근데 이제 가게는 어떡하죠?"

다음날 아침, 만수는 병실 침대에 반쯤 기대앉아 있었다. 창문 너머로 보이는 하늘은 맑았지만, 그의 마음은 구름처럼 무거웠다.

"아침 먹어야지." 미옥이 병실 문을 열고 들어오며 말했다. 그녀는 손에 도시락 가방을 들고 있었.

"병원 식단 별로라더라."

"식욕이 없어." 만수가 피곤한 목소리로 대답했다.

"그래도 먹어야지. 어떻게 약을 먹겠어?"

미옥은 테이블을 정리하고 도시락을 꺼냈다. 간단한 흰죽과 몇 가지 반찬들이었다.

"가게는 어떻게 돼가고 있어?" 만수가 물었다.

"아직 문 연 시간도 아닌데 벌써 걱정이야?" 미옥이 한숨을 쉬었다.

"아니, 그냥... 걱정돼서."

"준호가 아까 문자 보냈어. 다 잘 되고 있대. 너무 걱정 말라고..."

만수는 미옥이 건넨 죽을 한 숟가락 떠먹었다. 맛이 없긴 않았지만, 마음이 불편해 넘어가지 않았다.

"내가 지금 며칠이나 여기 있어야 한대?"

"최소 3일은 있어야 한대. 정밀검사 결과 보고..."

미옥이 만수의 이마에 손을 얹었다.

"요즘 너무 무리했어. 내가 봐도 그래."

"사업이 막 궤도에 오르는 참인데..."

"그래서 쓰러졌잖아. 당신이 쓰러지면 사업은 누가 해? 준호 혼자서?"

만수는 대답하지 않았다. 미옥의 말이 맞았다. 하지만 자신이 없는 사이 가게가 어떻게 돌아가고 있을지 상상하자 불안감이 밀려왔다.

"준호한테 전화 좀 해볼래?"

미옥은 눈을 굴리며 한숨을 쉬었지만, 만수에게 휴대폰을 건넸다.

전화벨이 몇 번 울리다가 준호가 받았다.

"아버지, 괜찮으세요?"

"어, 그런대로... 가게는 괜찮고?"

"네, 걱정 마세요. 왕사부님이 주방 완벽하게 장악하고 계시고, 저랑 민재가 홀 관리하고 있어요."

"음... 혹시 예약 취소 같은 건 없고?"

"몇 건 있었어요. 사장님이 안 계신다고 하니까 좀 실망하시는 분들이..." 준호의 목소리가 살짝 떨렸다.

"근데 대부분은 괜찮아요. 오히려 빨리 나으시라고 응원 메시지도 보내주셨어요."

만수는 가슴 한편이 따뜻해지는 것을 느꼈다. 지금까지 정성껏 대해온 단골손님들이 생각났다. "그래도 매출은 떨어지겠네."

"아버지, 지금 그게 중요한가요? 건강이 먼저예요."

"사업하는 사람한테 매출이 중요하지 않다고?"

"그게 아니라..." 준호가 말을 멈췄다. 잠시 침묵이 흐르더니 그가 다시 말했다. "아버지, 저희가 잘 해결할게요. 왕사부님도 계시고, 다들 최선을 다하고 있어요. 아버지는 그냥 몸 회복에만 집중하세요."

"알았어." 만수는 마지못해 대답했다.

"근데 문제 생기면 바로 전화해."

"네, 걱정 마세요."

전화를 끊고 만수는 창밖을 바라봤다. 병실 창문으로 보이는 도시 풍경이 갑자기 낯설게 느껴졌다. 자향루를 오픈하면서 그는 이런 상황을 전혀 예상하지 못했다. 몸이 아파 병원에 누워있는 동안 자신이 없어도 가게가 돌아간다는 사실이 묘하게 그를 불편하게 만들었다.

"걱정 마." 미옥이 만수의 손을 잡았다.

"우리 아들 생각보다 잘 하고 있어."

"그래…" 만수가 미옥을 바라봤.

"가게가 잘 되고 있다는 건 다행인데… 왜 마음이 이상하지?"

"서운한 거지." 미옥이 빙그레 웃었다. "자기 없이도 잘 돌아간다는 게."

만수는 아내의 말에 쓴웃음을 지었다. 미옥은 항상 그의 마음을 정확히 꿰뚫어 보았다.

자향루 주방은 점심 시간대 특유의 열기와 긴장감으로 가득했다. 왕쉐린은 3개의 웍을 동시에 돌리며 재료를 능숙하게 볶고 있었다. 그의 호흡에 맞춰 주방 보조와 설거지 담당이 움직였.

"5번 테이블 탕수육 나간다!" 왕쉐린이 크게 외쳤다.

홀에서는 준호가 POS 시스템으로 주문을 입력하고 있었다. 민재와 다른 아르바이트생들은 음식을 나르느라 분주했다.

"어서오세요, 몇 분이세요?" 준호가 새로 들어온 손님들에게 인사했다.

"네 명이요. 저희 예약했는데... 김 부장님 단골이에요."

"아, 네. 찾았습니다. 이쪽으로 안내해드릴게요."

손님을 자리로 안내한 준호는 생각했다.

'아버지를 김 부장님이라고 부르는 손님들이 많네.'

만수가 이전 회사에서 데려온 단골들이었다.

"저... 부장님은 오늘 안 계신가요?" 손님 중 한 명이 물었다.

"네, 아버지께서 지금 몸이 좀 편찮으셔서요."

준호가 죄송한 표정으로 대답했다. "곧 돌아오실 거예요."

"아, 그러세요? 많이 아프신 건가요?"

"과로로 인한 협심증 증상이라..." 준호가 설명했다.

"지금은 회복 중이세요."

"아이고, 걱정되네요. 전에 우리 회사에서도 워낙 열심히 하셔서..."

손님이 고개를 저었다. "빨리 나으시라고 전해드려요."

"네, 감사합니다."

준호는 메뉴판을 건네고 주방으로 향했다. 왕쉐린이 불 위에서 요리를 마무리하고 있었다.

"왕사부님! 단골손님이 아버지 많이 찾으세요."

"당연하죠. 만수 형이 손님들하고 소통 잘했으니까."

"네... 우리가 더 열심히 해야겠네요."

왕쉐린은 준호의 어깨를 두드렸다. "걱정 마세요. 우리 잘 하고 있어요."

그때 주방 입구에서 지수가 소리쳤다.

"준호야 잠깐 나 좀 도와줄래? 온라인 예약 시스템이 갑자기 오류가 나고 있어."

지수는 만수가 쓰러져서 가게를 도와주러 지원 나와 있었다.

준호는 즉시 주방을 나와 카운터로 향했다. 지수가 컴퓨터 화면을 가리켰다.

"여기 봐. 예약이 중복으로 들어오고 있어. 저번에 AI 챗봇으로 연동했던 거 기억나? 그게 문제인 것 같아."

준호는 화면을 살펴보았다. 자향루는 최근 Claude를 활용한 예약 챗봇을 도입했는데, 이것이 기존 예약 시스템과 충돌을 일으키고 있었다.

"아, 이거 API 연결이 꼬인 것 같아." 준호가 키보드를 두드렸다.

"내가 바로 고칠게."

10분간의 코드 수정 끝에 준호는 문제를 해결했다.

"됐다. 이제 정상적으로 작동할 거야."

"역시 우리 준호." 지수가 미소지었다. "AI 담당자가 있어서 다행이야."

준호는 자랑스러운 듯 어깨를 으쓱했다.

"그런데 내가 걱정하는 건...아버지가 없는 동안 매출이 좀 떨어지고 있어. 특히 점심 타임이."

"얼마나?"

"어제는 평소보다 20% 정도." 준호는 한숨을 내쉬었다.

"아버지가 알면 더 걱정하실 텐데..."

"그럼 말이야." 지수가 태블릿을 꺼냈다.

"내가 한 가지 아이디어가 있어. 이걸 한번 봐봐."

지수는 Canva로 제작한 디지털 포스터를 보여주었다.

<응원메시지 포스터 – CANVA>

"사장님의 쾌유를 빕니다 – 응원 메시지를 남겨주세요" 라는 제목 아래, QR코드가 있었다.

"이건 뭐야?"

"온라인 방명록이야. 손님들이 QR코드를 스캔하면 김 부장님께 응원 메시지를 남길 수 있어. 그리고 메시지를 남긴 손님들에게는 음료 한 잔을 무료로 제공하는 거지."

"오, 이거 좋은데?" 준호의 얼굴이 밝아졌다. "그런데 아버지가 보실 수 있게 해야 하는데…"

"이미 다 생각해뒀어." 지수가 웃으며 말했다. "내가 Claude로 AI 워드 클라우드 생성 시스템을 만들었거든. 손님들이 남긴 메시지에서 자주 등장하는 키워드를 예쁘게 시각화해서 매일 아저씨께 보여드릴 수 있어."

"와, 역시 우리 지수도 AI사용이 많이 늘었네." 준호가 감탄했다.

"그럼 이거 바로 시작해볼까?"

"그래, 내가 이미 인쇄해 뒀어. 각 테이블에 이 카드를 놓고, 입구에는 큰 포스터를 붙이자."

두 사람은 재빨리 움직여 홍보물을 배치했다. 카드를 본 손님들의 반응은 즉각적이었다. "아, 이거 좋은 아이디어네요!"

곧 여러 테이블에서 손님들이 QR코드를 스캔하는 모습이 보였다. 준호는 실시간으로 들어오는 메시지들을 확인했다.

"김 부장님, 빨리 나으세요! 자향루 짜장은 당신이 있을 때가 제일 맛있어요." "사장님 건강이 최우선입니다. 푹 쉬고 돌아오세요. 저희는 기다릴게요." "자향루 화이팅! 김 사장님 화이팅!"

준호는 미소를 지었다. 이 메시지들을 아버지에게 보여드리면 분명 기뻐하실 것이다.

병실에서 만수는 침대 옆 작은 테이블에 노트북을 펼쳐놓고 있었다. 미옥은 잠시 나가서 점심을 사 오겠다고 했고, 만수는 그 틈을 타 몰래 가게 관련 데이터를 확인하고 있었다.

'예약 현황을 좀 봐야지...' 만수는 생각했다. '아, 비밀번호가 뭐였더라...'
그때 병실 문이 열리며 준호가 들어왔다.
"아버지!"
만수는 화들짝 놀라 노트북 화면을 닫으려 했지만, 이미 늦었다.
"뭐하세요?" 준호가 의심스러운 눈초리로 물었다.
"아... 그냥..." 만수가 머뭇거렸다. "조금 확인해보려고..."
준호는 한숨을 내쉬며 아버지 옆에 앉았다.
"아버지, 의사 선생님이 뭐라셨어요? 절대 안정 취하라고 하셨잖아요."

"나 괜찮아. 그냥 좀 확인해보고 싶어서…"

"괜찮기는요. 어제 검사 결과 봤잖아요. 협심증 전조 증상이라고…"

만수는 체념한 듯 노트북을 덮었다.

"알았어, 알았어. 근데 너 왜 이 시간에 왔어? 가게는?"

"점심 타임 끝나서 잠깐 왔어요. 왕사부님이랑 지수가 잘 관리 중이에요."

준호는 가방에서 태블릿을 꺼냈다. "오늘 아버지께 보여드릴 게 있어요."

"뭔데?"

"지수가 기획한 이벤트예요. 손님들이 아버지한테 보내는 응원 메시지."

준호는 워드 클라우드 이미지를 보여주었다.

'건강', '회복', '기다림', '맛있는', '응원', '화이팅' 같은 단어들이 화면 가득 예쁘게 배치되어 있었다.

<워드클라우드>

"이게 뭐야?" 만수가 의아한 표정으로 물었다.

"손님들이 QR코드를 통해 아버지한테 응원 메시지를 보내는 이벤트를 했어요. 오전에만 벌써 50개가 넘는 메시지가 왔어요."

준호는 몇 가지 메시지를 읽어주었다. 만수의 얼굴에 감동의 빛이 스쳤다.

"이걸 다 우리 손님들이…?"

"네. 다들 아버지 빨리 나아서 돌아오시길 기다리고 있어요."

만수는 잠시 말을 잇지 못했다. 그의 눈가가 촉촉해졌다.

"고맙다... 이런 걸 생각해내다니."

"사실 지수 아이디어예요." 준호가 겸손하게 말했다. "그리고 이것 봐요."

준호는 Claude로 분석한 고객 리뷰 데이터를 보여주었다.

"지난 3개월간 자향루 온라인 리뷰를 Claude로 분석했는데, 가장 많이 언급된 긍정적인 키워드가 '사장님의 친절함'이에요. 그다음이 '맛'이고요."

만수는 놀란 눈으로 화면을 바라봤다. "정말?"

"네. 아버지가 손님들에게 얼마나 소중한 존재인지 보여주는 증거예요." 준호가 웃었다.

"그리고 운영 체계를 좀 개선했어요." 준호가 설명했다.

"아버지 없는 동안 어떻게 가게를 효율적으로 운영할지 AI 도구들을 활용해서요."

준호는 재고 관리 스프레드시트를 보여주었다.

"ChatGPT API를 연동해서 재고 관리 자동화 시스템을 만들었어요. 이제 식재료가 특정 수준 이하로 떨어지면 자동으로 발주 요청이 생성돼요."

"이게 다 며칠 사이에 된 거야?"

"네, 사실 예전부터 구상은 했었는데 아버지가 쓰러지시는 바람에 빨리 구현했어요."

만수는 고개를 절레절레 흔들었다. "넌 정말... 대단하다."

만수는 잠시 말없이 창밖을 바라봤다. 마음 속에서 복잡한 감정이 뒤엉켰다. 자랑스러움과 서운함이 뒤섞인 기분이었다. 자신이 없어도 가게가 굴러간다는 사실이 한편으로는 안도감을 주지만, 다른 한편으로는 자신의 존재 가치에 대한 의문도 들었다.

"아버지, 무슨 생각 하세요?" 준호가 조심스럽게 물었다.

"난... 내가 없어도 가게가 잘 돌아가는 것 같아 다행이라고 생각하면서도..." 만수가 주저하며 말을 이었다. "한편으로는 내가 필요 없는 건가 하는 생각도 들어."

준호는 아버지의 손을 잡았다.

"아버지, 그런 생각 절대 하지 마세요. 자향루는 아버지의 열정과 노력으로 시작된 거예요. 아버지가 없으면 이 가게는 존재할 수 없어요."

만수는 아들의 손을 바라봤다.

"준호야... 나 같은 구세대가 AI 시대에 얼마나 더 버틸 수 있을까?"

"무슨 말씀이세요? 아버지는 이미 AI를 활용하는 혁신적인 사업가예요. 50대에 AI 식당을 창업하셨잖아요."

만수는 아들의 말에 약간 위안을 얻은 듯했다.

"그나저나, 역시 내가 무리했나 보다." 만수가 한숨을 내쉬었다. "이렇게 누워있으니 알겠어. 내가 몸을 너무 혹사했구나."

"네, 정말 그랬어요. 아버지는 하루도 쉬지 않고 일하셨잖아요."

"일이 많았으니까..."

"그래서 저희가 업무 분담을 더 효율적으로 개선했어요." 준호가 말했다. "아버지가 돌아오시면 일 부담을 좀 줄이실 수 있게요."

"어떻게?"

"Gamma로 작성한 운영 매뉴얼이에요."

준호는 태블릿으로 운영 매뉴얼을 보여주었다. 각 직원의 역할과 책임이 명확히 정리되어 있었고, 특히 만수의 업무가 상당 부분 분산되어 있었다.

"이렇게 하면 아버지도 주 5일만 일하실 수 있어요. 주말에는 제가 더 책

입지고요."

만수는 매뉴얼을 살펴보며 고개를 끄덕였다. "이거... 정말 잘 만들었네."

"아버지, 중요한 건 건강이에요. 아버지가 건강해야 자향루도 오래갈 수 있어요."

만수는 아들의 말에 고개를 끄덕였다. 준호의 성장한 모습에 가슴이 뭉클했다.

준호는 가게 구석에 있는 작은 사무실로 들어갔다. 아버지가 쓰러졌던 곳이었다. 책상 위에는 여전히 만수가 마지막으로 보고 있던 서류들이 흩어져 있었다.

준호는 그 서류들을 정리하며 생각에 잠겼다.

'아버지가 여기서 혼자 모든 걸 처리하셨구나...'

그때 지수가 사무실로 들어왔다.

"이제 홀은 좀 안정됐어. 민재가 잘 하고 있어."

"응, 고마워."

지수는 준호의 어깨에 손을 얹었다.

"많이 힘들지? 갑자기 이렇게 책임지게 돼서?"

"괜찮아. 사실..." 준호가 잠시 말을 멈추었다.

"아버지를 이해하게 된 것 같아."

"어떤 면에서?"

"책임감이란 게 이런 거구나 싶어. 모든 사람을 책임지고, 가게를 이끌어가는 것. 항상 웃으면서 손님들을 맞이하고... 어떤 상황에서도 포기하지 않고."

지수는 미소를 지었다. "네가 많이 성장했구나."

"아버지가 혼자서 이걸 다 하셨다고 생각하니까... 정말 대단하신 것 같아."

"맞아. 근데 네가 AI로 업무를 효율화한 것도 대단해. 너와 아저씨, 둘 다 자기 방식으로 최선을 다하고 있는 거야."

준호는 고개를 끄덕였다.

"이제 이해가 돼. 왜 아버지가 사람들과의 관계를 그렇게 중요시하셨는지. AI는 효율성을 높여주지만, 결국 사람과 사람 사이의 교감이 이 사업의 핵심이구나."

"그래서 우리가 자향루를 함께 이끌어갈 수 있는 거지. 아저씨의 인간미와 네 기술적 혁신이 만나서."

만수는 병실 창가에 앉아 준호가 보내준 가게 영상을 태블릿으로 보고 있었다. 주말 점심 시간대의 붐비는 자향루 모습이었다. 준호가 Claude를 활용해 분석한 매출 데이터도 함께 보냈다.

'어제보다 15% 증가. 주말 효과 감안하더라도 좋은 추세. 응원 이벤트 효과인 듯. 총 200개 이상의 메시지 접수됨.'

만수는 화면을 물끄러미 바라보며 깊은 생각에 잠겼다. 가게 사진 속에서 준호는 자신감 있게 손님들을 응대하고 있었고, 왕쉐린은 평소와 같은 열정으로 요리하고 있었다. 민재는 능숙하게 서빙을 하고 있었다.

그 모습을 보고 있자니, 만수는 자신의 팀에 대한 자부심을 느꼈다. 동시에 자신이 일을 너무 독점했던 것은 아닌지 반성하게 되었다.

3일 후, 만수는 예정대로 퇴원했다. 준호가 차를 운전해 병원에 마중 나왔다.

"집으로 가요. 그리고 오늘부터 일주일은 정말 쉬셔야 해요."

만수는 운전석에 앉은 아들을 바라봤다. 어느새 어른이 된 준호가 낯설면서도 든든했다.

"알았어. 그런데 가게 들르고 가면 안 될까?"

"아버지!"

"잠깐만이라도…"

준호는 한숨을 쉬었다. "정말 걱정되시는 거죠?"

"그렇지. 내가 없는 동안 어떻게 됐는지 궁금하잖아."

"알겠어요. 잠깐만 들르고 바로 집으로 가요."

차가 자향루로 향하는 동안, 만수는 창밖을 바라보며 생각에 잠겼다. 병원에 있는 동안 많은 것을 깨달았다. 혼자 모든 것을 책임지려 했던 자신의 고집, 준호의 능력을 인정하지 않았던 자신의 편견, 그리고 변화를 두려워했던 자신의 완고함까지.

"아버지, 도착했어요."

자향루 앞에 차가 멈추자, 만수는 식당을 바라봤다. 입구에는 "사장님 건강 빠른 쾌유를 빕니다" 라는 현수막이 걸려 있었고, 직원들이 문 앞에 나와 박수로 그를 맞이했다.

"이게 무슨…"

"다들 아버지 걱정했어요. 무사히 퇴원하셨다고 하니까 기뻐하더라고요."

만수는 감동했다. 이런 환영은 예상하지 못했다. 식당에 들어서자 직원들이 모두 모여 박수를 쳤다.

"어서 오세요, 사장님!"

"건강해 보이셔서 다행이에요!"

"빨리 나으세요!"

진심 어린 인사들이 만수의 마음을 따뜻하게 했다. 왕쉐린도 주방에서 나와 그를 반겼다.

"사장님! 건강해 보여요. 다행이네요."

"고마워요, 쉐린사부. 걱정 끼쳐드려 미안해요."

만수는 가게 내부를 둘러봤다. 직원들은 각자 자리로 돌아갔고, 만수와 준호는 사무실로 향했다. 사무실 책상 위에는 노트북이 열려 있었고, 화면에는 매출 데이터를 분석한 그래프가 보였다.

"이것 좀 봐요, 아버지." 준호가 화면을 가리켰.

"지난 주 매출이 전주 대비 15% 증가했어요. 특히 저녁 시간대 매출이 많이 늘었고요."

만수는 데이터를 살펴보며 놀랐다. "이게 다 네가 한 거야?"

"네, 그리고 Claude의 도움도 있었고요. 고객 데이터를 분석해서 어떤 시간대에 어떤 메뉴가 잘 팔리는지 파악했어요. 그래서 시간대별로 추천 메뉴도 달리 했고요."

"놀랍다…"

"앞으로 더 많은 아이디어가 있어요. 제가 아이패드에 정리해놨는데, 아버지가 집에서 쉬는 동안 한번 검토해주시면 좋을 것 같아요."

만수는 고개를 끄덕였.

"이제 니가 나보다 더 부지런해졌네."

"아니에요. 아버지처럼 되려면 아직 멀었죠. 그냥… 아버지가 없는 동안 제가 뭔가 더 해야만 할 것 같았어요."

만수는 아들의 어깨를 가볍게 쥐었다.

"고마워, 준호야. 정말 자랑스럽다."

그때 주방에서 소란이 들렸다. 준호가 재빨리 나가보자 주방 직원이 깨진 그릇을 치우고 있었다.

"괜찮아요?" 준호가 물었다.

"죄송합니다. 그릇이 미끄러져서..."

준호는 차분하게 대응했다.

"괜찮아요. 다친 데는 없죠? 안전이 제일 중요해요. 그릇은 또 살 수 있으니까요."

만수는 아들의 모습을 뒤에서 지켜봤다. 준호가 직원을 다독이고, 다른 직원들에게 적절히 지시하는 모습이 놀라웠다. 예전의 소심하고 내성적인 아들이 어느새 책임감 있는 리더로 성장해 있었다.

"준호야, 이제 집에 가자." 만수가 말했다.

"네, 가요. 여기 있는 동안 피곤하셨을 거예요."

두 사람은 직원들에게 인사하고 가게를 나왔다. 차로 돌아가는 길, 만수는 마음이 평온해지는 느낌이었다. 자신이 없어도 가게는 잘 돌아갈 것이다. 준호가 있으니까.

차가 출발하면서, 만수는 가게를 뒤돌아봤다. '자향루(滋香樓)'라는 간판이 오후 햇살에 반짝이고 있었다. 맛과 향이 가득한 집. 이제 그곳은 단순한 식당이 아니라, 두 세대가 함께 꿈을 이루어가는 공간이 되었다.

AI직원 사용설명서 | 디자인담당

08. Canva

Canva는 누구나 쉽게 전문적인 디자인을 만들 수 있는 온라인 그래픽 디자인 플랫폼입니다. 직관적인 인터페이스를 제공하여 디자인 경험이 없는 사람도 소셜 미디어 그래픽, 프레젠테이션, 포스터, 문서, 웹사이트, 비디오 등 다양한 디자인 콘텐츠를 쉽게 제작할 수 있습니다. 템플릿, 이미지, 폰트, 그래픽 요소를 제공합니다.

· 주요 기능

Canva로 다양한 디자인을 쉽게 만들 수 있어요.

템플릿 활용하기
디자인 템플릿을 활용해 빠르게 멋진 결과물 제작 가능

드래그 앤 드롭 편집
마우스로 요소를 끌어다 놓는 방식으로 누구나 쉽게 디자인 수정 가능

이미지 라이브러리
수백만 개의 무료 및 프리미엄 사진, 일러스트, 아이콘을 디자인에 활용

텍스트 및 폰트
다양한 글꼴과 텍스트 효과로 원하는 분위기의 텍스트 디자인 가능

팀 협업 기능
여러 사람이 함께 디자인을 만들고 수정하며 실시간으로 협업

브랜드 키트
로고, 폰트, 색상 등 브랜드 요소를 모든 디자인에 일관되게 적용 가능

다양한 사이즈 변환
디자인을 다양한 플랫폼에 맞는 크기로 자동 변환해 시간을 절약 가능

비디오 제작
움직이는 그래픽, 간단한 동영상, 애니메이션 제작 가능

AI 디자인 도구
Magic Studio 기능으로 AI를 활용해 이미지를 생성하거나 편집 가능

· 가입 방법

1. 공식 웹사이트 방문 : https://www.canva.com에 접속

2. 회원가입 진행 : 오른쪽 상단의 "Sign up" 버튼을 클릭

3. 가입 방법 선택

· 이메일, Google, Discord 계정 중 원하는 방법으로 가입

4. 필요한 정보 입력

· 이메일, 비밀번호 등 기본 정보를 입력하고 사용자 이름을 설정

5. 사용 목적 선택

· 개인, 교육, 비영리, 기업 등 Canva를 사용할 목적을 선택

6. 무료 사용 시작

· 기본으로 무료 플랜으로 시작할 수 있으며, 유료로 업그레이드 가능

플랜	가격	주요 특징
Free	무료	기본 템플릿, 250,000+ 무료 템플릿, 5GB 클라우드 저장 공간
Pro	월 $12.99	100+ 백만 프리미엄 콘텐츠, 배경 제거 도구, 1TB 저장 공간, 브랜드 키트, 리사이즈 기능
Canva for Teams	월 $14.99	Pro 기능 + 팀 협업 도구, 브랜드 통제, 통합 관리, 무제한 폴더
Enterprise	문의 필요	맞춤형 브랜딩, SSO, 고급 보안, 전용 지원, 워크플로우 통합

*가격과 주요특징은 관련 회사 사정에 따라 변경될 수 있습니다.

· 사용 방법

원하는 요소를 입력하면 관련 이미지, 아이콘, 템플릿을 쉽게 찾을 수 있어요!

© 2025 ChatGPT AI직원 사용설명서 | OpenAI의 공식 문서를 기반으로 작성되었습니다.

·기본 사용법

1. Canva 웹사이트나 앱에 로그인합니다.
2. "디자인 만들기" 버튼을 클릭하고 원하는 디자인 유형
   (소셜 미디어 게시물, 프레젠테이션, 포스터 등)을 선택합니다.
3. 맘에 드는 템플릿을 선택하거나 빈 캔버스에서 시작할 수 있습니다.
4. 왼쪽 사이드바에서 요소, 텍스트, 사진, 배경 등을 선택해 디자인에 추가합니다.
5. 추가된 요소는 크기 조절, 회전, 색상 변경 등이 가능합니다.
6. 작업이 완료되면 오른쪽 상단의 "다운로드" 버튼을 클릭하여 원하는 형식(PNG, JPG, PDF 등)으로 저장합니다.
7. 또는 "공유" 버튼을 통해 링크를 생성하거나 소셜 미디어에 직접 게시할 수 있습니다.

·디자인 팁

1. 그리드와 정렬 활용하기
· 자동 정렬 기능을 사용해 요소들을 깔끔하게 배치하세요.

2. 브랜드 일관성 유지하기
· 브랜드 키트를 설정하여 모든 디자인에 동일한 색상과 폰트를 쉽게 적용하세요.

3. 그룹화 기능 사용하기
· 여러 요소를 그룹화하면 한 번에 이동하고 편집할 수 있어 작업이 편리해집니다.

4. 레이어 순서 관리하기
· 중첩된 요소의 앞뒤 순서를 조정해 원하는 시각적 계층을 만드세요.

5. 투명도 조절하기
· 이미지나 요소의 투명도를 조절하여 세련된 효과를 주세요.

6. 모바일 버전 확인하기
· 반응형 디자인을 위해 모바일에서 어떻게 보이는지 확인하세요.

· 장점과 한계

장점
- 직관적인 인터페이스
- 방대한 템플릿과 디자인 요소
- 클라우드 기반으로 높은 접근성
- 다양한 디자인 유형 지원
- 실시간 팀 협업 기능

한계
- 고급 편집 기능 제한적
- 일부 기능은 유료 플랜만 가능
- 인터넷 연결이 필요
- 대용량 파일 작업 시 속도 저하
- 완전히 자유로운 맞춤 디자인에는 한계가 있음

· 특별한 Tip!

1. 키보드 단축키 활용
- 자주 사용하는 기능의 단축키를 익혀두면 작업 속도가 향상

2. 폴더 구조화
- 디자인을 주제별로 폴더에 정리하면 재사용하기 편리

3. Magic Resize
- Pro 사용자는 한 번 만든 디자인을 다양한 플랫폼 크기로 자동 변환

4. 콘텐츠 플래너
- SNS 콘텐츠를 미리 만들어 일정에 맞춰 자동 게시

5. AI 기능 활용
- Magic Write나 Magic Design 같은 AI 기능을 활용해 시간을 절약

6. 사용자 정의 템플릿
- 자주 사용하는 디자인은 템플릿으로 저장해 공유 및 재사용 가능

© 2025 ChatGPT AI직원 사용설명서 | OpenAI의 공식 문서를 기반으로 작성되었습니다.

사업의 성공은 좋은 시스템도
중요하지만, 결국은 사람이야.
서로 믿고 의지하는 사람들이 있어야 해

제 13장

세대 공감 프로젝트

어느날 아침, 가게 문을 열기 전 준호는 일찍 도착해 있었다. 밤새 고민한 끝에 새로운 아이디어를 떠올린 것이다. 준호는 작은 회의실에서 노트북과 프로젝터를 세팅하고 있었다.

"무슨 일이야, 이렇게 일찍?" 만수가 오전 8시에 도착해 준호를 발견하곤 놀란 눈치였다.

"아버지, 제안할 게 있어요." 준호의 표정은 진지했다.

"어제 밤새 고민했는데... 우리 가게에 딱 맞는 아이디어가 떠올랐어요."

만수는 피곤한 눈으로 아들을 바라봤다. 어젯밤 술기운이 아직 가시지 않은 듯했다.

"뭔데?"

"앉으세요. 제가 프레젠테이션 준비했어요."

만수는 한숨을 쉬며 의자에 앉았다. 또 어떤 혁신적인 변화를 제안할지 내심 걱정되었다. 하지만 혁신만이 이 회의의 주제가 아니었다.

준호가 프로젝터를 켰다. 스크린에 '세대 공감 프로젝트'라는 제목이 나타났다.

"이게 뭐지?" 만수가 눈을 찡그렸다.

"실버 세대를 위한 AI 수업입니다." 준호가 말했다.

"매주 월요일, 저희 가게 쉬는 날에 중장년층을 초대해서 AI 활용법을 가르치는 프로그램이에요."

만수는 잠시 말을 잃었다. "AI 수업이라고?"

"네. 인공지능 시대에 적응하기 힘든 50~60대 분들을 위한 교육 프로그램이요. 기본적인 스마트폰 활용부터 ChatGPT 사용법, 이미지 생성 등을 알려드리는 거예요."

준호는 다음 슬라이드로 넘겼다. 젊은 인턴이 중년 남성에게 태블릿 사용법을 알려주는 사진이 등장했다.

"이게 왜 갑자기…?"

"어젯밤에 제가 아버지 말씀을 곰곰이 생각해봤어요. 아버지께서 배우신 것처럼, 다른 중장년층도 이런 기술을 배우면 큰 도움이 될 것 같아서요."

만수는 무언가를 떠올리듯 고개를 끄덕였다.

"음… 그런데 이게 우리 식당과 무슨 관련이 있지?"

"세 가지 효과가 있어요." 준호가 또 다음 슬라이드로 넘겼다.

"첫째, 사회 환원으로 가게 이미지가 좋아져요. 둘째, 참가자들이 잠재 고객이 될 수 있어요. 셋째, 세대 통합 이미지로 브랜드 가치가 올라갑니다."

만수는 관심을 보이기 시작했다.

"어… 그런데 강사는 누가 할 거니? 난 잘 모르는데."

"아버지와 제가 함께 할 거예요. 제가 기술적인 부분을 담당하고, 아버지는 동년배 시선에서 '나도 할 수 있다'는 것을 보여주시면 돼요. 이거 중요한 포인트예요."

만수가 깜짝 놀랐다.

"나더러 선생님 하라고?"

"네. 아버지는 AI로 식당을 창업하신 좋은 사례잖아요. 동년배들에게 큰 용기를 줄 수 있을 거예요."

준호는 만수의 반응을 면밀히 관찰했다. 아버지가 식당일 이외에도 또 다른 곳에 흥미를 느끼길 바랬다.

"준호야… 내가 강사를 하는건 너무 무리인 것 같은데…"

준호는 고개를 절레절레 저었다.

"아니에요! 정말로 좋은 기회가 될 거라고 생각해요. 아버지의 이야기가 동년배들에게 감동을 줄 수 있어요. 그리고..."

준호가 잠시 머뭇거리다 말을 이었다.

"이건 진짜 좋은 일이에요. 우리가 함께 의미 있는 일을 할 수 있잖아요."

만수는 아들의 진심 어린 눈빛을 마주했다. 준호가 이런 제안을 해온 것이 의외였지만, 그 안에 담긴 진정성이 느껴졌다.

"음..." 만수가 고민했다.

"근데 준비할 시간이 있을까? 우리 지금도 바쁜데."

"월요일은 원래 쉬는 날이잖아요. 반나절만 투자하면 돼요. 첫 회는 간단하게 시작해서 점점 발전시켜 나가면 됩니다."

준호는 다음 슬라이드를 보여주었다. 구체적인 커리큘럼과 일정표였다.

"와, 벌써 이렇게까지 준비했어?" 만수가 놀란 표정으로 물었다.

"네, 어젯밤에 잠 안 자고 만들었어요." 준호가 쑥스럽게 웃었다.

"아버지, 한번 해보면 어떨까요? 첫 번째는 시험 삼아 동네 어르신들 몇 분만 초대해서 작게 시작해볼 수 있어요."

만수는 잠시 고민했다. 과거에는 이런 새로운 제안에 바로 거부 반응을 보였겠지만, 요즘은 조금 달랐다. 식당 운영 몇 개월 만에 그도 변화의 중요성을 깨닫고 있었다.

"그래... 한번 해보자. 그런데 부담은 가는데, 내가 뭘 알려줄 수 있을지 모르겠다."

준호의 얼굴에 미소가 번졌다.

"걱정 마세요! 제가 대본도 만들어드릴게요. 그리고 아버지가 느끼신 어려움이나 극복 과정을 솔직하게 나누시면 그게 가장 좋은 가르침이 될 거예요."

만수는 고개를 끄덕였다. 내심 긴장되었지만, 아들이 자신을 믿고 중요한 역할을 맡긴다는 사실이 기분 좋게 느껴졌다.

"언제부터 시작할 건데?"

"다음 주 월요일에 첫 번째 수업을 열면 어떨까요? 이번 주 내내 홍보하고 준비하면 충분할 것 같아요."

만수는 결심한 듯 고개를 끄덕였다.

"좋아, 한번 해보자. 그런데 대체 어떤 사람들이 올까? 우리 같은 동네 식당에서 AI를 배우겠다고?"

준호는 마지막 슬라이드를 보여주었다. 홍보 포스터 샘플이었다.

> 따뜻한 밥상, 따뜻한 지식 나눔 - 자향루의 '실버 세대를 위한 AI 수업'

포스터 하단에는 '무료 교육 & 다과 제공'이라는 문구도 있었다.

"무료라고?" 만수가 놀라며 물었다.

"네, 처음엔 무료로 시작해서 입소문을 타게 하는 게 좋을 것 같아요. 나중에 반응이 좋으면 소정의 참가비를 받을 수도 있고요."

만수는 의자에 등을 기대며 한숨을 내쉬었다.

"너 정말 열심히 준비했구나."

"아버지와 함께 이 가게를 성공시키고 싶어요.

만수는 아들을 바라보았다. 준호가 밤새 이런 프로젝트를 준비했다. 그 노력이 가슴에 와닿았다.

"자, 이제 세부 계획을 짜볼까요?" 준호가 제안했다.

"그래, 근데 그 전에... 커피 한 잔 마시고 시작하자. 내가 타줄게."

만수가 일어나 커피를 내리러 가는 모습을 보며, 준호는 희망을 느꼈다.

첫 번째 '실버 세대를 위한 AI 수업'이 드디어 시작되었다. 준비 과정은 쉽지 않았다. 동네 주민센터와 노인정에 포스터를 붙이고, 단골손님들에게 홍보하고, 커리큘럼을 짜느라 일주일 내내 바빴다.

참가자들은 대부분 만수의 또래였다. 직접 초대한 지인들도 있었고, 포스터를 보고 온 동네 주민들도 있었다. 처음에는 '무료 다과'에 끌려 왔을지 모르지만, 강의가 시작되자 모두 진지한 표정으로 메모를 하고 있었다.

"이제 실습을 해볼까요? 여러분 스마트폰에서 ChatGPT 앱을 찾아보세요. 없으시면 저희가 도와드릴게요."

강의실에는 약간의 혼란이 일었다. 많은 참가자들이 앱을 찾는 데 어려움을 겪었다. 만수는 재빨리 참가자들 사이를 돌아다니며 도움을 주었다.

"박 사장, 여기 앱스토어에서 'ChatGPT'라고 검색하면 돼."

만수가 오랜 친구의 스마트폰을 가리키며 말했다.

"아이고, 내가 이런 거 할 수 있을까..." 박 사장이 머리를 긁적였다.

"할 수 있어. 나도 몇 달 전만 해도 이런 거 전혀 몰랐는데, 지금 봐. 내가 여기서 가르치고 있잖아."

만수의 격려에 박 사장은 용기를 내어 앱을 다운로드했다.

만수는 수업 앞쪽에서 모두가 볼 수 있도록 자신의 휴대폰 화면을 프로젝터로 띄웠다.

"자, 이제 여러분도 저처럼 해보세요. ChatGPT에게 '오늘 건강에 좋은 음식 추천해줘'라고 입력해볼게요."

만수가 시범을 보이자 참가자들도 하나둘 따라하기 시작했다. 처음에는 더뎠지만, 곧 각자의 화면에 AI 답변이 나타나자 탄성이 흘러나왔다.

"어머, 정말 대답을 하네!"

"이거 사람이 하는 거 아냐?"

"우와, 내가 좋아하는 음식도 추천해주네."

만수는 미소를 지었다. 사람들의 눈이 반짝이는 모습이 보기 좋았다.

참가자들이 더 다양한 질문을 시도하면서 강의실은 활기를 띠었다. 만수는 잠시 뒤로 물러나 전체 상황을 지켜봤다. 만수는 열심히 참가자들을 도우며 자신의 경험을 나누고 있었다.

"제가 처음에는 '이게 뭐 그리 대단하겠어'라고 생각했어요. 그런데 이걸 쓰면서 정말 많은 도움을 받았죠. 식당 메뉴도 개발하고, 마케팅도 하고..."

만수의 이야기에 참가자들은 귀를 기울였다. 같은 세대의 성공 경험은 그들에게 큰 영감이 되는 듯했다.

"김 사장님, 정말 AI로 식당을 차리셨어요?" 한 여성 참가자가 물었다.

"그렇죠. 우리 아들 도움도 많이 받았지만, 저희가 직접 ChatGPT로 메뉴 구성하고, Midjourney로 로고도 만들어봤어요. 처음엔 어렵지만, 익숙해지면 정말 편리해요."

준호는 아버지의 모습을 보며 뿌듯함을 느꼈다. 처음에는 이 프로젝트를 망설였던 아버지가 이제는 열정적으로 AI를 설명하고 있었다.

"다음은 이미지 생성 AI를 알아볼까요?"

만수가 다시 앞으로 나서며 말했다.

"여러분이 글로 설명하면 그림을 그려주는 마법 같은 도구예요."

만수는 DALL·E와 Midjourney 화면을 보여주었다. 참가자들의 눈이 더욱 커졌다.

"이런 것도 있어요?"

"진짜 그림처럼 보이네!"

"이거 어디에 쓸 수 있나요?"

만수는 각종 사용 사례를 설명했다.

"명함 디자인부터 가족 행사 초대장, 심지어 자녀나 손주에게 보낼 이미지 메시지까지 만들 수 있어요. 또 자신만의 이야기에 삽화를 넣을 수도 있고요."

참가자 중 한 남성이 손을 들었다. "저는 취미로 시 쓰는 걸 좋아하는데, 제 시에 어울리는 그림도 만들 수 있을까요?"

"물론이죠!" 만수가 밝게 대답했다. "선생님의 시 내용을 AI에게 설명해주면, 분위기에 맞는 그림을 만들어줍니다."

"정말요? 한번 해볼 수 있을까요?"

만수는 그 자리에서 시범을 보여주었다. 참가자가 자신의 시 한 구절을 알려주자, 만수는 그것을 프롬프트로 변환해 DALL·E에 입력했다.

잠시 후 시적인 풍경 이미지가 생성되었다.

"우와!" 참가자들이 감탄했다.

시간이 흐르면서 분위기는 더욱 활기차졌다. 참가자들은 처음의 어색함을 벗고 점점 더 다양한 질문과 시도를 해보았다. 그들의 얼굴에서 두려움이 사라지고 호기심과 즐거움이 자리 잡았다.

수업이 끝나갈 무렵, 만수가 앞으로 나섰다.

"여러분, 오늘 어떠셨나요? 저도 몇 달 전만 해도 여러분처럼 이런 것들을 전혀 몰랐어요. '나이 들어서 뭘 배우나'라는 생각도 있었고요."

참가자들이 고개를 끄덕였다. 그들도 비슷한 생각을 했을 것이다.

"그런데 제가 깨달은 건, 배움에는 나이가 없다는 거예요. 오히려 우리 같은 세대가 이런 기술을 접하면, 젊은 세대와 소통할 수 있는 다리가 생기는 것 같아요."

만수의 말에 참가자들이 공감의 눈빛을 보냈다.

"다음 주에도 계속 배우러 오세요. 조금씩 발전하다 보면, 어느새 우리도 디지털 세상에서 당당해질 수 있을 거예요."

강의가 끝나고 참가자들은 준비된 다과를 즐기며 담소를 나눴다. 많은 이들이 준호와 만수에게 다가와 감사 인사를 전했다.

"정말 좋은 시간이었어요. 손주들이랑 대화할 때 이제 좀 알아듣겠네요."

"다음 주에는 친구도 데려올게요. 이런 좋은 정보를 나눠주셔서 감사해요."

"김사장님, 정말 대단하세요. 저도 드디어 뭔가 배워볼까 하는 용기가 생겼어요."

만수는 활짝 웃으며 인사를 받았다. 준호는 뒤에서 그 모습을 지켜보았다. 아버지의 등이 어느새 당당해 보였다. 사람들에게 지식을 나누는 리더의 모습이었다.

참가자들이 모두 떠나고, 준호와 만수는 함께 테이블을 원래대로 정리했다.

"아버지, 오늘 정말 잘하셨어요." 준호가 말했다.

"그래? 처음에는 많이 긴장했는데... 점점 익숙해지더라."

만수가 쑥스러운 듯 웃었다.

"아버지가 경험담을 나누실 때 사람들이 정말 집중해서 들었어요. 그게 가장 효과적이었던 것 같아요."

만수는 의자를 제자리에 밀어 넣으며 생각에 잠겼다.

"그 사람들 표정 봤니? 처음에는 다들 겁먹었다가, 나중에는 이것저것 물어보고... 내가 가르치는 입장이 될 줄은 몰랐네."

"아버지가 이런 역할에 딱 맞는 것 같아요. 동년배들에게 용기를 주시니까."

만수는 잠시 생각에 잠겼다가 말했다.

"이 프로젝트 제안해줘서 고맙다. 처음에는 반신반의했는데... 오늘 보니 의미 있는 일인 것 같아."

준호는 미소 지었다. 어젯밤 갈등이 좋은 방향으로 해소된 것 같아 다행이었다.

"다음 주에는 뭘 가르칠까?" 만수가 물었다.

"음식 사진 찍는 법이랑 SNS에 올리는 방법 어때요? 실용적이고 재미있을 것 같은데."

"좋은 생각이다. 그리고 AI로 여행 계획 세우는 것도 가르쳐주면 좋겠다. 다들 여행 좋아하잖아."

두 사람은 다음 수업 계획을 세우며 이야기를 나눴다. 아버지와 아들 사이의 긴장감은 어느새 사라지고, 공동의 목표를 향해 협력하는 팀워크가 자리 잡았다.

두 번째 강의에서는 참가자가 15명으로 늘었다. 첫 주 참가자들이 친구들을 데려온 것이다.

"요즘은 SNS에 음식 사진 많이 올리잖아요. 자녀나 손주들도 그러고요. 오늘은 좋은 사진 찍는 법과 AI로 사진을 예쁘게 보정하는 방법을 배워볼 거예요."

그리고, 세 번째 수업은 25명으로 늘었다.

"오늘은 AI로 여행 계획 세우는 법을 배워볼게요. 어디로 가고 싶은지만 알려주면, ChatGPT가 맞춤형 일정표를 만들어줍니다."

참가자 중 한 여성이 손을 들었다.

"제주도 3박 4일 여행 계획도 만들어줄 수 있나요? 다음 달에 자매들이랑 가기로 했거든요."

"물론이죠! 바로 해보시죠."

준호의 도움으로 그 여성은 자신만의 제주도 여행 계획을 ChatGPT로 만들었다. 식사 장소, 관광지, 심지어 날씨에 따른 대안 계획까지 포함된 상세한 일정표였다.

"이거 진짜 대단하네요! 여행사보다 더 자세히 알려주는데?"

만수는 옆에서 미소 지으며 지켜보았다. 그는 이제 매주 월요일을 기다리게 되었다. 사람들에게 새로운 지식을 전하고, 그들의 감사 인사를 받는 일이 즐거웠다.

네 번째 AI 수업이 열리던 날, 자향루 앞에는 긴 줄이 늘어서 있었다. 이제는 참가 신청을 받아야 할 정도로 인기가 높아졌다.

"오늘 몇 명이지?" 만수가 준비하며 물었다.

"40명이요. 더 많은 신청이 왔지만, 공간 제약 때문에 더는 못 받았어요."
"40명…" 만수가 숨을 깊게 들이마셨다.

준호는 태블릿으로 오늘의 강의 자료를 확인했다.
"오늘은 AI로 건강 관리하는 법을 다룰 거예요. ChatGPT로 맞춤형 운동 계획 세우기, 식단 계획, 약 복용 알림 설정 같은 것들이요."
만수는 강의을 위해 탁자와 의자를 정리하며 생각에 잠겼다. 처음 이 프로젝트를 시작했을 때는 단순히 5~6명의 동네 주민을 위한 작은 시도였다. 이제는 지역 사회에 영향을 미치는 프로그램이 되어가고 있었다.

참가자들이 하나둘 들어오기 시작했다. 익숙한 얼굴들도 있고, 새로운 사람들도 있었다. 모두 기대에 찬 표정이었다.
"김 선생님, 오늘은 뭘 배울 건가요?" 첫 주부터 참여했던 여성이 물었다.
"오늘은 AI로 건강 관리하는 법을 배울 거예요." 만수가 미소 지으며 대답했다. "이제 저를 '선생님'이라고 부르시네요."
"당연하죠! 우리에게 이렇게 좋은 걸 가르쳐주시는데요."

수업이 시작되고, 준호와 만수는 번갈아가며 진행했다. 준호가 기술적인 부분을 설명하면, 만수는 자신의 경험을 바탕으로 실용적인 팁을 알려주었다.
"처음에는 저도 못 믿었어요. AI가 어떻게 내 건강 상태를 알겠어, 라고 생각했죠. 하지만 제가 직접 정보를 입력하고, AI는 그에 맞는 조언을 해주더라고요. 물론 의사를 대체할 수는 없지만, 일상 관리에는 큰 도움이 됩니다."

참가자들은 열심히 노트에 필기를 하고, 스마트폰으로 직접 따라 해보았다. 무척 집중하는 모습이었다.

수업이 한창 진행 중일 때, 문이 열리고 정장을 입은 중년 남성이 들어왔다. 준호는 그를 알아보고 반갑게 맞이했다.

"안녕하세요, 구청장님. 어서 오세요."

참가자들 사이에서 작은 술렁임이 일었다. 구청장이 직접 이 프로그램을 보러 왔다는 사실에 놀란 듯했다. 구청장은 조용히 뒤쪽 자리에 앉아 수업 진행을 지켜보았다. 준호와 만수는 평소처럼 수업을 계속 진행했다.

수업이 끝난 후, 구청장은 앞으로 나와 모두에게 인사했다.

"오늘 이 특별한 수업을 직접 볼 수 있어 기쁩니다. 이렇게 지역 주민들을 위한 의미 있는 활동을 해주셔서 감사합니다."

이어서 구청장은 준호와 만수를 따로 불러 대화를 나눴다.

"이 프로그램을 구 차원에서 지원하면 어떨까 합니다. 더 많은 주민들이 혜택을 받을 수 있도록 말이죠."

준호와 만수는 놀란 표정으로 서로를 바라봤다.

"어떤 지원을 말씀하시는 건가요?" 만수가 물었다.

"장소 제공, 장비 지원, 그리고 적절한 강사료도 드릴 수 있습니다. 구민회관에서 정기적으로 이 프로그램을 진행하면 어떨까요?"

준호가 답했다.

"감사합니다, 구청장님. 좋은 제안이지만, 저희가 좀 고민해볼 수 있을까요? 지금은 작은 규모로 진행하고 있어서..."

"물론입니다. 천천히 생각해보세요. 자향루의 이 프로젝트는 우리 지역의 좋은 모델이 될 수 있습니다. 디지털 격차 해소와 세대 통합, 모두 우리 구의 중요한 과제니까요."

구청장이 떠난 후, 준호와 만수는 자리에 앉아 깊은 대화를 나눴다.
"어떻게 생각해요, 아버지? 구청의 제안을 받아들여볼까요?"
만수는 잠시 생각에 잠겼다.
"솔직히 말하면, 좀 부담스럽기도 해. 우리는 그냥 식당 주인일 뿐인데... 근데 또 한편으로는 이게 정말 사람들에게 도움이 된다는 생각도 들고."
"저도 마찬가지예요. 이게 너무 커지면 식당 운영에 지장이 갈 수도 있고... 하지만 이런 의미 있는 일을 더 확장할 기회잖아요."
둘은 잠시 침묵했다.
"아버지, 우리가 꼭 모든 걸 직접 할 필요는 없을 것 같아요."
준호가 말을 이었다. "지금 참가자 중에 열심히 배우는 분들이 많잖아요. 그분들 중 일부를 새로운 강사로 양성하는 건 어떨까요?"
만수의 눈이 반짝였다.
"그래, 세대 공감 멘토단 같은 걸 만드는 거지? 우리가 가르친 분들이 다시 다른 분들을 가르치는..."
"네, 정확해요! 그럼 규모도 키울 수 있고, 우리는 코디네이터 역할만 하면 되니까 부담도 줄고요."
만수는 자리에서 일어나 창가로 걸어갔다. 밖에는 여전히 몇몇 참가자들이 오늘 배운 것을 이야기하며 모여 있었다.
"이 수업이 우리 가게에 좋은 영향을 준 것 같아." 만수가 말했다.
"네, 월요일마다 수업을 하고 나면 화요일부터 주말까지 손님이 부쩍 늘어요. 참가자분들이 가족, 친구들을 데려오시나 봐요."

"그것보다... 우리가 더 가치 있는 일을 하고 있다는 게 중요한 것 같아."

준호는 아버지의 뒷모습을 바라봤다. 1년전만 해도 퇴직후 자신감 없이 구석에 앉아 있던 아버지가 이제는 당당하게 앞에 서서 다른 사람들을 가르치고 있었다.

그리고 그 변화는 준호 자신에게도 일어나고 있었다. 전에는 사람들 앞에 서는 것이 두려웠지만, 이제는 수업을 이끄는 것이 자연스러워졌다.

"아버지, 우리 정말 많이 변했죠?"

만수가 뒤돌아 아들을 바라봤다.

"그래, 우리 둘 다 많이 성장한 것 같아." 만수는 미소 지었다.

"아버지와의 사이도 더욱 좋아진 것 같아요"

"그러게. 왜 그럴까? 각자 자신의 강점을 발견했기 때문 아닐까?"

준호도 미소 지었다.

"그리고 이 수업을 통해 우리가 공통의 목표를 갖게 된 것도 있겠죠. 단순히 돈을 버는 것 너머의 의미요."

만수는 고개를 끄덕였다.

"그래, 네 말이 맞아. 이 수업을 시작하고 나서부터 가게가 단순한 사업이 아니라 무언가 더 의미 있는 것으로 변했어."

그날 밤, 식당 문을 닫은 후 만수와 준호는 테이블에 앉아 차를 마셨다.

"아버지, 세대 공감 프로젝트 시작한 지 두 달이 됐네요."

준호가 말했다.

"그렇구나. 시간 참 빠르다."

"이제 구청 프로그램으로도 확대되고, 다른 지역에서도 문의가 오고... 처음 생각보다 훨씬 커졌어요."

만수는 따뜻한 차를 한 모금 마셨다.

"처음에는 그냥 우리 갈등을 해결하기 위한 방법으로 시작했는데, 이렇게 많은 사람들에게 영향을 줄 줄은 몰랐지."

준호는 조용히 고개를 끄덕였다.

"이제 아버지가 주변 어르신들의 멘토가 되셨네요. 디지털 세상으로 인도하는 가이드라니..."

만수는 쑥스러운 듯 웃었다. "뭘, 다 너 덕분이지. 네가 아니었으면 나는 여전히 챗GPT가 뭔지도 모르고 있었을 거야."

두 사람 사이에 편안한 침묵이 흘렀다.

"아버지, 어제 동철 삼촌한테 전화 왔었어요. 이제 카페 준비 다 됐다고 하더라고요."

"그래? 우리 도움 덕분에 잘 됐구나."

"네, 아버지가 멘토 역할을 해주신 덕분이죠."

만수는 미소 지었다. "이제 우리가 다른 사람들을 도울 수 있는 위치가 됐구나."

"그게 세대 공감 프로젝트의 진정한 성공이 아닐까요? 배움이 순환되는 거요."

만수가 동의했다. "맞아. 내가 배우고, 그걸 또 다른 사람에게 나누고... 그 사람이 또 다른 이에게 전하고."

준호는 태블릿을 꺼내 구글 애널리틱스 화면을 보여주었다.

"가게 방문객이 수업 시작 전보다 68% 증가했어요. 온라인 리뷰도 평균

4.8점으로 올랐고요."

"숫자보다 더 중요한 건... 우리가 이제 단순한 식당이 아니라는 거지."

만수가 말했다.

"네, 자향루는 이제 지역 커뮤니티의 허브가 됐어요."

만수는 창밖을 바라봤다. 밤늦은 시간이지만 거리에는 여전히 사람들이 오가고 있었다. "준호야, 고맙다."

"뭐가요?"

"이 프로젝트를 제안해줘서. 덕분에 나도 새로운 시작을 할 수 있었어."

준호는 아버지의 손을 잡았다.

"저도 감사해요. 이 프로젝트가 아니었다면, 우리는 여전히 서로를 이해하지 못했을 거예요. 아버지, 내일은 무슨 내용으로 수업을 진행할까요?"

"음... AI로 디지털 유산 남기기 어때? 자서전 쓰기, 가족 역사 정리하기, 미래 세대에게 메시지 남기기 같은 거..."

"그거 정말 좋은 아이디어예요! 중장년층에게 의미 있는 주제가 될 것 같아요."

만수는 준호의 어깨를 두드렸다.

"자, 이제 들어가자. 내일도 바쁜 하루가 될 테니까."

두 사람은 식당 불을 끄고 문을 잠갔다. 간판의 '자향루' 글자가 어둠 속에서 은은하게 빛나고 있었다.

그 아래에는 작은 글씨로 '전통의 맛, 미래의 방식'이라는 문구가 새겨져 있었다. 그 문구는 이제 단순한 슬로건이 아니라, 아버지와 아들이 함께 걸어가는 길의 나침반이 되어 있었다.

긴장감은 어느새 사라지고,
공동의 목표를 향해 협력하는
팀워크가 자리 잡았다.

제 14장

위기와 대응

"음, 저기 보이는 게 뭐지?"

왕쉐린이 자향루 창문 너머를 응시하며 물었다. 토요일 오전, 영업 준비로 분주한 시간이었다. 만수는 뭘 보는지 궁금해 카운터를 나와 창가로 다가갔다.

"어디?"

"건너편 상가 건물요. 어제까지 비어있었는데."

만수는 눈을 가늘게 뜨고 바라봤다. 대로변 맞은편, 한동안 공실이었던 넓은 상가에 현수막이 걸려 있었다. '금룡각(金龍閣) - 프리미엄 중화요리 전문점, 6월 15일 그랜드 오픈!'

"뭐야? 중식당이라고?"

왕쉐린의 표정이 굳었다. "그것도 프랜차이즈 같은데... 금룡각은 전국에 30개 넘는 체인점 있는 곳이에요."

만수는 가슴이 철렁했다. 자향루를 오픈한 지 1년이 조근 넘은 시점에서 바로 맞은편에 대형 프랜차이즈가 들어선다니. 누가 일부러 자리를 잡은 건 아닌지 의심스러울 정도였다.

"준호야!"

사무실에서 재고 관리 중이던 준호가 고개를 내밀었다.

"네? 무슨 일이에요?"

"저기 건너편 봐봐. 금룡각이라고, 중식당 체인점이 들어오는 모양이야."

준호는 창가로 다가와 현수막을 살폈다. 곧 인터넷 검색을 시작했다.

"금룡각... 맞네요. 대형 프랜차이즈예요. 상장 기업 계열사고, 매장 규모도 보통 100석 이상이네요."

"젠장" 만수가 작게 욕설을 내뱉었다.

"50석 규모의 자향루는 금룡각에 비하면... 오픈일이 6월 15일이라고? 2주 남았네."

"벌써 인테리어 공사 시작했네요." 준호가 건너편 건물에서 오가는 인부들을 가리키며 말했다. "소문에 의하면 요즘 한참 뜨는 체인이라던데..."

왕쉐린은 한국에서 20년 넘게 일한 경험을 바탕으로 더 많은 정보를 알고 있었다.

"초반에 한 달 정도 파격 할인해요. 보통 30-40% 할인하고, VIP 고객 모으기 위해 초대 이벤트도 하고... 다 계산된 전략이에요."

만수는 팔짱을 끼고 심각한 표정으로 창밖을 응시했다. 자향루는 초기 어려움을 딛고 이제 막 자리를 잡아가는 중이었다. 손님들의 입소문으로 주말에는 웨이팅이 엄청날 정도로 인기를 끌고 있었다. 하지만 바로 앞에 대형 프랜차이즈가 들어서면 당연히 타격을 받을 수밖에 없었다.

"일단 오늘 영업 준비나 하자. 점심 장사 끝나고 회의를 소집할게."

만수의 말에 모두 고개를 끄덕였지만, 분위기는 이미 가라앉아 있었다.

점심 영업이 시작되자 평소처럼 손님들이 찾아왔다. 하지만 만수는 계속 마음이 불안했다. 테이블을 돌며 인사하는 동안에도 건너편 금룡각의 현수막이 눈에 아른거렸다.

"사장님, 오늘도 짜장면 맛있네요."

단골 손님인 오영식 씨가 엄지를 치켜세웠다. 퇴직 후 동네에 거주하는 60대 남성으로, 일주일에 두 번은 꼭 자향루를 찾는 단골이었다.

"감사합니다. 더 맛있게 드시라고 오늘 특별히 두 배로 정성을 들였습니다."

"그런데 사장님, 건너편에 금룡각 들어온다던데 알고 계세요?"

만수의 미소가 굳었다. "네, 오늘 알았습니다."

"거기 체인점인데 광고도 많이 하고, 가격도 싸던데..."

만수는 웃음을 유지하려 애썼다.

"저희는 정성과 품질로 승부하니까요. 걱정 마세요."

겉으로는 자신감을 내비쳤지만, 속으로는 불안감이 커졌다. 점심 장사가 끝나고 테이블을 정리하면서, 만수는 준호에게 다가갔다.

"금룡각에 대해 더 조사해봤니?"

준호는 고개를 끄덕였다.

"네, 꽤 많은 정보를 찾았어요. 3시에 회의할 때 공유할게요."

"알았어. 지수한테도 연락해서 회의에 참석하라고 했어."

준호는 놀라면서... "지수요? 무슨 일로요?"

"새로운 브랜딩이나 마케팅 아이디어가 필요할 것 같아서. 위기는 기회라고, 이참에 우리도 업그레이드 해보자고."

준호는 아버지의 전향적인 태도에 놀랐지만, 동시에 안심이 되기도 했다. 적어도 아버지는 문제를 회피하지 않고 정면으로 대응하려는 모습을 보였다.

오후 3시, 자향루의 브레이크타임 중에 직원들과 핵심 멤버들이 사무실에 모였다. 만수, 준호, 왕쉐린, 민재 그리고 외부에 있던 디자인 담당 지수까지 참석했다.

"오늘 긴급 회의를 소집한 이유는 다들 아시다시피 건너편에 금룡각이라는 프랜차이즈가 들어오기 때문입니다."

만수가 심각한 표정으로 회의를 시작했다.

"일단 준호가 금룡각에 대해 조사한 내용을 공유해줄 거야. 준호야, 부탁해."

준호는 노트북을 열고 프로젝터에 화면을 띄웠다. 금룡각의 홈페이지와 각종 리뷰, 매출 추정 자료가 준비되어 있었다.

"금룡각은 2019년에 시작한 프리미엄 중식당 체인으로, 현재 전국 37개 매장을 운영 중입니다. 특징은 현대적인 인테리어와 대형 규모, 그리고 표준화된 맛이에요. 각 지점마다 약간의 차이는 있지만 기본적으로 동일한 맛과 서비스를 제공하는 걸 원칙으로 삼고 있습니다."

준호는 화면을 넘겨 금룡각의 내부 사진을 보여줬다. 고급스러운 인테리어와 넓은 테이블, 현대적인 조명이 눈에 띄었다.

"중요한 건 그들의 마케팅 전략입니다. 신규 매장 오픈 시 한 달간 30% 할인 프로모션을 진행하고, 지역 인플루언서를 초청해 홍보 행사를 엽니다. 또한 대기업 계열사답게 대규모 광고 집행을 하는데, 특히 온라인과 소셜미디어에 집중 투자 합니다."

민재가 팔짱을 끼고 화면을 응시했다.

"그들의 소셜미디어 콘텐츠는 매우 전문적이에요. 푸드 스타일리스트와 전문 사진가를 고용해서 인스타그램용 콘텐츠를 만들고 있어요."

왕쉐린이 손을 들었다. "음식 맛은 어때요?"

"리뷰를 종합해보면, 전통 중식당보다는 한국인 입맛에 맞춘 현대적인 중식이라고 해요. 맛의 깊이는 좀 부족하다는 평가도 있지만, 대중적으로 누구나 부담 없이 즐길 수 있는 맛이라는 평가가 많습니다."

만수가 입술을 깨물었다.

"결국 우리 같은 개인 식당은 그들과 정면승부가 어렵겠네."

준호는 이번에는 자향루의 데이터를 화면에 띄웠다.

"제가 Notion AI로 우리 기존에 저장해두었던 데이터를 분석해 본 결과, 우리의 강점은 확실히 맛과 서비스의 진정성이에요. 만족도 조사에서 우리 단골 고객들은 '집에서 먹는 것 같은 편안함'과 '정성이 느껴지는 맛'을 가장 높게 평가했습니다. 하지만..."

준호는 잠시 말을 멈추고 다음 슬라이드로 넘겼다.

"우리의 약점은 인지도와 접근성이에요. 아직 SNS 팔로워 수가 5,000명 정도로 적고, 검색 엔진에서도 노출이 약합니다. 또한 신규 고객 유입률은 월 15% 정도인데, 이는 지속적인 성장을 위해서는 좀 더 높아져야 하는 수치예요."

민재가 손을 들었다.

"그럼 저희가 싸울 수 있는 방법이 뭔가요? 가격 경쟁은 안 될 것 같은데..."

만수가 팔짱을 풀고 몸을 앞으로 기울였다.

"다들 의견을 말해보세요. 우리가 가진 강점을 살리면서 금룡각과 차별화할 수 있는 방법이 뭐가 있을까요?"

지수가 먼저 발언했다.

"저는 브랜딩 리뉴얼이 필요하다고 생각해요. 지금 우리는 전통과 현대의 조화를 강조하고 있지만, 더 명확한 아이덴티티가 필요해요. 특히 '진정성'과 '정성'이라는 키워드를 더 강조하면 좋겠어요."

"구체적으로 어떻게요?"

만수가 궁금해했다.

"예를 들어, 왕 셰프님의 스토리를 더 부각시키는 거예요. 그의 20년 넘는 경력, 요리에 대한 철학, 식재료 고르는 과정 같은 걸 영상으로 담아 SNS에 올리는 거죠. 사람들은 요리 뒤에 있는 이야기를 좋아해요."

왕쉐린은 쑥스러운 표정을 지었지만, 만수는 적극적으로 고개를 끄덕였다.

"좋은 생각이야. 하지만 브랜딩만으로는 부족할 것 같아. 준호, 너는 어떻게 생각해?"

준호는 잠시 생각에 잠겼다가 말했다.

"저희가 AI를 활용해 고객 데이터를 더 분석해 볼 필요가 있어요. ChatGPT나 Claude 같은 도구로 고객 피드백을 분석하고, 우리만의 강점을 더 부각시키는 전략을 세우는 거죠."

"실제로 어떻게 분석을 해?"

"예를 들어, 저희가 모은 고객 리뷰와 피드백을 AI에게 입력해서 패턴을 파악하고, 개선할 점과 강화할 점을 도출할 수 있어요. 또한 고객 세그먼트별로 맞춤형 접근 전략을 수립할 수도 있고요."

만수는 고개를 끄덕였다. "왕 셰프님은 어떻게 생각하세요?"

왕쉐린은 진지한 표정으로 대답했다.

"저는 메뉴 개발이 필요하다고 봐요. 더 차별화된 시그니처 메뉴가 없으면 경쟁에서 밀려요. 금룡각은 표준화된 맛만 제공하지만, 우리는 창의적이고 독특한 맛으로 승부해야 해요."

만수는 모두의 의견을 경청하고 있었다. 잠시 침묵한 후, 그가 입을 열었다.

"다들 좋은 의견이에요. 저도 한 가지 제안이 있어요. 우리가 지역 사회와의 연결을 강화하는 거에요. 금룡각 같은 체인점은 전국 어디에나 있지만, 우리는 이 동네만의 식당이잖아요. 동네 주민들, 특히 단골 손님들과의 관계를 더 깊게 만들어 보는 건 어떨까요?"

"어떻게요?" 민재가 물었다.

"예를 들어, 단골 손님 초청 특별 시식회를 열거나, 작은 요리 클래스를 개최하는 거죠. 또 지역 행사에 참여하거나, 커뮤니티 활동을 지원하는 것도 좋을 것 같아요."

준호는 아버지의 제안에 놀랐다. 평소 만수는 마케팅이나 홍보에 큰 관심이 없었는데, 이렇게 적극적인 아이디어를 내놓는 모습이 새로웠다.

"모두 좋은 아이디어네요. 그럼 각자 역할을 나눠서 실행 계획을 세워볼까요?"

회의가 끝난 후, 준호는 사무실에 남아 고객 데이터 분석에 착수했다.

지난 1년간 모은 리뷰, 피드백, POS 데이터를 정리하고, Claude에게 입력하여 분석을 요청했다.

> 자향루 중식당의 고객 데이터를 분석해주세요. 우리 강점과 약점, 개선할 점, 그리고 경쟁 프랜차이즈에 대응하기 위한 전략적 인사이트를 제공해주세요.

Claude는 방대한 데이터를 빠르게 처리했다.

✳ Claude 답변

자향루 중식당 데이터 분석 결과:

[강점]
1. 음식의 맛과 품질 - '특제 짜장면'과 '유자 칠리 새우'가 많은 호평을 받음

2. 아늑한, 정갈한 분위기 - 편안하면서도 세련된 인테리어 호평
  3. 친절한 서비스 - 사장님의 직접적인 고객 응대가 매우 긍정적인 평가
  4. 단골 고객 충성도 - 재방문율 62%로 높은 편

[약점]
  1. 인지도 부족 - 신규 고객 유입이 제한적
  2. 대기 시간 - 주말 피크타임에 대기 관리 미흡
  3. 온라인 존재감 약함 - SNS보고 찾아오는 손님 적은편
  4. 다양성 제한 - 메뉴 라인업이 경쟁사 대비 적은 편

[기회 요소]
  1. 지역 소속감 - 지역 커뮤니티와의 유대 가능성
  2. 스토리텔링 - 왕쉐린 셰프의 경력과 요리 철학
  3. 퓨전 메뉴 개발 - 경쟁사와 차별화된 독창적 메뉴
  4. 디지털 마케팅 개선 - SNS 활용 확대 여지

[전략적 제안]
  1. 단골 고객 로열티 프로그램 강화 - 기존 고객 유지 및 추천 유도
  2. 왕쉐린 셰프의 스토리를 중심으로 한 콘텐츠 제작
  3. 한정판 시그니처 메뉴 개발 - 매주 다른 '셰프의 특별 메뉴' 런칭
  4. 지역 맞춤형 이벤트 - 동네 축제, 학교 행사 등과 연계
  5. 온라인 리뷰 관리 강화 - 모든 리뷰에 응답, 피드백 반영 가시화

준호는 Claude의 분석 결과를 살펴보며, 몇 가지 흥미로운 패턴을 발견했다. 특히 단골 고객들의 충성도가 높다는 점과 김사장의 이야기와 왕쉐린셰프의 스토리가 강점이 될 수 있다는 점이 인상적이었다.

이어서 준호는 Perplexity에 금룡각 같은 프랜차이즈와 경쟁하는 독립 음식점의 성공 사례를 검색했다.

> 대형 프랜차이즈 중식당과 경쟁에서 살아남은 소규모 독립 음식점의 성공 사례와 그들의 전략을 알려주세요.

 Perplexity 답변

대형 프랜차이즈와 경쟁에서 성공한 독립 음식점 사례:

1. 미국 뉴욕의 'Joe's Shanghai'
    - 차별화 전략: 소룡포 하나에 집중, '시그니처 메뉴' 전략으로 유명세 확보
    - 현지 언론과 블로거 활용한 입소문 마케팅
    - 관광객과 현지인 모두를 타겟으로 설정

2. 한국 서울의 '송화양곱창'
    - 레시피 비결 고수하며 일관된 맛 유지
    - 가족 경영을 통한 비용 절감과 품질 관리
    - 단골 위주의 안정적 고객 기반 구축

3. 호주 시드니의 'Golden Century'
    - 심야 영업으로 차별화 (셰프들이 퇴근 후 찾는 맛집으로 포지셔닝)
    - 신선한 해산물 특화로 틈새시장 공략
    - 셀럽 고객들의 방문을 활용한 홍보 전략

[성공 요소 분석]
    1. 특화된 시그니처 메뉴 개발
    2. 확고한 브랜드 스토리와 정체성
    3. 지역 커뮤니티와의 강한 유대 관계
    4. 틈새시장(시간대, 특별 메뉴 등) 공략
    5. 디지털 마케팅과 전통적 입소문의 균형 있는 활용

준호는 이 결과를 보며 다양한 아이디어가 떠올랐다. 특히 시그니처 메뉴 개발과 지역 커뮤니티 연계가 중요하다는 것을 다시 한번 확인했다.

마지막으로, 준호는 ChatGPT에게 실행 가능한 전략을 요청했다.

> 자향루 중식당이 대형 프랜차이즈 금룡각과의 경쟁에서 살아남기 위한 구체적인 전략과 실행 계획을 제안해주세요. 특히 단기간(2주 이내)에 실행 가능한 것들과 중장기 계획을 구분해주세요.

ChatGPT의 답변은 상세했다.

 챗GPT 답변

자향루의 경쟁 대응 전략 (대형 프랜차이즈 금룡각 대비)

[단기 실행 계획 (2주 이내)]
1. 단골 고객 로열티 강화
   - VIP 초대 시식회 개최 (금룡각 오픈 전 주말)
   - 단골 포인트 더블 적립 프로모션 (1개월 한정)
   - 단골 손님 대상 "친구 초대 시 특별 서비스" 제공

2. 온라인 존재감 긴급 강화
   - 주요 배달앱 및 맛집 앱 프로필 업데이트 (사진, 메뉴 설명)
   - 구글 비즈니스 프로필 최적화
   - 인스타그램 집중 업데이트 (3일에 1개 이상 게시물)

3. 시그니처 메뉴 하이라이트
   - 셰프 추천 메뉴 2-3개를 테이블 위 POP로 강조
   - 시그니처 메뉴 주문시 소형 디저트 무료 제공 이벤트
   - SNS용 "셰프의 비밀 레시피" 시리즈 영상 제작

4. 커뮤니티 연계 강화
   - 주변 사무실, 아파트에 특별 할인 쿠폰 배포
   - 지역 커뮤니티(맘카페, 동네 카페 등) 협업 제안
   - 점심 테이크아웃 메뉴 강화 및 홍보

[중장기 전략 (1-3개월)]
1. 브랜드 스토리텔링 강화
   - 왕쉐린 셰프의 25년 요리 여정 다큐 스타일 컨텐츠
   - 자향루만의 요리 철학과 재료 선택 기준 공유
   - 고객 스토리 시리즈 (단골들이 자향루를 찾는 이유)

2. 메뉴 혁신 및 차별화
   - 월별 시즌 한정 메뉴 개발 일정 수립
   - 한국 식재료를 활용한 퓨전 중식 라인업 구축

> - 금룡각에 없는 프리미엄 메뉴 개발 (고급 해산물, 특수 식재료)
>
> **3. 고객 경험 업그레이드**
> - 미니 요리 클래스 프로그램 론칭
> - 셰프와의 대화 특별 테이블 운영
> - 가족 모임, 소규모 축하 이벤트를 위한 맞춤형 코스 개발
>
> **4. 디지털 마케팅 고도화**
> - 고객 데이터베이스 구축 및 이메일 마케팅
> - 인플루언서 콜라보레이션 정례화
> - 월간 뉴스레터로 고객과 지속적 소통
>
> 실행 우선순위 : 단골고객 응대 강화 → 시그니처 메뉴 부각 → 온라인 존재감 확대 → 지역 커뮤니티 연계 순으로 실행 권장

준호는 이 모든 분석 결과를 정리하여 PDF로 만들고, 팀원들에게 공유했다. 특히 단기 실행 계획은 즉시 적용할 수 있도록 구체적인 액션 아이템으로 세분화했다.

사무실 문이 열리고 만수가 들어왔다. "어떻게 되어가니?"

"분석 결과가 나왔어요. 생각보다 우리가 가진 강점이 많더라고요."

만수는 준호 옆에 앉아 화면을 함께 보았다.

"이거 정말 유용하네. 단골 고객 로열티를 강화하는 게 최우선이라... 내 생각과도 일치해."

준호는 만수의 얼굴을 살폈다. 이전에는 AI 분석 결과를 그다지 신뢰하지 않던 아버지가 이제는 진지하게 받아들이는 모습이 보기 좋았다.

"아버지는 어떤 아이디어가 있으세요?"

만수는 잠시 생각에 잠겼다가 말했다.

"나는 초심으로 돌아가야 한다고 생각해. 처음 시작할 때 우리가 가졌던

열정, 손님 한 명 한 명에게 쏟았던 정성... 그걸 다시 강화하고 싶어."

"구체적으로요? "

"내가 직접 거리로 나가서 홍보도 하고, 단골들에게 전화도 걸고...

준호는 웃음을 터뜨렸다. "네~ 아버지는 역시 현장 영업이 더 맞는 것 같아요. 아무튼 그것도 꼭 필요할 것 같긴 하네요."

만수의 눈이 반짝였다.

"그럼 내일부터 시작하자. 너는 온라인을, 나는 오프라인을 맡아서."

다음 날 아침, 만수는 일찍 출근해 옛 회사 시절의 수첩을 꺼내들었다. 아직도 그는 중요한 연락처와 메모를 디지털보다는 수첩에 기록하는 습관이 있었다.

"여보세요, 오영식 님? 자향루 사장 김만수입니다. 안부 전화 드렸습니다."

만수는 단골 고객 리스트를 하나씩 체크하며 전화를 걸었다. 각 고객의 선호 메뉴와 방문 빈도를 기억하고 있었고, 그 정보를 바탕으로 맞춤형 대화를 나눴다.

"이번 주말에 저희가 특별한 이벤트를 준비하고 있어서요. 단골 고객 감사 시식회인데, 오 사장님처럼 저희를 자주 찾아주시는 분들만 특별히 초대하고 있습니다."

한편, 준호는 디지털 마케팅에 집중했다. Instagram, Facebook, 그리고 네이버 포스트에 새로운 콘텐츠를 업로드하고 전략을 개선했다.특히 주력한 것은 '왕쉐린 셰프의 스토리' 시리즈였다. 준호는 왕쉐린이 어떻게 요리를 시작했고, 25년 동안 어떤 경험을 쌓았는지 인터뷰하고, 그 내용을 감성적인 스토리로 재구성했다.

"맛에는 이야기가 담겨 있습니다. 자향루의 모든 요리에는 왕쉐린 셰프의 25년 경험과 정성이 담겨 있습니다."

이 콘텐츠는 예상보다 좋은 반응을 얻었다.

특히 왕쉐린이 아침 일찍 시장에서 식재료를 고르는 모습을 담은 영상은 많은 사람들의 공감을 이끌어냈다.

지수는 브랜딩 리뉴얼에 착수했다. DALL·E를 활용해 다양한 비주얼 컨셉을 시험했다.

> 자향루 중식당의 브랜드 아이덴티티를 강화할 수 있는 비주얼 컨셉을 제안해주세요. 따뜻함, 정성, 전통, 그리고 현대적 감각이 조화된 이미지를 생성해주세요.

DALL·E가 생성한 여러 이미지 중, 붓글씨와 현대적 타이포그래피가 조화를 이룬 디자인이 팀의 마음을 사로잡았다. 지수는 이를 바탕으로 새로운 메뉴판, 간판, 그리고 포장 디자인을 제작했다.

왕쉐린은 주방에서 새로운 메뉴 개발에 몰두했다. 특히 '한중 퓨전 시그니처' 라인을 구상 중이었다.

"이거 맛봐보세요." 왕쉐린이 만수에게 한 접시를 내밀었다.

"된장 소스 탕수육입니다. 한국 된장과 중국 탕수육의 만남이에요."

만수는 맛을 보고 눈을 크게 떴다.

"이거 대박인데? 달콤함과 된장의 고소함이 완벽하게 어우러져 있어!"

이렇게 각자의 영역에서 최선을 다하는 동안, 만수와 준호는 매일 저녁 진행 상황을 공유하고 다음 날의 계획을 조율했다.

"준호야, 네가 만든 온라인 콘텐츠가 정말 좋더라. 특히 왕 셰프님 이야기는 내 마음도 움직였어."

"아버지도 대단하세요. 하루 만에 50명이 넘는 단골에게 연락하시다니..."

두 사람은 웃으며 서로를 격려했다. 위기 상황이 오히려 팀을 더 단단하게 만들고 있었다.

금룡각 오픈 일주일 전, 자향루에서는 단골 고객 감사 시식회가 열렸다. 평소 장사가 없는 월요일 저녁이었지만, 50명의 단골 고객을 초대했다.

"오늘 이 자리를 마련한 이유는 여러분의 변함없는 사랑에 감사드리기 위해서입니다."

만수가 마이크를 들고 인사했다. 그의 눈빛은 진심으로 감사함을 담고 있었다.

"그리고 솔직히 말씀드리면, 저희에게 조언이 필요합니다. 곧 건너편에 대형 체인점이 들어온다는 소식, 다들 들으셨을 거예요."

손님들 사이에서 작은 웅성거림이 일었다.

"저희는 여러분의 의견을 듣고 싶습니다. 자향루가 어떻게 더 나아질 수 있을지, 무엇을 지켜야 할지... 솔직한 피드백 부탁드립니다."

시식회는 화기애애한 분위기로 진행되었다. 왕쉐린이 개발한 새로운 퓨전 메뉴 5종이 소개되었고, 손님들의 반응은 열광적이었다.

"이 된장 탕수육, 정말 신세계예요!" 60대 여성 고객이 감탄했다.

"저희 회사 점심 모임에 자향루를 자주 이용하는데, 메뉴가 더 다양해지면 좋겠어요." 30대 직장인의 제안도 있었다.

준호는 이 모든 피드백을 녹음하고, 중요한 포인트를 메모했다. 시식회가 끝나갈 무렵, 그는 고객들에게 짧은 설문조사를 부탁했다.

"여러분의 소중한 의견을 더 체계적으로 듣고 싶습니다. 이 QR 코드를 스캔하시면 간단한 설문에 참여하실 수 있습니다. 참여해주신 모든 분께 다음 방문 시 사용할 수 있는 디저트 쿠폰을 드립니다."

그날 밤, 준호는 수집된 피드백과 설문조사 결과를 ChatGPT에 입력하여 분석을 요청했다.

> 자향루 단골 고객 시식회에서 수집한 피드백과 설문조사 결과를 분석해주세요. 주요 인사이트와 개선 방향을 제안해주세요.

ChatGPT는 신속하게 분석 결과를 제공했다.

자향루 고객 피드백 분석 결과:

[핵심 인사이트]
1. 음식 품질에 대한 만족도가 매우 높음 (평균 4.8/5점)
2. 특히 '정성'과 '진정성'이 자향루의 가장 큰 차별점으로 인식됨
3. 신메뉴에 대한 반응은 긍정적이나, 메뉴 다양성 확대 요구도 있음
4. 주말 대기 시간에 대한 불만이 다수 언급됨
5. 온라인 주문/예약 시스템 개선 필요성 제기

[세그먼트별 주요 의견]
 - 50대 이상: 전통적인 맛 유지와 여유로운 식사 환경 중시
 - 30-40대: 가족 단위 방문 시 키즈 메뉴 또는 옵션 요청
 - 20-30대: SNS 공유 가능한 비주얼과 특별한 경험 중시

[개선 제안]

> 1. 메뉴 차별화: 현재 인기 메뉴를 유지하면서 월별 시즌 메뉴 도입
> 2. 대기 관리: 모바일 대기 알림 시스템 구축
> 3. 고객 경험 개인화: 단골 고객 선호 메뉴/좌석 데이터베이스 구축
> 4. 가족 친화적 요소: 주말 키즈 옵션 및 가족 세트 메뉴 개발
> 5. SNS 활성화: 시각적 요소 강화 (플레이팅, 인테리어 포인트)
>
> **[경쟁사 대비 강조할 포인트]**
> 1. "2대에 걸친 정성의 맛" - 김만수와 왕쉐린의 스토리
> 2. "우리 동네 식구들의 식탁" - 지역 커뮤니티 소속감 강화
> 3. "변화하는 전통" - 전통의 맛에 새로운 해석을 더하는 퓨전 컨셉

준호는 이 분석 결과를 팀원들과 공유했고, 다음 날 아침 일찍 긴급 회의가 소집되었다.

"결국 우리의 가장 큰 무기는 '진정성'과 '지역 연결성'이네요." 준호가 분석 결과를 요약했다.

만수는 고개를 끄덕였다.

"그래, 대형 체인점은 절대 따라할 수 없는 부분이지."

지수가 손을 들었다.

"이 결과를 바탕으로 브랜딩 메시지를 더 명확하게 다듬었어요. 자향루 – 우리 동네의 정성, 세대를 잇는 맛'이라는 슬로건은 어떨까요?"

"좋은데?"

만수가 눈을 반짝이며 말했다.

"간결하면서도 우리가 전달하고 싶은 메시지가 잘 담겨있어."

왕쉐린은 메뉴 업데이트 계획을 공유했다.

"저는 고객 피드백 바탕으로 3가지 신메뉴 더 개발했어요. 그리고 주말 한정 '셰프의 특선 메뉴'도 준비했습니다."

민재는 주말 대기 시간 문제를 해결하기 위한 아이디어를 냈다.

"카카오톡 채널로 대기 알림 서비스를 만들면 어떨까요? 손님들이 줄 서

서 기다리지 않고도 자기 차례가 되면 알림을 받을 수 있어요."

준호가 고개를 끄덕였다.

"좋은 생각이야. 내가 API 연동해서 만들어볼게."

모두가 구체적인 실행 계획을 세우는 동안, 만수는 이 위기가 오히려 팀을 더 단단하게 만들고 있다는 것을 느꼈다. 서로 격려하고 아이디어를 공유하는 모습이 그를 감동시켰다.

"다들 정말 고마워요. 이렇게 함께 해주니 든든하네요."

만수의 진심 어린 말에 모두가 미소 지었다.

금룡각 오픈 당일, 예상대로 많은 사람들이 새로운 프랜차이즈 식당으로 몰려들었다. 자향루의 손님도 약 30% 정도 줄어들었다. 하지만 만수와 팀은 당황하지 않았다. 이미 준비된 대응 전략이 있었기 때문이다.

"오늘부터 '자향루 주간'을 시작합니다." 만수가 스태프들에게 선언했다. "우리만의 특별함을 보여줄 시간이에요."

그날부터 자향루에서는 다양한 이벤트가 진행되었다. 평일 점심에는 직장인을 위한 '스피드 런치 세트', 저녁에는 '셰프의 특선 코스', 주말에는 '가족 모임 특별 메뉴'가 제공되었다.

특히 큰 호응을 얻은 것은 '스토리 플레이팅' 이벤트였다. 각 테이블에 QR 코드가 있어, 스캔하면 그날의 메뉴가 어떻게 만들어지는지, 어떤 재료가 사용되었는지, 셰프의 어떤 마음이 담겨있는지 볼 수 있었다.

"이거 정말 특별한데요?" 한 여성 고객이 감탄했다. "음식에 스토리가 있으니 더 맛있게 느껴져요."

준호가 개발한 카카오톡 대기 알림 시스템도 효과적이었다. 주말 저녁에 웨이팅이 있지만, 손님들은 주변을 산책하거나 카페에서 시간을 보내다가 알림을 받고 오면 되었다.

무엇보다 중요한 것은 온·오프라인을 융합한 마케팅 전략이었다. 만수는 매일 아침 시장에서 식재료를 고르는 과정을 짧은 영상으로 담아 SNS에 올렸고, 준호는 이를 효과적으로 편집하여 스토리텔링을 강화했다.

"오늘의 재료는 제주에서 공수한 생새우입니다. 껍질의 탱탱함과 속살의 달콤함이 일품이에요. 이걸로 오늘의 '제주 새우 마라 볶음'을 만들 예정입니다."

단골 고객들은 이런 콘텐츠에 열렬히 반응했고, 일부는 직접 콘텐츠를 공유하며 홍보를 도왔다.

지수가 디자인한 새로운 브랜딩 요소들도 점차 자리를 잡았다.

특히 "우리 동네의 정성, 세대를 잇는 맛"이라는 슬로건은 지역 주민들에게 강한 소속감을 심어주었다.

만수는 늘 그랬듯이 식당 홀을 돌며 손님들과 적극적으로 대화하고, 그들의 이야기에 귀 기울였다. 그리고 그 이야기들을 준호에게 전달하여 디지털 마케팅에 반영되도록 했다.

"준호야, 오늘 703호 김 선생님이 오셨었는데, 그분이 중국 상하이에서 3년 살다 오셨대. 그분이 우리 짬뽕이 상하이 스타일과 비슷하다고 칭찬하시더라. 이런 스토리를 우리 콘텐츠에 넣으면 어떨까?"

"아버지, 그거 좋은 아이디어예요. '세계 각국에서 온 손님들이 인정한 자향루의 맛' 시리즈로 만들어볼게요."

만수의 대인관계 기술과 준호의 디지털 역량이 완벽하게 조화를 이루었다.

금룡각 오픈 2주차가 되자, 예상보다 빨리 자향루의 매출이 회복되기 시작했다. 단골 고객들은 여전히 변함없이 방문했고, 입소문을 통해 새로운 고객들도 조금씩 늘어났다.

특히 눈에 띄는 변화는 고객층의 다양화였다. 예전에는 주로 40-50대 손님이 많았지만, 이제는 SNS 마케팅 효과로 2030 젊은 층의 방문도 증가했다. 이들은 '인스타그래머블'한 자향루의 비주얼과 스토리에 매료되어 찾아왔다.

"만수 씨, 축하해요. 위기를 기회로 바꾸셨네요."

단골 손님 오영식이 만수의 어깨를 두드렸다.

"혼자 했으면 불가능했을 거예요. 아들과 좋은 팀원들 덕분이죠."

만수의 답변은 진심이었다. 그는 이제 팀의 힘을 진정으로 이해하게 되었다.

금룡각 오픈 두 달 후, 자향루 팀은 성과를 평가하는 회의를 가졌다. 준호가 데이터를 분석한 결과를 공유했다.

"초기 2주간은 매출이 약 30% 감소했지만, 3주차부터 회복세로 돌아섰고, 현재는 금룡각 오픈 전 대비 95% 수준까지 회복했습니다."

만수는 놀란 표정을 지었다. "생각보다 빠르네."

"더 중요한 건 고객층의 변화예요." 준호가 계속했다.

"20-30대 고객 비율이 15%에서 28%로 증가했고, 평균 객단가도 7% 상승했습니다. 특히 신메뉴의 판매 비중이 높아진 게 객단가 상승의 주요 요인이에요."

왕쉐린이 만족스러운 표정으로 고개를 끄덕였다.

"새로운 퓨전 메뉴들이 인기가 좋네요."

"온라인 지표도 훨씬 좋아졌어요." 준호가 화면을 넘겼다.

"인스타그램 팔로워가 5,000명에서 8,500명으로 증가했고, 해시태그 #자향루 언급량은 300% 이상 늘었습니다."

지수가 덧붙였다.

"브랜드 인지도 조사에서도 우리 동네에서 자향루를 알고 있다는 응답이 45%에서 67%로 증가했어요."

민재도 현장 피드백을 공유했다.

"손님들이 확실히 달라졌어요. 예전에는 그냥 '중식당'으로 오셨다면, 이제는 '자향루'를 찾아오시는 거죠. 메뉴 이름도 더 정확히 기억하시고, 셰프님 이야기도 아시고..."

만수는 잠시 생각에 잠겼다가 말했다.

"그럼 금룡각의 영향은 예상보다 크지 않았네?"

"맞아요." 준호가 대답했다.

"사실 금룡각을 조사해보니, 초기 할인 이벤트가 끝난 후에는 재방문율이 낮은 편이더라고요. 프랜차이즈다 보니 맛의 특별함이 부족하고, 서비스도 매뉴얼화되어 있어서 정감이 덜해요."

만수는 고개를 끄덕였다.

"경쟁자가 생기니까 우리가 더 발전하게 된 것 같아. 위기가 기회였네."

"아버지, 이제 뭐가 더 필요할까요?" 준호가 물었다.

만수는 잠시 생각하더니 미소를 지었다. "더 많은 경쟁자?"

모두가 웃음을 터뜨렸다.

"농담이고, 지금 우리가 가진 걸 더 튼튼하게 만들어야 할 것 같아. 단골 고객 관리, 콘텐츠 품질 향상, 직원 교육... 기본에 더 충실해지는 거지."

준호는 감명받은 표정을 지었다. 이전의 아버지라면 "이겼으니 이제 안심하자"고 했을 텐데, 지금의 아버지는 끊임없는 개선과 발전을 이야기하고 있었다.

"아버지 말씀이 맞아요. 그리고 우리가 이번에 시도했던 전략들을 체계화해서 매뉴얼로 만들면 어떨까요? 나중에 다른 위기가 오더라도 대응할 수 있게요."

만수는 아들의 제안에 고개를 끄덕였다. "좋은 생각이야. ChatGPT를 활용해서 우리 경험을 정리해볼까?"

준호는 노트북을 열고 ChatGPT에 프롬프트를 입력했다.

> 저희 자향루 중식당이 대형 프랜차이즈와의 경쟁에서 살아남은 경험을 바탕으로, 앞으로도 활용할 수 있는 '위기 대응 매뉴얼'을 작성해주세요. 핵심 전략과 실행 방법을 포함해주세요.

ChatGPT의 답변이 화면에 나타났다.

[자향루 위기 대응 매뉴얼]

1. 위기 감지 및 평가
 - 경쟁 환경 모니터링 (신규 경쟁업체, 트렌드 변화 등)
 - 핵심 지표 정기 점검 (매출, 재방문율, 온라인 언급량 등)
 - 고객 피드백 지속 수집 및 분석

2. 핵심 차별점 강화
- '정성'과 '진정성' 메시지 일관성 유지
- 왕쉐린 셰프의 전문성 지속 강조
- 지역 커뮤니티 연결성 강화

3. 고객 충성도 관리
- VIP 고객 데이터베이스 관리 및 정기 소통
- 단골 고객 특별 혜택 제공 (시식회, 프리뷰 이벤트 등)
- 고객 이야기 수집 및 콘텐츠화

4. 디지털 존재감 유지
- 주 3회 이상 SNS 콘텐츠 업데이트
- 월 1회 이상 영상 콘텐츠 제작
- 온라인 리뷰 관리 (48시간 내 모든 리뷰에 응답)

5. 메뉴 혁신 일정
- 분기별 메뉴 리뷰 및 판매 분석
- 반기별 신메뉴 2-3개 도입
- 월별 '셰프의 추천 메뉴' 로테이션

6. 위기 커뮤니케이션
- 고객에게 정직하고 투명한 소통
- 내부 팀원들과의 정기적 현황 공유
- 위기를 기회로 전환하는 긍정적 메시지 준비

7. 팀 사기 관리
- 주간 팀 미팅을 통한 소통 강화
- 성과와 노력에 대한 인정과 보상
- 모든 팀원의 아이디어 수용 문화 유지

8. 지속적 학습 및 개선
- 경쟁업체 벤치마킹 정기 실행
- AI 툴 활용 트렌드 분석
- 성공 및 실패 사례의 문서화

"이거 정말 체계적이네." 만수가 감탄했다.

만수는 화면을 유심히 살펴보며 말했다. "우리가 실제로 해온 것들이지만, 이렇게 정리되니 더 명확하게 보이는군."

"이걸 기반으로 우리만의 업그레이드 된 매뉴얼을 완성하면 좋겠어요." 준호가 제안했다.

회의가 끝난 후, 준호와 만수는 식당 앞 테라스에 앉아 커피를 마시며 건너편 금룡각을 바라봤다. 한때는 두려움의 대상이었던 경쟁자가 이제는 그저 하나의 동네 식당으로 보였다.

"아버지, 처음에 금룡각 소식 들었을 때 많이 걱정하셨죠?"

만수는 고개를 끄덕였다.

"솔직히 가슴이 덜컥 내려앉았지. 지난 1년간 고생해서 여기까지 왔는데, 하루아침에 무너질까 봐 두려웠어."

"저도 그랬어요. 특히 아버지가 실망하실까 봐 더 걱정됐고요."

만수는 아들을 바라봤다.

"네가 걱정했다고? 나는 오히려 네가 든든했는데. 네가 이렇게 데이터를 분석하고, 전략을 세우는 모습을 보면서 '아, 우리가 이길 수 있겠구나' 하는 확신이 생겼어."

준호는 쑥스러운 듯 미소 지었다.

두 사람은 따사로운 오후 햇살 아래 커피를 마시며, 앞으로의 계획에 대해 이야기를 나눴다. 이제 그들은 위기 앞에서도 두려워하지 않는 단단한 팀이 되어 있었다.

식당 안에서는 왕쉐린이 새로운 메뉴를 개발하고, 지수는 다음 시즌 프로모션 디자인을 준비하고, 민재는 열심히 손님들을 응대하고 있었다. 자향루는 그렇게 평화로운 일상으로 돌아갔지만, 그 내면에는 더 단단해진 팀워크와 위기를 이겨낸 자신감이 자리 잡고 있었다.

AI직원 사용설명서 | 운영담당

09. Notion AI

Notion AI는 생산성 도구인 Notion에 통합된 AI 기능으로, 텍스트 생성, 요약, 편집, 브레인스토밍 등을 빠르게 도와줍니다. 문서, 메모, 데이터베이스 등 다양한 콘텐츠 작업에 활용되어 생산성과 완성도를 높여줍니다. 회의록, 기획서, 블로그 글 등 다양한 비즈니스 작업에도 유용하게 쓰입니다.

· 주요 기능

Notion AI로 다양한 작업을 쉽고 빠르게 처리할 수 있어요.

텍스트 작성
블로그 포스트, 이메일, 보고서, 아이디어 등 다양한 텍스트 자동생성

텍스트 편집 및 개선
기존 텍스트를 더 간결하게, 더 길게, 또는 더 전문적인 톤 변경 가능

다양한 템플릿
긴 문서나 회의록을 핵심 포인트만 담은 간결한 요약으로 변환

이미지 생성 및 검색
아이디어, 계획 수립, 질문 목록 작성 등을 생성 및 지원

번역
다양한 언어로 텍스트를 번역하여 국제적인 협업과 커뮤니케이션

액션 아이템 추출
문서나 회의록에서 해야 할 일들을 자동으로 추출하여 리스트로 정리

질문에 대한 답변
문서 내용, 일반적인 지식에 대한 질문에 답변하여 정보를 탐색

스펠링 및 문법 검사
텍스트의 오류를 찾아 수정하고 더 나은 문장 구조를 제안

코드 작성 지원
간단한 프로그래밍 코드를 생성하거나 기존 코드를 설명하는 데 도움

분석 및 통찰
데이터와 텍스트에서 패턴을 찾아 의미 있는 통찰력을 제공

· 가입 방법

1. Notion 계정 생성 : Notion 웹사이트에서 계정을 생성

2. Notion AI 활성화

· 워크스페이스 내 설정 메뉴를 통해 Notion AI를 활성화

3. 구독 선택 : 무료 체험판으로 시작하거나 바로 유료 구독을 선택

4. 결제 정보 입력 : 유료 구독 시 결제 정보를 입력하고 구독을 완료

5. AI 기능 사용 시작 : Notion 웹사이트에서 계정을 생성

6. 팀 멤버 초대 (선택사항)

· 워크스페이스 설정에서 팀원들을 초대하여 함께 Notion AI를 사용

플랜	가격	주요 특징
Personal	월 $10	개인 사용자용, 매월 20개의 AI 블록 무료 사용 가능
Plus	월 $12	무제한 AI 사용, 무제한 블록, 파일 업로드 용량 증가, 페이지 기록
Business	월 $18	Plus 모든 기능 + 고급 권한 설정, SSO, 감사 로그, 고급 보안
Enterprise	문의 필요	맞춤형 계약, 전용 계정 관리자, SCIM, 고급 보안 및 관리

*가격과 주요특징은 관련 회사 사정에 따라 변경될 수 있습니다.

· 사용 방법

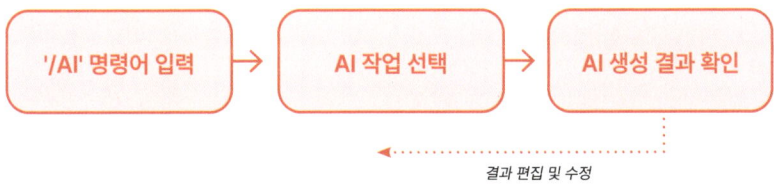

구체적인 지시사항을 제공할수록 원하는 결과에 더 가까운 콘텐츠를 생성할 수 있습니다!

© 2025 ChatGPT AI직원 사용설명서 | OpenAI의 공식 문서를 기반으로 작성되었습니다.

· 기본 사용법

1. Notion 페이지를 열거나 새 페이지를 생성합니다.
2. 텍스트 에디터에서 '/AI'를 입력하면 AI 명령어 메뉴가 나타납니다.
3. 원하는 AI 기능을 선택합니다. (예: '블로그 포스트 작성', '요약하기', '브레인스토밍')
4. 필요한 경우 추가 지시사항이나 컨텍스트를 입력합니다.
5. AI가 콘텐츠를 생성하면 결과를 검토하고 필요에 따라 편집합니다.
6. 또는, 기존 텍스트를 선택한 후 나타나는 AI 버튼을 클릭하여 해당 텍스트에 대한 작업(편집, 요약, 번역 등)을 수행할 수 있습니다.

· 효과적인 사용 팁

1. 명확한 지시사항 제공
- "마케팅 전략에 대한 블로그 글 작성, 약 500단어, 초보자 대상"과 같이 구체적인 요청을 하세요.

2. 기존 콘텐츠 활용
- 이미 작성된 텍스트를 선택하고 AI에게 개선, 요약, 확장 등을 요청

3. 반복적인 피드백
- 결과가 만족스럽지 않다면, 더 구체적인 지시로 다시 시도하세요.

4. 다양한 명령어 익히기
- '요약하기', '브레인스토밍', '액션 아이템 추출하기' 등 다양한 명령어

5. 템플릿과 함께 사용
- Notion의 템플릿과 AI 기능을 결합하여 효율적인 작업을 만드세요.

6. 컨텍스트 제공하기
- 관련성 높은 결과를 위해 페이지 전체 또는 특정 섹션의 컨텍스트를 AI에게 제공하세요.

[예시]
다음 분기 마케팅 전략을 위한 브레인스토밍을 도와줘. 우리는 20-30대 타겟 소셜 미디어 마케팅에 집중하고 있고, 제품은 친환경 생활용품이야.

·장점과 한계

장점
- 기존 Notion 워크플로우에 통합
- 다양한 문서 자동화로 시간 절약
- 창의적 아이디어 촉진
- 협업 과정에서 빠른 초안 생성
- 직관적인 인터페이스

한계
- 생성된 콘텐츠의 정확성 확인 필요
- 무료 사용량 제한 (월 20회)
- 제한적 컨텍스트 이해
- 복잡한 구조의 콘텐츠 생성에 한계
- 전문 분야에 대한 깊이 부족

·특별한 Tip!

1. AI 기능 단축키
- 'Cmd/Ctrl + Shift + A'를 사용하여 빠르게 AI 명령어를 호출

2. AI 재생성 활용
- AI를 사용하여 데이터베이스 항목을 빠르게 채우거나 요약 가능

3. 회의록 자동화
- 회의 전에 기본 틀을 AI로 생성하고, 회의 후에는 요약과 액션 아이템을 추출 가능

4. 한 번에 한 작업
- 복잡한 문서는 섹션별로 나누어 AI 기능을 적용하면 더 효과적

5. 템플릿 생성
- 자주 사용하는 AI 프롬프트와 결과물을 템플릿으로 저장하여 재사용

6. AI 결과를 시작점으로 활용
- AI가 생성한 결과물은 초안으로 여기고, 당신의 스타일에 맞게 다듬는 것이 중요

© 2025 ChatGPT AI직원 사용설명서 | OpenAI의 공식 문서를 기반으로 작성되었습니다.

이제 미래가 두렵지 않았다.
아들과 함께라면, 어떤 도전도
이겨낼 수 있을 것 같았다.

제 15장

결실과 사람들

봄비가 창문을 두드리는 소리가 자향루 안을 채웠다. 오전 10시, 아직 영업 시작 전이었지만 김만수는 이미 매장에서 분주히 움직이고 있었다.

창가 테이블 위에 놓인 케이블채널 '우리동네 맛집 편'에 출현한 자향루와 김만수사장의 사진이 크게 실려 있었다.

인천의 맛과 기술이 만나다 - AI로 부활한 중화요리의 새로운 신화

만수는 미소를 지으며 그 사진을 보았다. 자향루가 오픈한 지 1년 반. 이제는 주말에 예약 없이는 자리를 잡기 힘들 정도로 인기 명소가 되었다.

"아버지, 이 자료 좀 보실래요?"

준호가 계산대 컴퓨터에서 고개를 들었다. 그는 지난 분기 매출 데이터를 분석하고 있었다.

"이번 달 매출 또 신기록이에요. 전월 대비 17% 증가했어요."

만수의 눈이 반짝였다. "오~ 대단하구나! 이제 투자금 거의 다 회수했겠네?"

"네, 다음 달이면 완전히 원금 회수하고 순이익만 남게 돼요. 처음 계획보다 6개월이나 빨라요."

만수는 기쁨을 감추지 못하고 테이블 위를 두드렸다.

"그거 정말 기쁜 소식이네. 시작할 때만 해도 최소 2년은 걸릴 거라 생각했는데."

"사장님~"

주방에서 왕쉐린이 고개를 내밀었다. 그의 얼굴에는 환한 미소가 있었다.

"TV 봤어요? 내 얼굴도 나왔어요, 여기!"

만수는 웃으며 고개를 끄덕였다. "이제 유명 셰프 됐네, 왕 사부."

"아이고, 무슨..." 왕쉐린이 쑥스럽게 웃었다.

"요리사 하면서 이렇게 주목받는 거 처음이에요. 중국 고향 친구들 다 연락 왔어요."

"당연하죠. 왕 사부님 실력이면." 준호가 말했다.

밖에서 문 여는 소리가 들렸다. 아직 영업 시간 전이었다.

"죄송합니다, 아직 오픈 전..." 만수가 말하다가 손님을 보고 얼굴이 밝아졌다.

"어, 지수 아닌가!"

박지수가 우산을 접으며 들어왔다.

"안녕하세요, 다들." 지수가 활짝 웃으며 인사했다.

"새벽부터 방송 촬영이 있어서 지나가다 들렀어요. TV 봤어요. 대박이던데요."

"우리도 방금 봤어." 만수가 대답했다. "근데 웬일로 이렇게 일찍?"

"실은... 제안 드릴 내용이 있어서요." 지수가 가방에서 태블릿을 꺼냈다. "제가 요즘 프리랜서로 일하면서 창업 성공 사례 모으는 프로젝트를 하고 있거든요. 그런데 자향루 이야기가 너무 좋아서, 제 웹진에 연재하면 어떨까 싶어요."

만수와 준호는 서로를 바라보았다.

"웹진이요?" 준호가 물었다.

"네, 'AI와 함께하는 세상'이라는 웹진이에요. 지금 섭외 중인데, 자향루 스토리가 정말 딱이더라고요. 세대 간 협업, 전통과 기술의 만남... 어때요? 관심 있으세요?"

만수는 잠시 생각에 잠겼다.

지수가 눈을 반짝이며 말했다. "은퇴 후 새 출발을 고민하는 분들, 가족 사업을 시작하려는 분들, AI 활용법을 찾는 분들... 정말 많은 사람들에게 영감이 될 거예요."

준호가 살짝 미소 지었다. "재밌을 것 같은데요. 아버지는 어떠세요? "

만수는 쑥스러운 듯 머리를 긁적였다. "글쎄... 난 글 쓰는 건 자신 없는데."

"걱정 마세요." 지수가 말했다.

"아저씨는 인터뷰만 하시면 되요. 글은 제가 작성하겠습니다. AI 도구 활용하면 더 쉬울 거예요."

"그러고 보니..." 준호가 갑자기 생각난 듯 말했다.

"저도 비슷한 생각을 하고 있었어요. 블로그나 전자책으로 우리 이야기를 정리해보면 어떨까 싶었거든요."

만수는 놀란 표정을 지었다. "너도? "

"네, 요즘 우리처럼 AI로 창업하는 사례가 늘고 있잖아요. 근데 대부분 젊은 세대 중심이고... 아버지처럼 중장년층이 성공한 사례는 많지 않더라고요. 그런데 바로 책을 쓰기 어려우니 우선 한 두가지 에피소드 형식으로 연재를 한 후 나중에 그게 모이면 책으로 낼 수도 있을 것 같아요. "

지수가 고개를 끄덕였다. "맞아요."

"흠..." 만수가 고개를 갸웃거렸다.

"근데 우리 이야기가 그렇게 특별한가? 평범하게 열심히 한 거 같은데."

"아버지," 준호가 진지하게 말했다.

"우리가 처음 시작할 때를 생각해보세요. 아버지는 AI가 뭔지도 잘 모르셨잖아요. 근데 지금은요? 손님들한테 ChatGPT 사용법 강의까지 하고 계시잖아요."

만수는 부끄러운 듯 웃었다. "그건 그렇지…"

"정말 멋진 변화예요," 지수가 덧붙였다. "그리고 준호도 많이 달라졌잖아요. 처음엔 사람들 만나는 게 힘들어서 자기방에만 있더니, 요즘은 손님들이랑도 농담 주고 받고…"

"야, 그건 말하지 마." 준호가 얼굴을 붉히며 말했다.

세 사람은 웃음을 터뜨렸다. 그때 왕쉐린이 주방에서 나와 물었다.

"무슨 이야기해요? 나도 끼워줘요."

"지수가 우리 이야기 웹진에 실으면 어떻겠냐고 제안했어." 만수가 설명했다.

"오, 좋은데요! 내 중국 요리 비법도 좀 넣어요?"

"물론이죠, 왕 사부님." 지수가 웃으며 대답했다.

만수는 잠시 창밖을 바라보았다. 비가 그치고 있었고, 햇살이 구름 사이로 비치기 시작했다. 마치 그의 인생처럼. 한때는 어둡고 막막했지만, 이제는 새로운 빛이 비추고 있었다.

"좋아, 한번 해보자." 만수가 결정했.

"우리 이야기가 누군가에게 도움이 된다면 좋겠네."

영업이 끝난 저녁, 만수와 준호 그리고 지수가 자향루 2층 사무실에 앉아 있었다. 식당이 안정적으로 운영되면서 6개월 전 건물 2층까지 확장한 것이다. 계단을 통해 연결된 2층은 사무실과 소규모 세미나룸으로 꾸며져 있었다.

"자, 어떻게 시작하면 좋을까?" 만수가 노트북 앞에 앉아 물었다.

"그냥 저에게 지금까지의 이야기를 모두 다 해 주시면 됩니다."하고 지수가 말했다.

각자 30분씩 약 1시간 30분 정도 인터뷰가 이어졌다. 처음엔 왕쉐린쉐프가 그리고 그 이후엔 준호, 그리고 마지막으로 만수사장이 그 뒤를 이어 인터뷰를 했다.

"휴, 생각보다 쉽지 않네." 만수가 말했다.

"뭐가 가장 힘드셨어요?" 준호가 물었다.

"글쎄... 솔직하게 이야기하려니 부끄러운 부분도 많아서."

"그게 더 좋은 거예요, 아버지. 솔직할수록 공감되니까."

만수는 잠시 생각에 잠겼다.

"그런데 이걸 다른 사람들이 읽는다고 생각하면 좀 부담되긴 하네."

"그럴 수도 있죠." 준호가 고개를 끄덕였다.

"하지만 그게 이 이야기의 가치를 만드는 거 아닐까요? 우리가 진짜로 느꼈던 감정들, 실제로 겪었던 어려움들... 그게 다른 사람들에게 위로가 될 수 있을 것 같아요."

만수는 창문 너머로 보이는 밤하늘을 바라봤다.

"그렇게 생각하면 좀 낫네. 우리가 힘들었던 만큼, 비슷한 상황에 있는 사람들한테 도움이 될 수 있다면..."

"맞아요. 사실 저도 처음엔 이런 개인적인 이야기를 공유하는 게 불편했는데, 지금은 생각이 달라졌어요."

"왜?"

"아버지가 요즘 하시는 AI 수업 때문예요."

만수는 의아해하며 물었다. "왜?"

"그 분들이 아버지한테 말씀하시는거 들어보면, 정말 많은 분들이 아버지를 통해 용기를 얻으신 것 같아요. '나도 할 수 있겠다'고요."

만수는 감동받은 표정을 지었다.

"그래, 그런 말씀 많이 해 드리지... 내가 할 수 있었으니 당신들도 가능하다고..."

준호가 문득 생각난 듯 말했다.

"그런데 웹진 나오면... 아버지 유명인사 되시는 거 아니에요?"

만수는 웃음을 터뜨렸다. "무슨... 내가 왜?"

"요즘 시니어 창업, AI 활용 이런 주제가 뜨거우니까요. 컨설팅 요청도 들어올지도 모르겠어요."

만수는 창밖을 바라보며 웃었다.

"인생이란 참 묘한 거 같다. 회사에서 밀려났을 때는 세상이 끝난 줄 알았는데... 지금은 오히려 더 행복하고 의미 있는 일을 하고 있으니."

다음 날 아침, 만수는 평소보다 일찍 자향루에 도착했다. 가게 문을 열고 들어서자 새벽 공기가 상쾌했다. 직원들이 오기 전, 혼자만의 시간을 즐기며 사무실 벽을 둘러보았다.

벽에 걸린 사진들 앞에 서서, 시간의 흐름을 따라 전시된 자향루의 역사를 바라봤다. 첫 번째 사진은 개업식 날, 준호와 함께 자향루 간판 앞에서 찍은 것이었다. 두 사람 다 어색한 미소를 짓고 있었다.

그 옆으로는 첫 번째 리뷰가 올라온 날, 신문 기사가 난 날, 확장 공사를 시작한 날... 순간순간이 사진으로 기록되어 있었다. 마지막 사진은 얼마전 자향루 1주년 기념 파티에서 찍은 단체 사진이었다. 만수와 준호를 중심으로 왕쉐린, 직원들, 그리고 단골 손님들까지 모두 환하게 웃고 있었다.

그렇게 사진을 보고 있는데 누군가의 목소리가 들렸다.

"여보세요?"

만수는 계단에서 들려오는 목소리에 고개를 들었다. 정순영 씨였다. 자향루의 정기적인 AI 강좌에 참석하는 60대 수강생 중 한 명이었다.

"아, 정 선생님! 벌써 오셨네요."

"오늘 세미나 자료 좀 일찍 받을 수 있을까 해서요. 손녀가 오후에 온다고 해서…"

만수는 웃으며 고개를 끄덕였다. "물론이죠. 자료 바로 드릴게요."

프린터로 가서 오늘 강의할 'ChatGPT로 쉽게 시작하는 디지털 라이프' 자료를 출력했다. 원래는 오후 3시 세미나였지만, 정 선생님을 위해 기꺼이 일찍 준비해주었다.

"여기 있습니다, 정 선생님."

"고마워요, 김 사장님. 덕분에 요즘 정말 재미있게 살고 있어요. 지난주에 배운 대로 손녀랑 ChatGPT로 동화책도 만들어봤다니까요."

만수는 진심으로 기뻤다. "정말요? 어떻게 됐나요?"

"손녀가 '할머니, 어떻게 이런 걸 다 알아?' 하더라고요."

정 선생님의 얼굴에 뿌듯한 미소가 번졌다. "덕분에 핫한 할머니 됐네요."

둘은 웃음을 나누었다. 정 선생님은 자료를 받아 인사를 하고 내려갔다.

방금 있었던 짧은 대화가 가슴을 따뜻하게 했다. 자신이 다른 이의 삶에 작은 변화를 만들어내고 있다는 사실이 믿기지 않았다.

"정말 신기한 일이야…" 만수는 중얼거렸다.

'AI 세미나를 시작한 것은 단순히 가게 홍보 차원이었다. 하지만 점차 이 것이 내 삶에서 가장 보람찬 일 중 하나가 되었다. 60대 수강생이 손녀에게 자랑스럽게 AI로 만든 동화책을 보여주는 모습, 70대 참가자가 처음으로 AI 챗봇과 대화한 후 환하게 웃는 표정... 이런 순간들이 내게 새로운 목적을 주었다. 나도 모르게 '디지털 격차를 줄이는 선한 영향력'을 가진 사람으로 변하고 있었던 것이다.'

곧 준호가 계단을 올라왔다. "아버지, 웹진 연재가 다음 주부터 시작된대요. 지수한테 연락 왔어요."

"벌써?"

"첫 3개 장만 먼저 연재한다고 해요. 반응 보고 계속 이어갈 거래요."

만수는 긴장된 표정을 지었다.

"진짜 다른 사람들이 우리 이야기를 읽는 거네."

"설레지 않으세요?"

"설레기도 하고... 떨리기도 하고."

준호는 미소 지었다. "저도요. 근데 기대돼요."

"신기하죠?" 준호가 문득 말을 꺼냈다.

"뭐가?"

"일 년 반 전만 해도... 우리가 이렇게 될 거라고 상상이나 했을까요? 아버지는 AI라는 단어도 모르셨고, 저는 방에서 나오기조차 힘들었는데..."

만수는 생각에 잠겼다. 정말 많은 것이 변했다. 자신도, 준호도, 그들의 관계도.

"인생이란 참 예측할 수 없는 거구나." 만수가 중얼거렸다.

"그러게요. 근데 그게 재미있는 것 같아요."

"재미있다고?"

"네, 뭐가 일어날지 모르니까요. 불확실함이 두렵기도 하지만... 또 그만큼

가능성도 있는 거잖아요."

만수는 아들의 말에 깊은 의미를 느꼈다.

"그래, 네 말이 맞아. 내가 회사에서 밀려났을 때는 세상이 끝난 줄 알았는데... 오히려 그게 새로운 시작이었던 거지."

"정말... 이제 제2의 인생이 시작된 것 같아."

만수가 감격스럽게 말했다.

"아니요, 아버지." 준호가 고개를 저었다.

"제3의 인생이죠. 제2의 인생은 자향루였고, 이제 교육자로서의 제3의 인생이 시작되는 거예요."

만수는 깊은 감동을 느꼈다.

"그렇구나... 세 번째 인생이라... 상상도 못 했네."

"그게 우리의 진짜 메시지인 것 같아요. 인생은 끝없이 새로운 장이 펼쳐진다는 거."

그렇게 또 하루가 저물어 갔다.

제 16장

또 새로운 시작

"요즘 누가 이런 교훈적인 책을 읽어요? 독자들은 자극적인 이야기를 듣고 싶어하지 희망 같은 건 원하지 않아요!"

출판사 편집장 한우진의 목소리가 카페 안에 울려 퍼졌다. 테이블 위에는 김만수와 준호가 몇 달간 공들여 작성한 원고가 놓여 있었다. 원고 표지에는 '짜장면에 담은 인생: AI로 꿈꾸는 세대 공감 창업기'라고 쓰여 있었다.

만수는 얼굴이 붉어졌다.

"그런 식으로 말씀하시면 곤란합니다. 저희가 얼마나 많은 시간을 들였는지..."

한우진은 안경을 위로 밀어올리며 냉소적인 미소를 지었다.

"시간이요? 제가 이 바닥에서 20년 넘게 일하면서 얼마나 많은 자기계발서들을 봤는지 아십니까? 다 비슷비슷해요. '어려움을 딛고 성공했습니다. 여러분도 할 수 있어요.' 이런 뻔한 스토리는 이제 누구도 안 사요."

만수가 화를 참으며 입술을 깨물자, 준호가 앞으로 몸을 기울였다.

"편집장님, 저희 책은 조금 다릅니다. 단순한 성공 스토리가 아니라 세대 간 갈등과 화해, 그리고 AI 시대에 맞춰 변화하는 과정을 담았어요. 독자들이 실질적으로 사용할 수 있는 AI 활용법도 포함되어 있고요."

"그래서요? 요즘은 유튜브에 들어가면 그런 정보 천지예요. 책으로 내려면 더 강력한 무언가가 필요해요."

"감동이 부족하다는 말씀이신가요?" 만수가 물었다.

"감동이요? 하하!" 한우진이 웃음을 터뜨렸다.

"지금 시장에서 살아남으려면 충격이 필요합니다. 로맨스든 자기계발서든. 차라리 여러분이 창업 과정에서 겪은 끔찍한 실패담이나 비법 같은 거 없어요? 이런 예쁜 포장 말고."

준호는 옆에 앉은 아버지의 표정이 점점 어두워지는 것을 느꼈다. 만수의 주먹이 살짝 떨리고 있었다.

"그럼 어떻게 바꿔야 한다는 겁니까?" 만수가 낮은 목소리로 물었다.

"시작부터 다시 해야죠. 아니면..." 한우진이 머리를 긁적이며 생각에 잠겼다.

"아, 이런 건 어때요? '아버지를 뛰어넘은 아들' 같은 콘셉트로. 구세대가 신세대한테 밀리는 과정을 솔직하게 담는 거죠. 지금 시대상이랑 더 맞을 테니까."

"뭐라고요?" 만수가 의자에서 벌떡 일어났다. "이 책의 핵심은 세대 공감이고 함께 성장하는 과정인데, 세대 갈등으로 바꾸자고요?"

"현실적으로 생각해보세요, 김 사장님. 50대가 AI를 배워서 20대와 동등하게 경쟁할 수 있다? 솔직히 그런 일 가능할 것 같아요? 여러분 식당이 잘 된 건 솔직히 아드님 덕분 아닙니까? 그런 현실적인 이야기가 더 먹힐 거예요."

준호가 아버지의 팔을 잡아 진정시키려 했지만, 만수는 이미 분노에 차 있었다.

"지금 제 아들 앞에서 저를 깎아내리시는 겁니까? 이 책의 가치를 전혀 이해 못하고 계시네요."

"시장이 그걸 이해 못해요, 시장이!" 한우진이 매섭게 반박했다.

"제가 악역처럼 말하는 것 같지만, 출판사 입장에서는 당연히 팔릴 수 있는 책을 내야 하잖아요. 여러분도 그걸 원하시잖아요?"、

만수는 원고를 집어들었다. "아니요, 저흰 진심을 담은 책을 원합니다. 그게 안 된다면 다른 출판사를 알아보겠습니다."

한우진은 한숨을 내쉬며 손을 들어올렸다. "알겠습니다. 그럼 행운을 빕니다. 요즘 AI 관련 책이 얼마나 쏟아져 나오는지 아시죠? 3개월 지나면 시들해질 주제에…"

"가자, 준호야." 만수가 아들의 어깨를 잡았다. "여기서 시간 낭비할 필요 없다."

"아~" 만수는 카페 밖으로 나오자마자 한숨을 내쉬었.

"이런 사람들이 출판계를 좌지우지한다니."

"아버지, 너무 신경 쓰지 마세요. 다른 출판사도 많잖아요. 저희 얘기에 관심 있다고 연락 온 곳이 몇 군데 더 있었잖아요."

"우선 가게로 들어가자. 오늘 점심 손님들 곧 올 시간이야."

몇 달이 지나고 만수와 준호는 큰 결정을 했다. 지난번 일반 출판사를 다녀온 이후 실망했으나 그 이후 다시 상의해서 직접 출판을 하기로 마음먹은 것이다.

"그나저나," 만수가 물었다. "우리 책이 언제 완성될 것 같아?"

"이 속도라면 8월 안에는 다 완성될 것 같아요. 편집하고 표지 디자인하고 하면… 그럼 9월 초면 출간하지 않을까요?"

"그렇게 빠를 수 있어?"

"전자책은 빨라요." 만수는 고개를 끄덕였다.

"디지털 시대라 그런가 보네."

준호는 노트북 화면을 가리켰다. "지금 우리가 쓴 내용 중에서, 제일 반응이 좋을 것 같은 건 어느 부분이라고 생각하세요?"

만수는 잠시 생각에 잠겼다.

"음... 아마도 내가 처음 ChatGPT를 사용했을 때 이야기? 처음에는 너무 당황했는데, 질문하니까 정말 사람처럼 대답해서 놀랐던 부분..."

"맞아요. 그 부분 정말 생생하게 쓰셨어요. 아마 비슷한 경험을 가진 분들이 많이 공감할 것 같아요."

"너는?"

"저는... 제가 처음으로 가게 홀에 나와서 손님들 응대했던 이야기요. 사회 불안을 극복하는 과정이..."

만수는 아들을 자랑스럽게 바라봤다. 준호가 얼마나 큰 용기를 냈는지 잘 알고 있었다.

"그 부분도 정말 감동적이더라. 네가 그렇게 큰 두려움을 이겨냈다는 게..."

"아버지 덕분이에요."

"내 덕분은 아니고..."

"아니에요. 아버지가 포기하지 않으셨잖아요. 제가 처음에는 얼마나 비협조적이었는지... 그래도 아버지는 계속 저를 믿어주셨어요."

만수는 쑥스러운 듯 머리를 긁적였다.

"그건 그냥 부모로서 당연한 거지..."

두 사람은 잠시 말없이 창밖을 바라봤다. 비가 조금씩 내리기 시작했다.

두 달 후, 자향루는 평소와 다른 분위기로 가득 찼다. 저녁 영업을 끝내고 테이블을 재배치한 홀에는 50여 명의 사람들이 모여 있었다.

오늘은 김만수, 김준호 두 공동 저자의 출간 기념회였다. 입구에는 세련된 디자인의 배너가 걸려 있었다. 검은색 배경에 흰색과 네이비 블루로 디자인된 책 표지가 크게 인쇄되어 있었다.

AI와 함께한 50대 김부장의 인생2막 두려워도 시작하면 된다 : 50대 아버지와 20대 아들의 AI창업 이야기

만수는 긴장된 표정으로 자리에 앉아 있었다. 평소 주방에서 요리하는 왕쉐린이 오늘은 특별히 테이블에 함께 앉아 있었고, 박지수도 출판 과정을 도왔던 공로로 주빈석에 자리했다.

이 자리에는 자향루의 단골 손님들, 세미나 수강생들, 지역 언론인들, 그리고 소상공인 지원센터 관계자들이 모여 있었다. 모두가 'AI와 함께한 50대 김부장의 인생2막' 이라는 이야기에 관심을 보인 사람들이었다.

"다들 오셨나요?" 준호가 마이크를 들고 물었다.

"자~ 지금부터 'AI와 함께한 50대 김부장의 인생2막' 출간 기념회를 시작하겠습니다." 참석자들이 박수를 쳤다.

"먼저, 이 책의 공동 저자이자 저의 멘토인 김만수 대표님을 소개합니다."

만수는 약간 쑥스러운 표정으로 일어나 마이크를 받았다.

"안녕하세요, 김만수입니다." 그의 목소리는 약간 떨렸.

"오늘 이렇게 많은 분들이 와주셔서 정말 감사합니다."

만수는 잠시 주변을 둘러보았다. 모든 시선이 자신에게 향해 있었다.

한때는 이런 상황이 악몽 같았을 테지만, 지금은 그저 설렘과 약간의 긴장만 느껴질 뿐이었다.

"2년전, 저는 30년 다니던 회사에서 권고사직을 당했습니다. 그때는 세상이 끝난 줄 알았죠." 만수가 솔직하게 말했다.

"하지만 오늘 이 자리에 서서 저는 말씀드릴 수 있습니다. 그것은 끝이 아니라 새로운 시작이었다고."

참석자들이 고개를 끄덕이며 공감을 표했다.

"이 책은 단순한 성공 스토리가 아닙니다. 오히려 좌절과 실패, 두려움을 이겨내는 과정을 담았습니다. 어떻게 50대의 아버지와 20대의 아들이 함께 새로운 도전을 시작했는지, 그 과정에서 AI라는 새로운 도구를 어떻게 활용했는지…"

만수는 이어서 책의 주요 내용과 메시지를 소개했다. 그리고 마지막으로 감사의 말을 전했다.

"무엇보다 이 모든 것을 가능하게 해준 제 아들 준호에게 감사드립니다. 그가 아니었다면, 저는 여전히 집에서 리모컨만 들고 있었을 겁니다."

사람들이 웃었고, 준호는 쑥스러운 표정을 지었다.

"그리고 자향루를 함께 일구어온 왕쉐린 셰프, 디자인을 맡아준 박지수 씨, 그리고 우리 직원들과 항상 응원해주신 고객 여러분… 모두 감사합니다." 만수가 마이크를 내려놓자 큰 박수가 터졌다.

준호가 다시 마이크를 잡았다.

"저희 책은 오늘부터 모든 전자책 플랫폼에서 구매하실 수 있습니다. 그리고 특별히 이 자리에 오신 분들을 위해 종이책 한정판도 준비했습니다."

준호는 테이블 위에 쌓여 있는 책들을 가리켰다. 검은 표지에 은색 제목이 새겨진 책이었다.

"이 책은 온라인에서는 판매하지 않는 특별판입니다. 저자 사인회도 곧 시작하겠습니다."

행사는 화기애애한 분위기 속에서 진행되었다. 참석자들은 자향루의 특별 메뉴를 즐기며 김만수와 준호에게 질문하기도 하고, 자신의 이야기를 나누기도 했다.

"김 대표님, 저도 곧 퇴직인데 정말 용기를 얻었습니다." 한 남성이 만수에게 말했다.

"천천히 시작해 보세요. 괜찮아요." 만수가 미소로 답했다.

사인회가 시작되자, 줄이 길게 늘어섰다. 만수와 준호는 나란히 앉아 책에 사인을 하며 독자들과 짧은 대화를 나눴다.

"아들과 함께 일하는 거 어때요?" 한 중년 여성이 물었다.

만수는 준호를 바라보며 웃었다.

"처음에는 힘들었죠. 세대 차이도 있었지만... 지금은 최고의 파트너예요."

"우리 아들도 좀 설득해 볼게요." 여성이 웃으며 말했다.

출간기념회가 끝나고, 행사장은 서서히 정리되기 시작했다. 마지막 손님들도 떠나고, 만수와 준호는 테이블에 나란히 앉아 책 한 권을 함께 바라봤다.

"정말 우리가 이 책을 썼다니..." 만수가 감격스러운 표정으로 말했다.

"이제 시작이에요, 아버지." 준호가 미소 지었.

"앞으로 또 얼마나 많은 이야기가 생길지 모르잖아요."

만수는 고개를 끄덕였다. "그래, 이건 끝이 아니라 새로운 시작이지."

"시작은 언제나 설레는 법이잖아요."

두 사람은 서로를 바라보며 미소 지었다.

그들의 이야기는 계속될 것이었다.

짜장면처럼 깊고 진한, 인생이라는 이름의 긴 여정 속에서...

"AI is a tool to help humans make better decisions, not to replace them."

AI는 인간을 대체하는 것이 아니라, 더 나은 결정을 내릴 수 있도록 돕는 도구다.

- 데미스 허사비스 (Demis Hassabis), 딥마인드 CEO

에필로그

그로부터 몇 달 후, 만수와 준호의 책은 자기계발 분야 베스트셀러 목록에 올랐다. 많은 언론이 이들의 이야기를 다뤘고, '자향루'를 방문하는 손님들도 더욱 늘어났다.

그날 저녁, 가게 영업을 마치고 난 후, 만수와 준호, 왕쉐린, 그리고 민재가 테이블에 둘러앉아 작은 축하 모임을 가졌다.
"베스트셀러 작가가 된 것을 축하합니다, 사장님!"
민재가 샴페인 잔을 들었다.
"고마워, 다들." 만수가 웃으며 말했다.
"이 모든 게 여러분 덕분이에요."
왕쉐린은 평소보다 조금 더 말수가 많았다.
"책이 중국어로도 번역되면 좋겠네요. 중국 요리사의 관점에서 한국 창업 이야기라..."

"오, 좋은 생각이에요!" 준호가 눈을 빛냈다.

"출판사에 물어볼게요. 다른 언어로 번역할 계획이 있는지."

"와! 중국어로 번역되서 나오면 나도 우리 중국 고향에서 유명인사 되겠는데...하하하"

그 때 지수를 보며 만수가 축하인사를 보냈다.

"아~ 지수도 좋은 회사에 정직원으로 취직했다면서 진짜 축하한다!"

"감사합니다. 아저씨~ 지난번 자향루와 두 분의 이야기를 웹진으로 만든 게 유명해져서 덕분에 저도 좋은 곳에 취직했어요. 다 여러분들 덕분입니다."

"그리고 우리 민재는 얼마전 매니저로 승격하면서 정직원 되었어요."

준호가 민재를 보여 웃음을 보냈다.

"네~ 매니저도 되었으니 앞으로 자향루를 위해 더욱 열심히 일하겠다!"

힘 있는 민재 매니저의 대답에 모두 크게 웃으며 즐거워했다.

그렇게 모두는 지난 2년을 돌아보며 추억의 이야기를 나눴다. 개업 초기의 어려움, 첫 고객을 맞이했을 때의 설렘, 그리고 각자가 성장해온 과정까지.

"사실 처음에는 AI 때문에 불안했어요." 왕쉐린이 고백했다.

"내 요리 비법이 다 알려질까 봐, 그리고 언젠가는 로봇이 내 자리를 대신 할까 봐 걱정했죠. 하지만 지금은 달라요. AI는 도구일 뿐, 결국 중요한 건 사람의 손길과 정성이라는 걸 깨달았어요."

만수는 고개를 끄덕였다.

"맞아요. 처음에는 나도 AI가 내 일자리를 빼앗았다고 생각했어. 하지만 결국 AI를 배움으로써 새로운 기회를 얻게 됐지. 기술을 두려워할 게 아니라, 받아들이고 활용하는 법을 배워야 한다는 걸 깨달았어."

잔잔한 축하 분위기 속에서, 갑자기 준호의 휴대폰이 울렸다.
"네, 여보세요?"
준호가 전화를 받았다. 잠시 통화를 한 후, 그의 표정이 환해졌다.
"정말요? 감사합니다!"
준호가 전화를 끊자 모두가 궁금한 눈빛을 보냈다.
"무슨 전화야?" 만수가 물었다.
"방금 SBS에서 연락이 왔어요. 아침 프로그램에 우리를 초대하고 싶다고 해요. '세대 공감, AI로 꿈꾸는 제2의 인생'이라는 주제로요."
"TV 방송?" 만수의 눈이 커졌다. "와, 정말?"
"네! 다음 주 목요일이래요. 아버지와 제가 함께 출연하는 거예요."
모두가 박수를 치며 축하했다.
만수는 믿을 수 없다는 표정으로 웃었다.
"이게 다 꿈만 같네…"
"아버지, 꿈이 아니에요. 현실이에요."
준호가 미소지었다. "우리가 함께 만든 현실이요."

그날 밤, 모두 돌아간 후, 만수와 준호는 가게 문을 닫고 함께 밖으로 나왔다. 초여름의 따스한 밤공기가 두 사람을 감쌌다.
"별이 참 밝네." 만수가 하늘을 올려다보며 말했다.
"그러게요."

두 사람은 가게 앞에 서서 간판을 바라봤다. '자향루'라는 글자가 은은한 조명 아래 빛나고 있었고, 그 아래에는 '전통의 맛, 미래의 방식'이라는 슬로건이 선명히 보였다.

"준호야, 2년 전에 우리가 이 간판을 처음 달았을 때 기억나?"

"네, 아버지가 사다리를 잘못 짚어서 간판이 삐뚤어지는 바람에 다시 달았잖아요."

만수는 웃음을 터뜨렸다.

"맞아, 그때 얼마나 창피했는지 몰라."

"근데 지금 생각하면 그것도 다 좋은 추억이네요."

만수는 깊은 숨을 들이쉬었다.

"준호야, 솔직히 말해서... 2년 전에 네가 내 손을 잡아주지 않았다면, 난 아마 계속 술이나 마시면서 자포자기 상태로 살았을 거야."

"아버지..."

"네가 아니었다면 이런 변화는 불가능했을 거야. 네가 AI를 가르쳐준 것뿐만 아니라, 무엇보다도 내게 새로운 기회가 있다는 희망을 준 거야."

준호는 감동한 표정으로 아버지를 바라봤다.

"저도 마찬가지예요, 아버지. 아버지가 아니었다면 저는 아직도 방에 틀어박혀 살았을 거예요. 저에게 나올 용기를 준 건 아버지였어요."

두 사람은 서로를 바라보며 따뜻한 미소를 교환했다.

"그래서 말인데," 만수가 잠시 머뭇거리다 말을 이었다.

"지난번에 잠깐 이야기한 직영2호점 시작해보면 어떨까?"

준호의 눈이 커졌다.

"정말요? 근데 그러면 일이 더 많아질 텐데, 괜찮으시겠어요?"

"괜찮지, 난 이제 막 시작했을 뿐이야. 앞으로가 더 기대돼."

준호는 환하게 웃었다.

"좋아요! 저도 2호점에는 또 새로운 아이디어가 좀 있었어요. AI 에이전트를 활용한 관리 시스템이랑, VR로 중국 본토 여행을 체험하면서 식사를 즐기는 콘셉트…"

"오, 그거 괜찮네! 한번 구체적으로 계획을 세워보자."

두 사람은 다시 가게 안으로 들어갔다. 비록 영업은 끝났지만, 그들의 꿈은 계속해서 커지고 있었다.

만수는 카운터 뒤에서 노트북을 꺼내 ChatGPT에 접속했다.

> AI 교육과 식당 경험을 결합한 새로운 비즈니스 모델에 대한 아이디어를 제안해주세요.

준호는 아버지 옆에 앉아 함께 화면을 바라봤다. 2년 전과 마찬가지로, 그들은 다시 함께 새로운 여정을 시작하고 있었다.

"아버지는 정말 '인생 제2막'을 잘 만들어 가고 있는 것 같아요."

준호가 미소 지으며 말했다.

"그래." 만수는 아들의 어깨를 감싸며 대답했.

"그리고 이건 시작일 뿐이야. 앞으로 제3막, 제4막도 함께 써 나갈 거니까."

두 사람은 밤늦도록 새로운 아이디어를 나누며 계획을 세웠다. 창밖으로는 도시의 불빛이 반짝였고, 그 속에서 만수와 준호는 자신들만의 빛을 만들어가고 있었다.

끝이란 늘 또 새로운 시작이 될 수 있다는 것, 그리고 세대를 넘어선 이해와 협력이 가장 강력한 혁신의 원동력이 된다는 것을. 그들은 자신들의 이야기를 통해 세상에 알리고 있었다.

초판1쇄 인쇄 2025년 5월 16일
초판1쇄 발행 2025년 5월 23일

지은이 윤상필
펴낸곳 물들다
편집인 윤상필
기 획 허재성
디자인 이다해

주   소 서울특별시 송파구 충민로66 테크노관9층 9123호
대표번호 02-6083-9266
팩   스 02-6499-0428
이 메 일 sangpily@naver.com

ISBN 979-11-992731-0-8

* 이 책에 실린 모든 내용은 저작권법에 따라
  보호를 받는 저작물이므로 무단 전체와
  무단 복제를 금합니다.

* 이 책 내용의 전부 또는 일부를 사용하려면
  반드시 출판사의 동의를 받아야합니다.